本书获得北京第二外国语学院 2023 年度校级出版基金资助

新时代中外人文交流丛书

民间叙事中的北京文化
(1840-1928)

马宝民 —— 著

Beijing Culture
in
Folk Narration
(1840-1928)

社会科学文献出版社
SOCIAL SCIENCES ACADEMIC PRESS (CHINA)

Contents

目　录

绪　论 ……………………………………………………………… 001

第一章　延续与突变：时空交错建构下的北京文化 …………… 013
  第一节　清末民初文化观念的变革 ………………………………… 014
  第二节　清末民初科举制度的废除 ………………………………… 020
  第三节　清末民初教育制度的变革 ………………………………… 023
  第四节　清末民初北京新闻传播的发展 …………………………… 029

第二章　城与人：北京文化的圈层结构及生态 ………………… 037
  第一节　北京圈层结构的形成 ……………………………………… 037
  第二节　胡同：北京圈层文化的最小单位 ………………………… 041
  第三节　北京人：八旗与宣南文化圈 ……………………………… 067

第三章　文献与记忆：北京文化民间叙事的样本分析 ………… 084
  第一节　双重话语构筑的北京城 …………………………………… 085
  第二节　北京小说的文学想象 ……………………………………… 100
  第三节　北京歌谣：北京生活的多元镜像 ………………………… 128
  第四节　海外北京话教科书 ………………………………………… 137

第四章 叙事视角：北京文化民间叙事的特征 ………… 171
- 第一节 民间叙事的多元化 ………… 171
- 第二节 叙事者的多元性 ………… 214
- 第三节 叙事视角的多样性 ………… 222

第五章 时间与空间：北京文化民间叙事的微观阐释 ………… 235
- 第一节 北京叙事的民间表达 ………… 235
- 第二节 地方史的民间叙事 ………… 244
- 第三节 北京城市空间叙事 ………… 273

结　语 ………… 308

绪　论

一　作为文化概念的清末民初

（一）清末民初的时间界定

清末民初指的是清代晚期到民国初期，这是一段非常特殊的历史时期。不同的研究者对清末民初这一时段有不同的界定。《剑桥中国晚清史》将晚清的时限确定为 1800~1911 年；有些研究者则将其时限确定为 1872~1920 年近 50 年的时间。[①] 本书将其时间节点界定为 1840 年鸦片战争至 1928 年北京改名为北平前的这一时期。

1840 年鸦片战争揭开了中国近代史的开端，开始了中华民族饱受屈辱和压迫的历史。鸦片战争、第二次鸦片战争、中法战争、甲午战争、八国联军攻占北京，这一系列侵略战争，使中国沦为半殖民地半封建社会，百姓更是成为任人宰割的羔羊，备受欺凌和侮辱。除战争以外，这一时期还发生了其他重大的历史事件，洋务运动、戊戌变法、义和团运动、辛亥革命、清王朝结束、新文化运动等。在不足百年的时间中，诸多历史事件轮番上演，许

[①] 朱蕾在其上海师范大学硕士学位论文《地域视角中的清末民初小说研究——以上海、北京为中心》（2013）中"将小说研究的时间限定在清末民初，具体时间界限为 1872 年到 1920 年"。赵海霞在其复旦大学博士学位论文《1872~1991 年近代报刊剧评研究》（2011）中将这一时期界定在 1872 年到 1919 年。

多历史人物纷纷登场，真可谓风云变幻、纷繁复杂。这段历史在正史中所记甚详，但正史代表的是官方的立场，其内容主要是对帝王将相、皇室贵族、高官重臣的记录，而鲜少从民间的视角对普通人的生活进行记录。百年之后再回眸，我们不禁思考这样的问题：民间是如何记录这些事件的？在巨大的历史旋涡之中，那些普通人是如何沉浮的？身处乱世的普通人，他们的心灵感受和言说方式是怎样的？那些长期以来被忽略、被遗忘的历史，对于彼时存在的无数鲜活的生命而言，其价值和意义又何在呢？当我们在纷纭的历史长河中，把关注的视角转向那些普通人，便会发现历史不再是单纯的年代和符号，而是一个个鲜活的生命，是掩藏于无数故事背后的那些不应被磨灭的灵魂。

（二）清末民初北京文化民间叙事的研究背景及现实价值

毋庸置疑，清末民初是中国历史上极为重要的时期。尽管此时中国处于内部动荡、外敌环伺的状态，但是新思想、新观念已经开始萌芽了，整个社会面临重大的转型。作为政治、文化中心的北京城，不但已经历经了千年风雨的考验，而且正承受着更为严峻的动荡和磨砺；生于斯、长于斯的北京人，也不得不面对种种社会生活、文化思潮的变迁。他们对过去的时光充满了留恋与怅惘之情，同时又要努力适应新生活的改变；他们面对不确定的未来，内心充满了忧虑和恐惧，同时又试图努力地在现实生活中找寻京城旧时光的影子，从中找到些许慰藉和依靠。这时的北京城与北京人的生活也是当时整个中国社会和中国人生命的投影。如果说这一时期的觉醒者是"梦醒无路可走"的话，那么大多数人还流连于梦中不愿醒来，靠着些许梦的余温安慰自己，从而度过艰难的余生。可以说，欲了解当时之中国社会，可以从研究北京社会入手；欲了解当时中国人的生活，也可以从北京人的生活入手。因此，本书以清末民初北京民间生活作为研究之样本，通过对清末民初的笔记、小说、民谣、汉语教科书等材料进行梳理，从民间叙事的角度审视清末民初北京文化的发展脉络，探讨这一时期北京城及北京人的真实生活状态。

如果说从时间脉络上研究北京历史文化是一种线性研究，那么将时空融合在一起的研究则是一种立体的研究。线性研究可以对不同时间节点上的历史事件进行梳理，但对于同一时间节点上发生的不同事件，以及它们彼此之间的相互关系很难描述清楚。尤其是将北京这样一个拥有丰富历史文化，有着不同民族、不同阶层人口的城市纳入我们研究视野的时候，单纯地采用线性研究的方法，很难达到预期的目的。因而我们的研究必须是将时空融合在一起的立体研究，这样才能对这一时期北京文化产生全面、整体的认识。基于此种认知，本书将研究的重点转向北京的城市空间，将北京文化放置在立体的城市结构中进行多方位的探索和研究，从而得出全面的结论。

北京具有优越的地理位置，拥有众多的山川河流，历经千年的长城是这座北方都城独树一帜的屏障，悠久的历史与辉煌灿烂的文化在这里交相辉映。北京独具特色的城市布局以及建筑装饰更为这座城市增添了丰富的文化气息。清朝建立之后，将满八旗安置在北京内城居住，从而形成了北京内城八旗文化圈，并不断向外拓展。相对于满族人居住的内城，很多北京的世居者和知识分子被迁到了外城居住，从而形成了宣南文化圈。宣南文化圈集中了北京城很多文化名人，他们周围形成了诸多文化场所，如琉璃厂、会馆、寺庙等。这些地方不但具有鲜明的地域特征，而且蕴含丰富的文化意蕴，成为北京重要的文化标志。

鸦片战争后，外国文化的渗入又为北京文化增加了外来文化的色彩。晚清时期，清朝的统治者依然沉溺于天朝大国的迷梦之中，对于外来文化采取拒绝和排斥的态度。然而随着对外战争的不断失败，外国势力的介入越来越深，外来文化的影响也越来越大。对于这些外来文化，统治者以及民众都处于接受与排斥的矛盾中。长期的文化惯性和文化传统导致对外来文化的排斥成为必然；然而外来文化的强势进入、留学生对外来文化的接受和引进以及先进技术所带来的生活的便利、生活成本的降低等，又使得北京民众潜移默化地接受外来文化以及生活方式，比如喝咖啡、吃西餐、建立公园等。随着清朝的结束，颐和园、北海等皇家园林作为公共设施对外开放，新式的生活场所、新式的生活方式逐渐为普通民众所接受，新文化的影响也越来越突出。

本书之所以从民间的视角去理解北京文化，是因为北京具有双重特征。

它不仅是帝都,也是一座极具市民特色的城市。对其民间叙事进行研究更能发掘出北京文化的地方特色;通过对北京城市空间和生活状态的梳理与辨正,能够更好地展现北京文化的本真风貌;通过对诸多民间叙事材料的梳理,能够更好地探索北京城市发展的历史文化特质,挖掘北京城市文化的地域特点。

二 何为民间叙事

罗兰·巴特说:"对于人类来说,似乎任何材料都适宜于叙事:叙事承载物可以是口头的或书面的有声语言、是固定或活动的画面、是手势,以及所有这些材料的有机混合;叙事遍布于神话、传说、寓言、民间故事、小说、史诗、历史、悲剧、正剧、喜剧、哑剧、绘画(请想一想卡帕奇奥的《圣于絮尔》那幅画)、彩绘玻璃、电影、连环画、社会杂闻、会话。而且以这些几乎无限的形式出现的叙事遍存于一切时代、一切地方、一切社会。"① 叙事承载的历史漫长而悠久,甚至在语言出现之前,人类就依靠手势、肢体等开始叙事了。不仅如此,叙事还具有多样性和普遍性,叙事存在于任何一种人类艺术表现形式之中。

在中国,叙事很早就开始了。"叙""事"在古汉语中是两个词,其本义是次序。《周礼》中说"凡邦事,令作秩叙"②,郑玄注曰"叙,犹次也"③。在同书卷二十六《内使》第一次将叙事放在一起,"掌叙事之法,受纳访,以诏王听治"④,郑玄注曰:"叙,六叙也。六叙,六曰以叙听其情。"⑤ 内

---

① 〔法〕罗兰·巴特:《叙事作品结构分析导论》,张寅德译,载张寅德《叙述学研究》,中国社会科学出版社,1989,第2页。
② 郑玄注,贾公彦疏《周礼注疏》卷十一《乡师》,载阮元校刻《十三经注疏》,中华书局,2009,第1537页。
③ 郑玄注,贾公彦疏《周礼注疏》卷十一《乡师》,载阮元校刻《十三经注疏》,中华书局,2009,第1537页。
④ 郑玄注,贾公彦疏《周礼注疏》卷二十六《内使》,载阮元校刻《十三经注疏》,中华书局,2009,第1770页。
⑤ 郑玄注,贾公彦疏《周礼注疏》卷二十六《内使》,载阮元校刻《十三经注疏》,中华书局,2009,第1770页。

使掌管着依尊卑次序奏事的程序，接受群臣的谋议，并转告给王。这里"叙"依然是次序的意思，"事"是指奏事。

《说文解字》中提到"叙"指的也是次序的意思。汉代扬雄的《法言》说："文丽用寡，长卿也；多爱不忍，子长也。"① 李轨注曰："《史记》叙事，但美其长，不贬其短，故曰多爱。"② 李轨所说的"叙事"指的就是《史记》的叙事方式。《宋书》说"（王韶之）善叙事，辞论可观，为后代佳史"③。从叙事的角度评价王韶之的文学才华。到了唐代，叙事成为历史写作的重要方式和方法。因而刘知幾《史通》中专有《叙事》一篇，开篇就确定了叙事的地位，"夫史之称美者，以叙事为先"④，并认为"夫国史之美者，以叙事为工。而叙事之工者，以简要为主"⑤。不仅说明了历史写作对叙事的要求，也强调了叙事的特点。宋代的真德秀《文章正宗》也专列"叙事"门类，他说："故今之所辑，以明理切世用为主。其体本乎古，其指近乎经者，然后取焉，否则辞虽工亦不录。其目凡四：曰辞命、曰议论、曰叙事、曰诗赋，今凡二十余卷云。"⑥ 他在《纲目》中对叙事的门类进行概括：

> 按叙事起于古史官，其体有二：有纪一代之始终者，《书》之《尧典》《舜典》，与《春秋》之经是也。后世本纪似之。有纪一事之始终者，《禹贡》《武成》《金縢》《顾命》是也。后世志记之属似之。又有纪一人之始终者，则先秦盖未之有，而于汉司马氏，后之碑志事状之属似之。今于《书》之诸篇与《史》之纪传，皆不可复录，独取《左氏》《史》《汉》叙事之尤可喜者，与后世记叙传志之典则简严者，以为作文之式。若夫有志于史笔者，当深求春秋大义而参之以迁、固诸

---

① 汪荣宝撰，陈仲夫点校《法言义疏》下，中华书局，1987，第507页。
② 汪荣宝撰，陈仲夫点校《法言义疏》下，中华书局，1987，第507页。
③ 沈约：《宋书》卷六十《列传》十二，中华书局，1974，第1625页。
④ 刘知幾撰，浦起龙通释《史通》，上海古籍出版社，2008，第119页。
⑤ 刘知幾撰，浦起龙通释《史通》，上海古籍出版社，2008，第122页。
⑥ 真德秀：《文章正宗》，真西山全集本，康熙刻同治修。

书，非此所能该也。①

真德秀分析了古代史书的叙事方式，这些"叙事"基本上与正史相联系，从而形成了正史的叙事模式，这就是所谓"历史性叙事"。

"民间"观念在五四时期被提出来，李大钊、周作人、胡适等人以"民间"作为底层百姓生存的文化空间。陈思和认为"民间"是一个多维度、多层次的概念，它具备以下特点："1. 它是在国家控制相对薄弱的领域产生的，保持了相对自由活泼的形式，能够比较真实地表达出民间社会生活的面貌和下层人民的情绪世界。2. 自由自在是它最基本的审美风格。3. 它既然拥有民间宗教、哲学、文学艺术的传统背景，用政治术语说，民主性的精华与封建性的糟粕交杂在一起，构成了藏污纳垢的独特形态，因而要对之做简单的价值判断是困难的。"②

可以看出，他们都认为民间是与官方、国家相对的概念。从这个意义上讲，民间叙事指的是游离于统治阶级之外的民众叙事活动，它反映的是普通民众的价值判断、审美观念、善恶标准、日常生活。相对于正史而言，根植于日常生活和民间文化基础上的民间叙事，则又以充满了虚构和想象的"文学叙事"形式而存在。郑振铎认为，"凡不登大雅之堂，凡为学士大夫所鄙夷，所不屑注意的文体都是俗文学"③，他将诗歌、小说、戏曲、讲唱文学、游戏文章都归于俗文学的领域。这些"俗文学"的叙事正是民间叙事的重要方面，而民间叙事的范围又不仅限于此，民间故事、神话传说也属于此类，这一点已经基本得到学界的认同。

然而，民间叙事又不等同于民间文学。1921年胡愈之《论民间文学》中说："民间文学的作品有两个特质：第一，创作的人乃是民族全体，不是个人。普通的文学著作，都是从个人创作出来的，每一种著作，都有一个作

---

① 真德秀：《文章正宗》，真西山全集本，康熙刻同治修。
② 陈思和：《民间的沉浮：从抗战到"文革"文学史的一个解释》，载《陈思和自选集》，广西师范大学出版社，1997，第207~208页。
③ 郑振铎：《中国俗文学史》，上海人民出版社，2006，第15页。

家。民间文学可是不然；创作的绝不是甲，也不是乙，乃是民族的全体。……第二，民间文学是口述的文学，不是书本的文学。书本的文学是固定的，作品完成之后，便难变易。民间文学可是不然；因为故事、歌谣的流行，全仗口头的传述，所以是流动的，不是固定的。"[①] 因而民间文学不是个人创作，而是集体的创作形式，其流传多数依靠口头传播。郑振铎概括"俗"文学的六点特征为"大众的、无名的集体创作、口传的、新鲜的、想象力奔放、勇于引进新的东西"[②]，这大概也符合民间文学的基本特征，然而民间文学却并非全部的民间叙事。

民间叙事指的是叙事形式，相对于历史性的叙事，它是文学性的叙事；相对于大众性的写作，它更多的是私人化的写作；相对于集体性的创作，它更偏向于个体性的创作。民间叙事也是相对于官方叙事而言的，它从叙事者的视角出发，记录叙事者的记忆或者态度，因而更多地反映叙事者个人的感受。它对所叙之事的价值评价、道德评价都是叙事者个体性的，而非集体性的。民间叙事的形式丰富、创作主体多样，个人色彩鲜明，其所表达的思想与情感也多为个人化的。清末民初笔记、报刊小说、北京话教材等是民间叙事的重要内容。

具体到清末民初这一特殊的时间节点上，民间及民众有着不同于其他时代的特殊性。处于历史巨变时期的书写者，他们对国家和朝廷的衰败感到无能为力，对于统治者的秽恶言行深为不满，对于外敌的欺辱有切肤之痛，对于国家的动荡、民众的流离失所有深刻的同情。而且这些痛苦的记忆随着中外战争的惨败以及多个不平等条约的签订愈加强烈。因而，作为晚清社会和时代的书写者，歌功颂德已经不是他们叙事的重点，真实地记录历史事实，表达其对历史和现实的态度成为民间叙事的主要内容。这一时期书写者的叙事往往是秉笔直书、切中弊害的。他们不再秉持传统史学家的叙事立场而为尊者讳，即使是清王室的忠实支持者在记述这一段历史与经历的时候也不可

---

① 胡愈之：《论民间文学》，载《胡愈之文集》第一卷，生活·读书·新知三联书店，1996，第142~143页。
② 郑振铎：《中国俗文学史》，上海人民出版社，2006，第17~18页。

避免地流露出迷惘忧虑，甚至是绝望的态度，从而反映出当时民众整体的心理状态。民国肇始，清帝退位、军阀混战，社会的动荡并没有结束。旧朝遗老、新进官僚与留洋学生充斥于社会之上，不同的利益群体发出不同的声音，而民众的痛苦则愈演愈烈。这种持续动荡和混乱的社会现实也被很多书写者记录下来，从而反映出那个时代的真实样貌。当然，尽管这一时期很多作者力求保持平实而严谨的态度，就事论事，但由于书写者的身份、地位、政治倾向、价值取向不同，他们对于某些事件缺乏全面、宏观的判断，他们的记录往往侧重于某个方面，而未及全部；他们的评价也受自身的身份地位、价值观念以及个人认知的影响显得有些偏颇、有失公允。然而这些民间叙事可以帮助我们从不同的视角去认识某些事件，也可以听到不同阶层的声音，而非单纯官方说法，这是非常难能可贵的。

应该看到的是，虽然清末朝廷的统治走向没落，但是清政府对国家、民众的控制，尤其是对其统治中心——北京的控制加强了，具体表现为皇室生活更加封闭，对于言论的控制也更为严格。因而民间对当时社会生活的记述，尤其是对于朝廷生活的记述，不乏传言和未经确证的材料，需要我们在研究过程中进行认真地辨正与剖析，以期能够得到更准确、接近历史真实的资料。

随着清朝走向衰落，越来越多的人开眼看世界，其中不乏官员、商人、留学生，他们接触到了海外文化。这些人在将西方文化介绍给国人的同时，也试图用自己的思想、观念去影响民众和社会。他们看到了新技术革命给欧美国家带来的经济发展、社会繁荣，因而真心希望自己的国家能够变革，走上自强发展之路，使中华民族能够屹立于世界民族之林。这一时期，康有为、梁启超的变法活动以及戊戌六君子事件都成为民间书写的重要对象。

一些旅居中国的海外人士，他们对中国生活的记录，也成为了解当时中国社会及民众生活的重要参考资料。他们以他者视角对中国社会现状和民众生活进行审视，更为直观地反映了当时北京生活的样态。这些人中有使节、商人、传教士，还有侵略者，他们的记录在一定程度上反映了海外人士眼中的中国社会和北京生活，也凸显中国民众在半殖民地半封建社会遭受的痛苦，像《李希霍芬中国旅行日记》《瓦德西拳乱笔记》等，就是其中的代表。

| 绪 论 |

社会动荡,国事变迁,民众对于信息的需求不断提升,新闻业有了飞速的发展,报纸成为重要的新闻传播工具。随着这一时期北京地区办报数量的不断增加,报纸的副刊经常发表以北京为背景的连载小说,这些小说成为民间叙事的重要方面。这一时期较有代表性的小说有《二十年目睹之怪现状》《文明小史》《孽海花》《小额》等。

除了报纸,杂志也是小说刊载的重要载体,这一时期出现了专门刊载小说的杂志——《小说林》,"所刊东海觉我《丁未年(一九〇七年)小说界发行数目调查表》,就一年著译统计,有一百二十余种"[1],"当时成册的小说,就著者所知,至少在一千种以上"[2]。

总之,这一时期民间叙事的书写者人数众多,成分复杂。他们的视角不再是官方的视角,他们所反映的不再是统治者和上层人士的生活,他们的关注点也不再是帝王将相,而是普通民众和丰富的社会生活。民间叙事材料数量众多,刊载的媒介多样化,对当时政治生活、社会生活的态度也各有不同,反映出清末民初社会整体思想观念的复杂性和社会分层的多样性。

三 本书的研究内容

本书通过对清末民初北京文化的研究,梳理了北京城市文化的历史发展脉络,对北京所特有的文化圈层进行了解读;通过对不同的北京文化材料比对和辨正,力图还原北京语言、文化的真实面貌;通过对这一时期诸多民间叙事材料的梳理,探索北京城市发展的历史文化特质,挖掘北京城市文化的地域特点,为现代北京文化发展、创新提供历史依据和经验借鉴。

第一,在确定本书时间节点的基础上,分析了清末民初北京文化民间叙事研究的背景及现实价值。本书将其时间节点界定为1840年鸦片战争至1928年。此时中国面临重大的社会转型,新思想、新观念正在萌芽。就"民间"概念而言,五四时期,李大钊、周作人、胡适等人以民间作为底层

---

[1] 阿英:《晚清小说史》,江苏文艺出版社,2009,第1页。
[2] 阿英:《晚清小说史》,江苏文艺出版社,2009,第1页。

百姓生存的文化空间。本书认为民间叙事是相对于官方叙事而言的，它从叙事者的视角出发，记录叙事者的记忆或者态度，反映叙事者自身的独特感受；它对所叙之事的价值评价、道德评价都是叙事者个体性而非集体性的。民间叙事的形式丰富、创作主体多样，本书选取清末民初笔记、报刊小说、民歌、汉语教材等作为民间叙事的重要材料进行研究。

　　第二，对清末民初北京文化观念及制度的变革进行探讨。文化观念是文化最深层次的基础，它影响到文化制度等一系列文化因素。清末民初，在外部势力与外来文化的强势介入下，中国文化发生了剧烈的变化。这一时期的文化观念经历了从中学为体、西学为用，到康梁变法失败后的"全盘西化"，直至共和政体建立的一系列变化。此时出现的"白话文运动"成为建设民族新语言的重要途径。五四时期的"白话文运动"是以实现思想启蒙为目的，以白话文为武器，反对代表贵族的、专制的旧文学，为新文化开辟道路的文学活动。"白话文运动"的直接影响就是这一时期的白话小说。文化制度上的变革表现为改革考试制度，废除科举制度，建立新式学堂，刊印各种介绍新学的图书报刊，这些制度的变革为新文化的建立和发展开辟了道路。

　　第三，从宏观上对北京文化民间生态圈的历史轨迹进行研究。北京文化具有独特的圈层特色。本书选取了北京文化中最具圈层特色的胡同、八旗和宣南文化圈进行研究。北京胡同是北京圈层文化的最小单位，胡同的构成、发展、变迁以及胡同生活，基本上是在圈层内部进行的，因而北京的胡同最具圈层特点和民间特性。胡同出现的同时，也被赋予了名字，胡同的名字带有浓厚的民间色彩和民俗特征，也反映了民间的智慧和审美。胡同圈层的核心点是胡同中的寺庙，庙会及其衍生出的市集是百姓生活与娱乐活动的重要场所。京城的八旗是清代以来旗人的生活圈子，长期以来旗人生活在旗营之内，形成了独特的文化习惯，在饮食、衣着、礼仪等方面保持了独特的民族特色。北京的汉族人（本书简称汉人）文化圈被称作宣南文化圈，这里既是北京历史的保存地，也是文化的汇集之地。不仅大量的会馆集中于此，而且这里也是书画收藏之地、梨园汇聚之地和民间文化集中地。北京城内各个圈层既是独立的，又是开放的；它们既有自己独特的文化特点和运行模式，又接纳了不同的人、不同的文化要素。

第四，从文献的角度对北京民间叙事的诸多样本进行分析，进而发现这一时期北京文化的新形态。这一时期的笔记主要是对北京的饮食、衣着等进行记载。清末民初白话小说的数量急剧增加，在北京形成了以蔡友梅、徐剑胆、穆儒丐为代表的报人小说创作群体，他们创作出了历史、社会、爱情、侠义等各类小说，其中侦探小说和理想小说是这一时期产生的新类型小说，侠义小说也增加了武术的内涵，从而成为真正的武侠小说。受"小说界革命"和翻译小说的影响，这类白话小说表现出不同于旧小说的特点。这类小说是从旧小说向以老舍为代表的"京味小说"过渡的北京小说。北京的民歌也是最具民间性的文学样式，北京民间歌谣的大规模收集始于1918年北京大学的歌谣运动。在此之前，两位外国人韦大列和何德兰收集了北京歌谣，编辑成民间歌谣集《北京的歌谣》和《孺子歌图》。相比于其他地域的歌谣，北京歌谣中儿歌和市井歌谣所占的比重非常大，尤其是儿歌显现出其独特的个性，成为北京民间歌谣的代表。北京歌谣的审美特色是质朴通俗，活泼生动，体现了民间文化鲜活的生命特质。歌谣中很多地理意象与地理空间，反映了活泼佻达的民间生趣。最后一个样本是这一时期日本的汉语教科书。这些教材依托大量北京文化的内容进行北京话的教学活动，其所采用的是最能代表北京历史文化特征的材料，因而包含了丰富的北京语言和文化信息，保存了北京词汇的基本特色。本书通过对这类教科书中的语气词、代词、副词、介词等进行考察，发现口语词汇发展变化规律，从而确定这一时期的北京话正处于从近代口语向现代口语的转化期，从口语词汇到语言结构都保留了满语的一些特征。

第五，在对叙事文本进行分析的基础上，对这一时期北京文化的叙事特征进行概括。主要从叙事内容和叙事视角两方面进行研究。北京的民间叙事具有多元化的特征，其表现为叙事的内容更为丰富，增加了对北京话的记录和研究的内容。这些新的叙事资料对于北京词汇和口语变迁的记录，体现了北京的方言特色，展现了北京话灵活多变的特性。叙事角度则具有多元性的特征。这一时期的叙事者增加了白话小说的作者和汉语教科书的编写者。与上层叙事者的叙事角度不同，他们完全是从北京市民的视角进行叙事的。这些叙事者的思想也非常驳杂，不同叙事者、相同叙事者在不同时期的思想观念可以截然不同。此外，叙事目的也呈现出多元性的特征，不再是单纯地对历史和生活进行记录，而是具有自身的价值判断和情感表达。叙事视角也是多样的，表现为不同的人从不同视角进行叙事，从而对事件真相进行辨正；对同一人物进行多重叙事，对人物的真实面貌进行还原。

第六，从地方史和城市空间的角度对清末民初北京文化民间叙事进行微观阐释。本书选取最能体现民间特色的北京歌谣作为研究对象，认为这一时期北京歌谣不仅在反映北京地理风物、市民生活方面具有突出的优势，而且具有记忆和呼唤的功能。从地方史的角度，对北京的城市特点和灾异事件进行解读，认为这是北京地理位置的特殊性，以及上下层社会对谶纬之学、天人感应观念认知的独特反映。而对于这一时期庚子事变和古建筑被毁状况的叙事，也是北京地方史志所独有的。从空间的角度理解北京城市，本书选取白话小说为样本分析北京的城市空间。城市空间包括自然空间、社会空间、历史空间、人文空间等内涵。从白话小说的叙事中可以发现这一时期自然景物的变化，人们生存环境的剧烈改变，以及北京这座历史文化古城的种种变化。北京的人文空间与家庭关系等诸多方面密切结合，小说反映了传统家庭关系的破产，社会变化带来了人与人之间的新矛盾等，正说明这一时期北京人文空间的变化。在这些叙事文本中，北京自然、历史空间与人文空间交织在一起，彼此作用，互相影响，从而凸显北京城市空间交叉、立体、多元的风貌。

本书从传统、角度、媒介、话语四个因素对清末民初北京民间文化进行界定，认为清末民初北京文化的民间叙事具有双重模式，包括历史叙事和文化叙事两个层面。历史叙事是在时间线索上的叙事，而文化叙事则涉及空间的各个层面。从清末民初北京文化的叙事中可以看出这时北京文化的审美特征是质朴通俗、含蓄凝练。

总之，通过对北京文化民间叙事的研究，我们进一步厘清了清末民初北京文化发展脉络，对北京圈层文化有了更深入的理解，为继承北京文化传统，树立文化自信，建设新时代北京文化提供了质料。

第一章

延续与突变：时空交错建构下的北京文化

任何文化的存在都离不开其生存环境。20世纪50年代，美国文化人类学家斯图尔德（Juliar Haynes Steward）提出了"文化生态学"的概念，这一概念借鉴生态学中生物群落生存发展各要素之间相互关联、相互制约的理念，认为"根据整体观的视角（holistic view），文化的各个层面在功能上是相互依存的"①，但是从文化生态学的角度来看，"各种特征相互依存的程度和方面却不尽相同。我已经在某处提出了'文化内核'（culture core）的概念，即与生计活动和经济安排有最密切关系的各种文化特征的集合。它包括以经验因素决定的与这些安排有密切关系的社会、政治和宗教模式。很多其他的文化特征可能具有很大的潜在变异性，因为它们并不强烈地依附于文化内核。这些特征称为文化的次要特征（second-ary features）"②。因而，文化生态既包含文化核心因素，也包含着依附于文化内核而生的一些次要因素。在对文化生态进行研究时，对其文化内核进行重点研究，比较容易把握文化生态的核心特征。本书就是从文化生态视角出发，着重探索文本、作者、读者、文化观念、文化制度这些与政治、经济、宗教等密切相关的文化生态要素的共生关系。

---

① 〔美〕朱利安·斯图尔德：《文化变迁论》，谭卫华、罗康隆译，贵州人民出版社，2013，第36页。
② 〔美〕朱利安·斯图尔德：《文化变迁论》，谭卫华、罗康隆译，贵州人民出版社，2013，第36页。

第一节　清末民初文化观念的变革

金观涛曾对近代以来中国社会思想的变迁进行系统分析。他认为中国从19世纪末开始建立"现代动员力"的国家,"新的意识形态和近代传统便处于一种既对立又互相依存的复杂关系中"[①]。由于新的意识形态与近代传统之间存在较大的差异性,因而二者之间"这种互相依存的复杂关系使得近代传统向现代意识形态的转化必须经过否定之否定才能完成"[②]。这种否定之否定的关系具有二重性,"第一个否定是中国近代传统被证伪,只有这样,强化事功的道德哲学结构才能与儒家传统伦理分离,并使得价值逆反普遍发生,成为新意识形态的价值核心。第二个否定是逆反价值所选中的外来思想被纳入传统强化事功的道德结构"[③]。他认为近代以来中国意识形态的转型具体地说表现为四个阶段:

> 第一段为19世纪30年代这半个多世纪,主线是中国近代传统的成熟和经世致用的失败。包括经世致用和儒学现代转化两个维度。这阶段被否定的只是经世致用或儒学强化事功变异的一个维度。
>
> 第二段是从甲午战败到新文化运动前这二十年,这是儒家意识形态被证伪不得不面临现代化转化的阶段。1894年爆发甲午中日战争,中国的失败证明进行了半个世纪的经世致用未能使中国富国强兵,以立足于民族国家之林。这时,中国近代传统中的另一面凸显,儒学现代转化成为社会思想的主流。
>
> 第三阶段是新文化运动。否定二元儒学使中国知识分子重返"天

[①] 金观涛、刘青峰:《中国现代思想的起源——超稳定结构与中国政治文化的演变》,法律出版社,2011,第214页。
[②] 金观涛、刘青峰:《中国现代思想的起源——超稳定结构与中国政治文化的演变》,法律出版社,2011,第215页。
[③] 金观涛、刘青峰:《中国现代思想的起源——超稳定结构与中国政治文化的演变》,法律出版社,2011,第215页。

人合一"和"道德价值一元论"。中国出现了全盘反传统主义。这是逆反价值所创造的革命乌托邦,已彻底从中国近代传统中分离出来,成为中国人选择性吸收西方现代思想的基础。

第四阶段是外来意识形态中国化并用它来实现社会整合的过程。[1]

这四个阶段中的前三个正是本书所要研究的时间段。从上述概括中可以看出,在外部势力与外来文化的强势介入下,中国文化或主动或被动地发生着变化。如果说金、刘关注的是社会上层以及知识阶层的文化观念和文化心理的变化,那么梁启超1923年发表的《五十年中国进化概论》则对这一时期中国文化之变迁与民众整体观念的变化有较为细致的描述:

> 近五十年来,中国人渐渐知道自己的不足了。这点子觉悟,一面算是学问进步的原因,一面也算是学问进步的结果。第一期,先从器物上感觉不足。……第二期,是从制度上感觉不足。……第三期,便是从文化根本上感觉不足。第二期所经过的时间,比较的很长——从甲午战役起到民国六七年间止。约二十年的中间,政治界虽变迁很大,思想界只能算同一个色彩。简单说,这二十年间,都是觉得我们政治、法律等等,远不如人,恨不得把人家的组织形式,一件件搬进来,以为但能够这样,万事都有办法了。革命成功将近十年,所希望的件件都落空,渐渐有点废然思返,觉得社会文化是整套的,要拿旧心理运用新制度,决计不可能,渐渐要求全人格的觉悟。恰值欧洲大战告终,全世界思潮都添许多活气,新近回国的留学生,又很出了几位人物,鼓起勇气做全部解放的运动。[2]

梁启超对当时中国文化的分析还是很切中要害的,将晚清民国时期中国

---

[1] 金观涛、刘青峰:《中国现代思想的起源——超稳定结构与中国政治文化的演变》,法律出版社,2011,第215~220页。
[2] 梁启超:《五十年中国进化概论》,载《梁启超史学论著四种》,岳麓书社,1998,第7~8页。

文化的自我认知以及文化心态分析得非常透彻。梁启超所说的三个阶段清晰地勾勒出清末民初中国社会文化心理的变迁。

一 "中学为体，西学为用"观念的形成

西方文化在中国广泛传播始于明清时期的传教士，到了清朝，一些思想开放的官员、学者开始了解和介绍西方文化。两广总督林则徐曾派人收集西方的情报资料，他的幕僚将英国人慕瑞著的《世界地理大全》翻译润色，编成《四洲志》。魏源受到这部书的影响，编成《海国图志》，开始系统介绍西方文化。

"中学为体，西学为用"的观念正是在晚清不断接受西方文化的过程中逐渐形成的。第二次鸦片战争之后，以官方为核心兴起了洋务运动，开始发展近代的军事工业。长期以来对西方知识的译介主要集中于科学技术方面，因而这时整个社会，包括清政府的高层，普遍认为西学的成就主要集中于自然科学，在人文科学和政治方面则无所建树。"彼之人无礼乐教化，无典章文物，而沾沾焉，惟利是视，好勇斗狠，恃其心思技巧，以此为富国之技。"[1] 一些人则认为中国与西方在学问上的侧重点有所不同，中国以传统儒家思想为核心，重视义理的阐释，讲求微言大义；西学则比较重视艺能的发展。因而中国社会政治学比较发达，西方则科学技术的发展较为突出。潘敦先说："中西之学本不相同，中国重道而轻艺，故以义理为胜，西国重艺而轻道，故以格致见长，此中西之所由分也。"[2] 多数中国人认为社会政治学是治国的根本手段，科学技术只是末端，因而就国家的治理而言，应以中学为主。1861年冯桂芬最早提出了"以中国之伦常名教为原本，辅以诸国富强之术"[3] 使中国走上富强的想法；曾国藩在兴办洋务过程中也提出了"以修政事求贤才为急务，以学炸炮学造轮舟等俱为下手功夫"[4] 的主张。

---

[1] 方浚颐：《二知轩文存》卷一《机器论》，清光绪四年刻本。
[2] 上海图书馆编《格致书院课艺》"导论"，上海科学技术文献出版社，2016，第62页。
[3] 冯桂芬：《校邠庐抗议·采西学议》，朝华出版社，2017，第156页。
[4] 曾国藩：《求阙斋日记类钞》，朝华出版社，2018，第115~116页。

1892年郑观应提出："中学其本也，西学其末也；主以中学，辅以西学。"①这应该是"中学为体，西学为用"观念的雏形。1896年沈寿康也提出："中西学问本自互有得失，宜以中学为体，西学为用。"②这是"中体西用"最早的表述。同年孙家鼐在《议覆开办京师大学堂折》中提出"一曰宗旨宜先定也。中国五千年来，圣神相继，政教昌明，决不能如日本之舍己芸人，尽弃其学而学西法。今中国京师创立大学堂，自应以中学为主，西学为辅；中学为体，西学为用；中学有未备者，以西学补之，中学其失传者，以西学还之。以中学包罗西学，不能以西学凌驾中学，此是立学宗旨"③。其核心观念就是"中学为体，西学为用"。1898年张之洞《两湖、经心两书院改照学堂办法片》中说："两书院分习之大旨，皆以中学为体，西学为用。既免愚陋无用之讥，亦杜离经叛道之弊。"④可见中体西用之观念是晚清时期不同的人从不同的角度相继提出来的，但其核心就是借鉴和学习西方的科学技术为其所用，中国传统的思想观念以及形成的政治秩序仍保持不变。

晚清时期提出这些观念的人基本没有国外生活的经历，他们大多是从资料中认识西方文化的。他们并不真正了解西方社会，对于西方社会制度、人文精神等方面的认知不够，尤其对其政治制度优势的认知更少。因而他们认为中国长期以来形成的以儒家思想为核心的社会思想和社会制度是完美的，西方的优势在于器物方面，只要把他们器物方面或者说艺学方面的长处学习过来，就能够抵御外侮，使国家富强。

当时提出"中学为体，西学为用"的人大多数处于社会上层，他们从维护清王朝统治的角度出发，以求富、求强为目的，致力于发展军事工业和民用工业，尤其以军事工业作为发展的重点。因而洋务运动开始以后，曾国藩、李鸿章、左宗棠、张之洞等人先后建立了安庆内军械所、江南机器制造

---

① 郑观应：《盛世危言新编·西学》，清光绪二十三年刻本。
② 沈寿康：《匡时策》，《万国公报》第75卷。
③ 中国史学会主编《戊戌变法》二，上海书店出版社，2000，第426页。
④ 张之洞：《两湖、经心两书院改照学堂办法片》，载陈谷嘉、邓洪波主编《中国书院史资料》，浙江教育出版社，1998，第2170页。

总局、福州船政局、汉阳铁厂、轮船招商局、天津机械制造局等，基本上是生产军事器械和制造轮船。这时的民用工业发展了纺织工业和炼铁工业。

二 制度上的探索

晚清时期，随着国门打开，一些留学生、买办、外交人员到海外留学和生活，像王韬、薛福成、马育仁等人，他们对西方的政治制度有切身的感受，认识到了清政府的封建统治是中国社会发展的障碍。在他们强烈的呼吁下，要求进行社会改革的呼声越来越高。尤其甲午一役彻底打破了国人的迷梦，知识阶层开始意识到国家衰败到了何种地步，只在器物上的革新远远达不到求富、求强的目的。尤其是日本经过明治维新迅速走上了资本主义发展道路，并在甲午战争中打败了号称亚洲第一的北洋水师，令中国朝野为之震动。连身居高位的光绪皇帝都意识到了只有变法改革，中国才能走上富强的道路。但康有为、梁启超主导的戊戌变法只进行了百余日就失败了，光绪皇帝遭到软禁，谭嗣同、刘光第等戊戌六君子被害，以慈禧太后为首的保守派重新掌握了大权，标志着改良派的失败。戊戌变法的失败说明了在清政府的专制统治之下，中国想要依靠维新变法走上资本主义发展道路是行不通的。推翻封建帝制，建立民主共和国，是历史发展的必然趋势。

随之而来的义和团运动和八国联军侵华战争更是将封建皇权逼向绝境。八国联军进入北京，慈禧太后带着光绪皇帝仓皇出逃，这一系列事件更加速了民众对于清政府的失望。在举国激愤的民族情绪的压力下，清政府不得不再次做出变法的姿态，派遣载泽、端方等五大臣去海外考察，为立宪做准备。1906年9月1日，清廷颁布了《宣布预备立宪谕》。然而此时的清朝统治者已经无法再欺骗民众，革命派开始积极为推翻清政府奔走呼吁，资产阶级民主革命团体华兴会、光复会、易知社、同盟会等先后建立，为推翻清王朝积极做准备。1911年武昌起义爆发，1912年孙中山就任中华民国临时大总统，标志着辛亥革命取得了胜利，推翻了中国几千年封建专制制度，建立了共和政体。

这一过程历经了漫长的历史时期，经过了几代人的共同探索。然而，共和政体的建立并没有使国家走向真正的富强和独立。国家依然动荡,外来的压迫依然存在,民众依然生活于水深火热之中。尤其是刚刚建立的民国权力被袁世凯窃取了,更是反映出这一探索过程的艰辛和曲折。

三 文化观念的革新

清帝退位后,中华民国建立了。然而随着袁世凯窃国,张勋复辟,战乱频仍,理想中的民主国家不复存在,议会制度名存实亡。知识界、思想界逐渐发现中国的旧文化已经不适应现代社会了,而简单地引进西学也不适用于中国。陈独秀、胡适、李大钊、鲁迅等人倡导以新文学代替旧文学,以新文化代替旧文化,新文化运动应运而生。新文化运动倡导民主与科学,反对封建专制;倡导新道德,反对旧道德;倡导新文化,反对旧文化。胡适、鲁迅、钱玄同等人提倡白话文,反对文言文。他们重视民间文学,反对封建贵族文学。因而这一时期收集民间文学成为新文化运动的重要内容,洪长泰指出:

> 中国知识分子同时把民间文学看作从内容到形式都与"正统文学"或"贵族文学"相对立的文学形态,认为前者是以劳动群众创作、口头传播、集体加工和简练质朴为特点的。后者相反,是由个别作家创作和人为修饰而成的,其内容通常描写的是上层阶级奢侈享乐的生活。中国民间文学家们强调这两种文学在价值观上的区别……贵族文学多用文言,行文晦涩,内容被腐朽观念和虚伪的歌功颂德文字所充斥;民间文学则相形之下显得真实、清新,与之恰成对照。①

正因为如此,新文化运动中知识分子大力提倡民间文学,将其作为反对贵族文学的武器。民间文学又称为民众的文学或平民的文学,其内涵非常丰

---

① 〔美〕洪长泰:《到民间去——1918~1937年的中国知识分子与民间文学运动》,董晓萍译,上海文艺出版社,1993,第13页。

富，民间歌谣、神话传说、笑话谚语等，都是民间文学。胡适在《中国白话文学史》中说："一切新文学的来源在民间。"① 说明了新文化运动与民间文学的关系。

在关注民间文学研究的同时，这一时期还兴起了"白话文运动"。"白话文运动"在晚清时期就已发端，这时的白话文运动具有启蒙作用，主要向普通民众传播科学知识和社会的基本信息。相比较而言，五四时期的"白话文运动"与晚清有本质的不同。它是思想解放运动，是以思想启蒙为目的，以白话文为武器，反对代表贵族的、专制的旧文学，为新文化开辟道路的文学活动。

第二节　清末民初科举制度的废除

文化观念对文化制度的影响是毋庸置疑的。晚清，文化观念的悄然变化影响到了文化制度。在中国延续了1300多年的官吏选拔制度科举制度被取消了，这是中国历史上的一件大事，改变了很多人的命运。

科举考试的改革与戊戌变法密切相关。1898年（光绪二十四年）光绪皇帝颁布了《定国是诏》（又称《明定国是诏》）：

> 朕惟国是不定，则号令不行，极其流弊，必至门户纷争，互相水火，徒蹈宋明积习，于时政毫无裨益。即以中国大经大法而论，五帝三王不相沿袭，譬之冬裘夏葛，势不两存。中外大小诸臣，自王公以及士庶，各宜努力向上，发愤为雄，以圣贤义理之学，植其根本，又须博采西学之切于时务者，实力讲求，以救空疏迂谬之弊。专心致志，精益求精，毋徒袭其皮毛，毋竞腾其口说，总期化无用为有用，以成通经济变之才。②

---

① 胡适：《白话文学史》，吉林人民出版社，2013，第12页。
② 王炜编校《〈清实录〉科举史料汇编》，武汉大学出版社，2009，第1052页。

第一章 延续与突变：时空交错建构下的北京文化

在此诏书中提出了明确的要求：

> 京师大学堂为各行省之倡，尤应首先举办，着军机大臣、总理各国事务王大臣会同妥速议奏，所有翰林院编检、各部院司员、大门侍卫、候补候选道府州县以下官、大员子弟、八旗世职、各省武职后裔，其愿入学堂者，均准其入学肄业，以期人才辈出，共济时艰，不得敷衍因循，徇私援引，致负朝廷谆谆告诫之至意。①

从诏令可以看出，光绪皇帝已经看到科举制之流弊，意图以京师大学堂为开端，引进西学实务，培养经济通变之才。康有为也接连上书，力陈科举之弊。光绪皇帝接受了康、梁的建议，颁布改革科举的诏书，"前因八股计文，积弊太深，特谕令改试策论，用乩实学"②。由八股考试，改为策论，科举考试依然保留，此时的改革并不彻底。尽管如此，依然遭到刚毅等保守派的反对。

我们知道，戊戌变法仅持续了103天就失败了，保守派重新掌握了权力，科举考试的多项改革也随之废除。1900年庚子事变，慈禧太后带光绪皇帝出逃，在逃亡途中再次以光绪皇帝名义发布了诏书：

> 法令不更，故习不破，欲求振作，当议更张。着军机大臣、大学士、六部、九卿、出使各国大臣、各省督抚，各就现在情形，参酌中西政要，举凡朝章国故，吏治民生，学校科举，军政财政，当因当革，当省当并，或取诸人，或求诸己，如何而国势始兴？如何而人才始出？如何而度支始裕？如何而武备始修？各举所知，各抒所见。③

此次出逃对慈禧太后等保守派的刺激极大，诏书中表达了振兴国家的强

---

① 王炜编校《〈清实录〉科举史料汇编》，武汉大学出版社，2009，第1054页。
② 王炜编校《〈清实录〉科举史料汇编》，武汉大学出版社，2009，第1053页。
③ 王炜编校《〈清实录〉科举史料汇编》，武汉大学出版社，2009，第1074页。

烈愿望,将教育、科举与军事、财政和吏治放在一起,作为此次改革的重点,可见科举改革已经迫在眉睫了。

1901年陶模在奏折中说:"顾自甲午以后,诏设学堂者久矣。而人才不出,何也?则以利禄之途,仍在科目。欲其舍诗赋、八股、小楷之惯技,弃举人、进士之荣途,而孜孜致力于此,此必不可得之数也。是故变法必自设学堂始,设学堂必自废科目始。今宜明降谕旨,立罢制艺、大卷、白折等考试。"① 此奏折明确提出变法"必自废科目始",表明了废除科举制度的坚定态度。1903年,袁世凯、张之洞《奏请递减科举折》,认为科举阻碍了学校的发展,提出了改革科举、发展学堂教育的具体办法。他们建议逐年递减科举考试,直至最终革除这一千年弊政。

1905年,袁世凯、赵尔巽、张之洞、周馥、岑春煊、端方又联合会奏:

> 科举一日不停,士人皆有侥幸得第之心,以分其砥砺实修之志。民间更相率观望,私立学堂者绝少。非公家财力所能普及,学堂绝无大兴之望。就目前而论,纵使科举立停,学堂遍设,亦必数十年后人才始盛。如再迟至十年,甫停科举,学堂有迁延之势。……而欲推广学校,必自先停科举始。拟请宸衷独断,雷厉风行,立沛纶音,停罢科举,庶几广学育仁,化民成俗,胥基于此。②

科举制度在中国延续了一千多年,是天下士子的进身之阶,废除科举对他们影响极大。然而在内外交困的局面下,国家要自强、要发展,科举制度必须废除,这是毋庸置疑的。几位上书的大臣都是朝廷重量级的人物,他们联合上书表明了在清政府上层对科举的问题已经达成了一致,废除科举势在必行。面对这种情况,慈禧太后不得不下定决心废除科举:

---

① 陶模:《粤督图存四策疏》,载吴相湘主编,于宝轩编《皇朝蓄艾文编(二)》卷八《通论八》,台湾学生书局,1987,第864页。
② 沈桐生辑《光绪政要(五)》卷三一《谕令停科举以广学校》,台湾文海出版社,1969,第58~59页。

第一章 延续与突变：时空交错建构下的北京文化

着自丙午（1906年——作者注）科为始，所有乡、会试，一律停止；各省岁、科考试，亦即停止。其以前之举、贡、生员分别量予出路。①

至此，在中国延续了1300多年的科举制度最终被废除了。金梁《光宣小记》中提到"废科举"：

乙巳年，政务处议准废科举，始命停止乡会试及各省岁科考试，由袁世凯、端方及张之洞等各疆臣所奏请也。中国久行科举，清承明制，以八股文取士，康熙年曾改策论，未几仍复旧。至光绪辛丑，命自明年为始，乡会试等均试策论，不准再用八股文程序，壬寅、癸卯、甲辰三科均行新制。至是命停考试，科举遂废。余乙未入学，壬寅中举，甲辰成进士，可称八股秀才、策论举人、末科进士，此亦科举丛话也。先是，久传议停科举，王文勤公力持不可。及公罢军机，未逾月而袁、端连合各强臣奏上邀准，人皆讶之。新定学堂选举鼓励章程，凡由学堂毕业考取合格者，给予举人、进士等名目，又考试出洋学生亦赏进士、举人出身，虽仍沿其名，已非复科举之旧矣。②

作为科举的亲历者，金梁较为详细地总结了废除科举，建立新式考试制度的过程，可以作为了解当时状况的重要参考。

第三节 清末民初教育制度的变革

清代教育的官学体系较为完备，中央有国子监、宗学、八旗宗学等，地方有府学、州学、县学等。私学方面主要以书院为代表。迄至鸦片战争时

---

① 王炜编校《〈清实录〉科举史料汇编》，武汉大学出版社，2009，第1109页。
② 金梁：《光宣小记》，上海书店出版社，1998，第16页。

期，全国的书院有 2000 多所，书院的管理者称为山长，主要教授适应科举考试需要的内容，以培养学生入仕为主要目标，从而成为科举考试的附庸。鸦片战争以后，越来越多的人发现了科举制度的危害，意识到了发展新式学堂、建立现代学校制度的必要性。

一 各种新式学校的建立

（一）教会学校的建立

这一时期，在西方文化的影响和冲击下，教会学校建立起来了。1839年美国传教士布朗在广州办学。1842 年《南京条约》之后，外国人被允许在通商口岸兴办学校，布朗又在澳门开办了教会学校——马理逊学堂。该学堂开设中文、基督教义、代数、几何、化学、生理、地理、英文等多门课程，进行系统的文化教育，后来迁至香港。此后，英国、美国等国的传教士也纷纷在中国建立起教会学校，教授的课程包括《圣经》、"四书"、代数等。不仅如此，教会还翻译了《博物新编》《数学启蒙》等书籍，介绍西方的近代科学知识。传教士艾约瑟、伟烈亚力等人与中国数学家李善兰合译了《重学》《谈天》《代数学》《几何原本》《代微积拾级》等书。早期教会学校的课程及其译介的书籍基本上集中于自然科学、医学、数学以及技艺和科学常识，后来北京同文馆、上海江南制造总局所译之书也基本上是这类"专门学科"，因而西方的自然科学和技术在中国知识界受到较多的关注。

20 世纪初中国的教会学校达到顶峰，以中小学为主。《中国近代教育史教学参考资料》记载，1918~1919 年中国教会学校学生人数达到 212819 人。[①] 除中小学以外，教会还建立了一批大学，并成立了中国基督教教会大学协会。"据该协会统计，1919 年全国设立的教会本科大学有 13 所，分别为苏州东吴大学、上海圣约翰大学、杭州之江大学、成都华西协和大学、武昌华中大学、南京金陵大学、北京燕京大学、济南齐鲁大学、福州华南女子

---

① 陈学恂：《中国近代教育史教学参考资料》下册，人民教育出版社，1987，第 380 页。

大学、南京金陵女子大学、上海沪江大学、广州岭南大学、福建协和大学。还有天主教创办的上海震旦大学、天津津沽大学、北京辅仁大学。"① 教会学校在中国存在长达一个世纪。

（二）同文馆的建立

鸦片战争之后，清王室统治者认识到了西方先进科技的力量，意识到靠科举制度选拔人才已经不能满足国家发展的需要，开始加紧培养懂外语和造船技术的人才。1862年恭亲王奕䜣奏请开设同文馆，陈邦贤《自勉斋随笔》中记载：

> 中国设立学校最早，恐怕是同文馆了。同文馆专教授各国的语言文字。总馆设在北京（就是现在的北平），分馆设在上海和广州。那馆的设立，是在清朝同治元年（1862）。那时清廷准总理各国事务衙门奏请，在北京设同文馆。初聘用西人赫德，后来改委丁韪良主持，没多时又在上海和广州设立分馆。到了同治六年（1867），上海制造局的里面设立了机器学堂，又在福州设立了海军制造学堂。那都是曾国藩奏准清廷设立的，这都可以说是最早的学堂了。②

这里大概记录了同文馆设立和发展的过程，1862年（同治元年）8月内阁总理衙门上《创设北京同文馆奏疏》中提到清政府与外国交涉事件日多，认为"欲悉各国情形，必谙其语言文字，方不受人欺蒙"③，因而需要"通解外国语言文字之人"④。可见，当时培养懂西文的人非常必要。在北京办同文馆是得到清廷批准的，它是具有官方背景的机构。后来，恭亲王又上《奏请开设同文馆疏》，提出在同文馆中开设天文、算学等课程，以满足学习西方技术的需求。学校一般会聘请外国的教习授课，比如北京同文馆最先

---

① 王文杰编著《民国初期大学制度研究（1912—1927）》，复旦大学出版社，2017，第26页。
② 陈邦贤：《自勉斋随笔》，上海书店出版社，1997，第7页。
③ 舒新城编《近代中国教育史料》，中国人民大学出版社，2012，第7页。
④ 舒新城编《近代中国教育史料》，中国人民大学出版社，2012，第7页。

聘请英国传教士包尔腾做教师，后又聘请美国传教士丁韪良做教习，接下来又陆续聘请50多位外国人前来任教。

同文馆建立之初并不为大众所理解和接受，也遭到了保守派的极力反对，陈康祺《郎潜纪闻初笔 二笔 三笔》中这样记载：

> 同文馆者，聘西人为教授，凡中国搢绅至齐民家聪颖子弟，均许投牒赴馆，学习天文、句股、造船、制器诸法。月有课，岁有会，其尤隽异者，优其廪饩，奖以清秩，盖宦途之终南也。当创议初，枢府诸公，拟选阁部、翰林院五六品以下的官，送馆肄业。御史张盛藻疏奏，谓天文、句股，宜令钦天监、五官正、天文生研究，制造工作，宜责成工部考校，文儒近臣不当崇尚技能，师法夷裔。奏入，枢臣坚持初议。时倭文端公方以首揆掌院，偶有违言，遂疑倭公迂阔沮大计，乃奏派公充同文馆大臣。公策蹇莅任，忽堕马，以足疾请急。而部院庶僚，亦自以下乔迁谷为耻，迄今十余年，尚无儒衣冠入馆者。呜呼！倭公诚理学名儒，狂澜砥柱，在枢廷诸老，或亦深思熟计，志在自强哉？①

当时文臣极力反对，尽管待遇优厚，还是遴选不易。部院的庶僚更是以此职为耻，不愿意入馆修习，可见接受西方文化之难。

（三）新式学堂的建立

甲午战争后，更多的新式学堂开始建立。以李鸿章、左宗棠为代表的洋务派在各地兴办西式学堂。盛宣怀、张百熙等人也先后建立了北洋大学堂、京师大学堂、南洋公学、山西大学堂等。这些新式学堂主要为语言类学堂，培养懂西文的翻译人才。像福州船政学堂、上海江南制造总局操炮学堂、福州电报学堂、天津电报学堂、天津水师学堂、天津武备学堂、广东水陆师学堂等则是军事类学堂，其办学目的是培养军事人才。此外，还建立了科技学堂，培养国家发展所需的医学、矿业、电报等方面的人才。这些学校对生源

---

① 陈康祺：《郎潜纪闻初笔 二笔 三笔》，中华书局，1984，第7页。

的要求不高，不考虑学生的出身，只需参加必要的考试即可入学，还提供相应的生活资助。新式学堂为出身较低、家境贫寒的学生提供优厚的学习条件。这些新式学堂在教学理念、教学方式、管理模式、课程设置等方面都进行了新的尝试。"1895年前，全国仅有新学堂20所，1895~1898年，增加了19所，而在书院改为学堂的背景下，1903年新式学堂已有769所，1904年达4476所，1905年则达到令人瞠目的8277所。"[1]

二 教育教学制度的完善

北京同文馆开设之后，各项教育、教学制度也随之建立起来，《京师同文馆馆规》规定了同文馆的基本教学程序、分级课程安排、考试章程。李鸿章《设武备学堂折》、张之洞《招考自强学堂学生示》对学堂招生以及学制等问题进行了规定。1902年清政府发布了张百熙主持拟定的《钦定学堂章程》，这是中国教育史上的第一部完善的学制系统，其中包括《钦定蒙养学堂章程》《钦定小学堂章程》《钦定中学堂章程》《钦定高等学堂章程》《钦定京师大学堂章程》《考选入学章程》6部分，规定了各层次学堂的性质、年限、入学条件、课程设置以及各级之间的层递关系。这个系统借鉴了西方的学制体系，确定了从蒙学堂到高等教育不同层级的培养目标和主修课程，非常清晰明确。1904年，清政府颁布了张之洞、张百熙修订的《奏定学堂章程》，也称"癸卯学制"，规定了学制系统，订立教学管理办法、教授法、学校设限制办法等，一直实行至辛亥革命。这一章程改革了教育体系，提出各层次学堂的培养目标，优先发展师范学堂，鼓励学堂教师留洋，急速发展时务学堂，鼓励士绅广建小学堂，重视学生品德教育，在保留经学教育的同时发展西学，学生应习洋文等，这些教育理念为培养人才、提高国民素质提供了积极的思路，在当时具有积极进步的意义。

然而这一章程保守之处也非常明显。它提出的办学宗旨是"以忠孝为

---

[1] 李国钧、王炳照总主编，金林详主编《中国教育制度通史》第六卷，山东教育出版社，2000，第267页。

本,以中国经史文学为基,俾学生心术一归于纯正,而后以西学论其知识,练其艺能,务期他日成才,各适实用"①。后张之洞等人重订了《教务纲要》再次重申学堂章程"以忠孝为敷教之本,以历法为训俗之方,以练习艺能为致用治生之具"②,依然是以"中学为体,西学为用"为基本教育理念来构筑其教学体系。

辛亥革命之后,中国知识文化阶层更多、更广泛地接受西方文化,教育制度的革新也势在必行。1912年中华民国南京临时政府成立,1月9日教育部成立,蔡元培任教育总长。蔡元培在《对于教育方针之意见》中提出:"满清时代有所谓钦定教育宗旨者,曰忠君,曰尚公,曰尚武,曰尚实。忠君与共和政体不合,尊孔与信教自由相违。"③ 1912年9月教育部公布民国教育宗旨:"注重道德教育,以实利教育、军国民教育辅之;更以美感教育完成其道德。"④ 1919年教育部发布《全国教育计划书》:"现在图内国之治安以求统一之效,应世界之趋势以固和平之基,振兴教育,缓无可缓。"⑤ 计划书中列出普通教育规划8项,专门教育规划10项,社会教育规划9项,计划在全国设立7所高等师范学校,建立女子师范学校,增加大学及专门学校,在南京、广州、武昌等地建立学科完备的综合性大学,设立专门的农、工、商、医专门学院,鼓励教师、学生出国等政策。可以看出,这时的教育部在吸收西方大学制度的基础上,已经完全摆脱了清末"中学为体,西学为用"的窠臼,努力建立现代教育制度,这是中国教育制度的重大变革。

1912年教育部公布《学校系统令》规定了各级各类教育的年限。1922年

---

① 转引自王文杰编著《民国初期大学制度研究(1912—1927)》,复旦大学出版社,2017,第30页。
② 张之洞:《教务纲要》,载舒新城编《近代中国教育史料》,中国人民大学出版社,2012,第193页。
③ 蔡元培:《关于教育方针之意见》,载中国第二历史档案馆编《中华民国史档案资料汇编》(第三辑·教育),凤凰出版社,1991,第22页。
④ 中国第二历史档案馆编《中华民国史档案资料汇编》(第三辑·教育),凤凰出版社,1991,第22页。
⑤ 中国第二历史档案馆编《中华民国史档案资料汇编》(第三辑·教育),凤凰出版社,1991,第53页。

11月1日公布了《学校系统改革方案》，规定"小学6年（其中初小4年为义务教育），初中3年，高中3年（实行普通、师范、职业分科制），大专4年，大学4~6年，大学院不定。大学只设一科者称某科大学，设数科者称大学等，这一学制基本沿用到1949年"[①]。1912年颁布了《普通教育暂行办法》《学校规程令》《专门学校令》《大学令》，1924年颁布《国立大学校条令》。

民国教育部颁布的一系列法令和规章制度，为中国学校的发展构建了基本的蓝图，对现代大学和大学制度进行了探索，确立了发展中国教育、构筑全民教育体系的基本思路。虽然由于战乱和各种社会问题，导致了这些基本的制度在执行过程中出现了很多问题，但是这种尝试和探索为中国教育提供了宝贵的经验。

教育的发展和进步为国内培养了一大批知识分子，良好的教育不仅为国内经济发展提供了人才，也培养大批社会记录者、描绘者，他们为后世留下了宝贵的时代记录。

第四节　清末民初北京新闻传播的发展

桑兵认为，晚清时期传播业最重要的趋势是主导者与受众由官方转向民间，传播业民间化的结果主要有三："1. 打破封建正统文化的垄断，促进各种社会思潮公开并存竞争，从而确立了思想先驱和革命势力的引导地位；2. 改变民众集体行动的行为方式，加快和扩大爱国民主运动的频率与规模；3. 破除专制统治的神秘性，形成社会制衡力。"[②] 清末民初报纸的传播方式、受众群体、社会影响等方面都出现了新趋势。

一　北京报业的发展

北京报业的产生可以追溯到清初，戈公振《中国报学史》记载：

[①] 王文杰编著《民国初期大学制度研究（1912—1927）》，复旦大学出版社，2017，第55页。
[②] 桑兵：《论清末民初传播业的民间化》，载胡伟希编《辛亥革命与中国近代思想文化》，中国人民大学出版社，1991，第245~250页。

清初有南纸铺名荣禄堂者,因与内府有关系,得印《缙绅录》及《京报》发售。……此辈见有利可图,乃在正阳门外设立报房,发行《京报》。……《京报》所载,首宫门抄,次上谕,又次奏折,皆每日内阁所发抄者也,以竹纸或毛太纸印之,多者十余页,少者五六页,以黄色纸为面,长约六寸,宽约三寸。光绪间,又有《谕折汇存》,其材料即积数日之《京报》而成。盖杂志式之《官报》与《京报》并行而不悖。……《京报》每日发行,每册取费十文。若在京师,则另有《宫门抄》送阅,每月取费二百文。每日下午,阁抄既出,有老于刻字者,不必书写,随可刻于一种石膏类之泥板上。……铅印既行,遂改由北洋京华两书局印售。且当时南方报纸均以转载《京报》为唯一材料。迨京中报纸发生,所载亦无非京报材料。①

早期的《京报》因能得到内部消息而在京城大量发行,并传到了南方,南方的报纸也基本从《京报》获取资料。1872年"在华实用知识传播会"在北京创办了《中西闻见录》,由美国长老会传教士丁韪良主编,介绍西方技术,1875年停刊,1877年丁韪良将其编成四卷《中西闻见录选编》。

早期北京的报纸比上海要少一些,较为著名的有《中外纪闻》《京话日报》《顺天时报》等。《中外纪闻》于1895年8月在北京创刊,初期命名为《万国公报》,后来改为《中外纪闻》。当时它是康有为、梁启超主办的改革派机关报,办报初期主要是宣传国外的时事和维新变法的新思想。1895年第一个维新派组织强学会成立,《中外纪闻》成为其机关报。1896年1月,《中外纪闻》在保守势力的压制下停刊,距离创刊仅4个月。

《京话日报》由著名报人彭翼仲创办于1904年8月,其创刊后产生巨大的社会反响,"北京报界之享大名者,要推《京话日报》为第一"②。《京话日报》包括"要紧新闻""本京新闻""各国新闻""宫门抄""告示"

---

① 戈公振:《中国报学史》,朝华出版社,2018,第13页。
② 《大公报》1907年11月26日。

"专电""演说""时事新歌""小说""讲书"等栏目，其内容主要是对北京的世情进行介绍，揭露政府的黑暗和社会问题，反映底层民众的生活、情感和态度，"通篇概用京话"是其主要特色。但是《京话日报》在某些方面还是比较保守的，它反对革命，鼓吹君主立宪，把国家的希望寄托于慈禧太后和皇帝身上，这是其局限性。尽管如此，1906年9月《京话日报》依然与彭翼仲办的另一份报纸《中华报》同时被封。1913年恢复出版，不久再次被封。

《顺天时报》是日本外务省在华办的中文报纸，它办报的初衷是配合日本侵略中国进行文化宣传。《顺天时报》1901年在北京创刊，初名为《燕京时报》，1905年改名为《顺天时报》。该报在创办之初极力标榜自己的非官方特色，力图对社会新闻进行及时、准确的报道，成为清末民初华北地区最有影响的报纸之一。然而这些并没有改变它为侵华服务的本质，因而遭到了抵制与反对。

1905年之后北京的报刊业迅速发展，除创办非常有影响力的《启蒙画报》《京话日报》之外，还有《北京报附张》《顺天时报附张》《普通京话报》《女学报》《北京官话报》《北京女报》《公益白话报》《白话普通学报》《京师白话报》《通俗白话报》《京师公报》《京师官报》《官话正文报》《警世钟日报》《金台组报》等17种报刊或附张。

1906年北京的报刊进一步增加，有《京话广报》《京话实报》《京华新报》《京话汇报》《京话公报》《正宗爱国报》《公理报》《公论报》《公直报》《公益报》《开通报》《白话国民报》《发明白话报》《宪法白话报》《新闻报社》《白话公益日报》《北京画报》《北京日日画报》《开通画报》《普通画报》《星期画报》《京师新明画报》等22种白话报刊。金梁《光宣小记》记载了当时北京报刊及报人的状况：

> 时《北京日报》方新刊，销行未广，众皆阅天津《大公报》，为吾友英敛之（华）创设，余亦曾参笔政，风行一时者也。敛之北方学者，质直好义，有卓识，主持公论，为中外所重，与余交最深，久而敬之，

数十年如一日。余之识敛之，则马湘伯先生（良）所介绍，犹在庚子前也。余初至京，敛之为介数友，以报界中人为多："朱季鉽，即办《北京日报》者；杭辛斋、彭翼仲，办《白话报》；张展云，办《女学报》；廉南湖（泉），设开明书局，多与报界往还。余戊、己上书，几遭不测，南湖夫妇颇为奔走，敛之告余始知之，至可感也。又汪穰卿同年创一《京报》，以大幅裁叠成小页，便车行浏览，颇特别，消息亦颇灵捷，后以瞿大军机被劾'暗通报馆，阴结外援'，遂饬封闭，即指此报。实同列借题陷之也。"①

这些报刊的发行量和社会影响也逐步扩大。《京话日报》在北京及周边地区如天津、保定、通州、锦州等地都很有影响力，其销售量也从开始的1000份，达到一年后的7000份，最后销量达到1万份。上海《警钟日报》中说北京"担夫走卒居然有坐阶石读报者"②，《大公报》也说"北京报界之享大名者，要推《京话日报》为第一"③。《正宗爱国报》与《北京新报》发行量也多至几万份。如果加上《大公报》《顺天时报》附张的销量，这时北京地区报刊的发行量和影响力已经远远超越了南方。

在此期间同盟会的活动频繁，他们通过办报宣传，为革命活动进行舆论准备。创刊于1909年的《帝国日报》、创刊于1911年的《国风日报》、创刊于1911年的《国光新闻》是其中较有代表性的报纸。这些报纸均创刊于北京，报纸的编辑、记者多为同盟会会员，报刊在革命党人的资助下运行。

中华民国成立后，订立了《中华民国临时约法》，其中明确提出"人民有言论著作刊行之自由"，一时间报纸蔚为大观。戈公振《中国报学史》记载，民国成立后，北京的报刊达50种之多。这一时期的杂志也不少，"一国学术之盛衰，可于其杂志之多寡而知之"④。这一时期的杂志多为学术性

---

① 金梁：《光宣小记》，上海书店出版社，1998，第12~13页。
② 《警钟日报》1904年11月17日。
③ 英华：《北京视察识小录》，《大公报》1907年11月26日。
④ 戈公振：《中国报学史》，朝华出版社，2018，第8页。

的,《孔教会杂志》《观象丛报》《清华学报》《北京大学月刊》《学林》《社会科学季刊》等都创刊于北京,并且是非常有影响的学术刊物。画报数量增加,北京出版了《启蒙画报》《北京画报》,这些画报以图片的形式进行文化宣传。

二 北京报刊的内容

北京所办的报刊基本受《京话日报》的影响,它们以北京城市生活为主,以启蒙为目的,兼顾休闲生活。五四运动之后,北京的很多报纸办了副刊,刊登诗歌、小说等文艺作品,非常吸引读者。当时北京报纸副刊较为著名的有《晨报副刊》和《京报副刊》。李大钊、孙伏园、徐志摩等都担任过《晨报副刊》的编辑,对报纸的发展和文化传播做出了巨大的贡献。荆有麟在《〈语丝〉的发刊》中对北京报纸的状况进行了回忆:

> 至于报章,虽然已经都有了副刊,但《顺天时报副刊》是为日本人而说话,邵飘萍的《京报副刊》是专捧女戏子,《晨报副刊》就是专登"啊呀呀,我要死了"的发源地,闹得当时原在《晨报副刊》上发表作品的人,简直没有插足的地方了。[1]

《晨报》的前身为《晨钟报》,1918 年 12 月创刊于北京。1919 年李大钊任主编,开始增加了介绍新思想、新文化的栏目"自由论坛"和"译丛",后独立成为《晨报副刊》。改革后的《晨报副刊》刊登时评、小说,采用新式标点,用白话文创作,呈现出崭新的面貌。孙伏园任编辑时又再次改版,使之成为"北京宣传新思想、新文化运动最有力的报纸"[2]。鲁迅、周作人、胡适等人在《晨报副刊》上发表了大量的作品。很多新人如冰心、巴金、叶圣陶、冯雪峰的作品曾在《晨报副刊》上发表,为中国文学界培

---

[1] 荆有麟:《〈语丝〉的发刊》,载《鲁迅回忆录》,北京出版社,1999,第 194 页。
[2] 罗贤梁:《报纸副刊学》,百花洲文艺出版社,1991,第 21 页。

养了大批青年作家。

《京报副刊》也是这一时期北京报刊中较有代表性的报纸。1918年邵飘萍主办的《京报》创刊于北京,创刊之初就有副刊,称为"小京报",登载剧评、小说、诗文评等,以休闲娱乐为主,基本上走早期副刊的路子。1919年《京报》因得罪军阀段祺瑞被迫停刊,1920年又再次复刊。《京报》复刊的同时,《京报副刊》也随之恢复。1924年孙伏园担任《京报副刊》的主编,使之面貌一新。鲁迅、周作人、钱玄同、林语堂等人在上面发表了大量的文艺评论、杂文等,在大众中产生了深刻的影响。陈平原说:"大众传媒在建构国民意识、制造时尚、影响思想潮流的同时,也在建造我们的'现代文学'。"[1] 说明当时的北京报纸除了休闲娱乐,也肩负起改造思想、宣传新文化、培养新青年的重任。

《实事白话报》和《北京白话报》也是当时北京比较有影响的报纸,它们走的是民间化的道路,以移风易俗、娱乐大众为办报宗旨。创刊于1918年8月的《实事白话报》在新文化运动风起云涌的北京并没有以宣传新思想和科学民主为己任,而是秉持着"对于社会改良,道德之提倡,莫不竭力鼓吹,始终不懈"[2] 的宗旨,希望通过提倡道德去改良社会风俗,开启民智。该报主要关注百姓的日常生活与民生疾苦,通过通俗小说和"说聊斋"等形式吸引读者,走世俗文化之路。创刊于1919年的《北京白话报》也走休闲娱乐之路,它的四大版块为演说、新闻、小说、广告,其中小说连载成为吸引读者的重要手段。剑胆、哑铃等人的通俗小说经常在《北京白话报》上连载,这类小说延续着晚清传统小说的路子,以故事情节取胜,吸引普通的百姓。

三 北京报刊的传播方式

清末民初报刊发展非常迅猛,为了扩大社会影响,吸引越来越多的读

---

[1] 陈平原:《晚清:报刊研究的视野及策略》,载《文学的周边》,新世界出版社,2004,第103页。
[2]《实事白话报二千号纪念祝辞》,《实事白话报》1924年5月23日。

者，报馆通过设置贴报牌、阅报处、讲报所等方式，扩大社会影响。《京话日报》还招募贴报员，将报粘贴到人流较大的地方，以便使更多的人能够看报，真正起到启蒙和教育的目的。梁漱溟《桂林梁先生遗书·年谱》中记载：

> 始都中无肯阅报者，由热心人士一二辈多方倡导，张报纸于牌，植立通衢供众人阅览。继又进而有阅报所，讲报处之设。皆各出私产为之，遍于内外九城，不下数十处。①

京师第一家阅报处在琉璃厂工艺商局楼上开办。1905年春，黄琮在北京西城办阅报处取得成功，此后北京各区阅报处纷纷建立起来。《大公报》统计，截至1906年6月底，北京各区已有阅报处26家，阅报处成为宣传文化、影响民众的善举。《北京西城阅报处创办章程》说：

> 中国识字的人少，讲报处，阅报处正是为此而设，这两件事不但可以开多数人的知识，并且能够帮助学堂的不足，不过在僻静地方，总不大见效，必须拣热闹街道才有益处。有人采定护国寺街，设立阅报处一所，逢七八庙会的日子，逛街的人随意都可以进去歇歇腿儿，顺便把报看了，比别处开设的更觉得合适。②

可见建立阅报处的目的非常明确，是为了传播知识，提高民众的文化素养，同时也考虑到了如何吸引读者的问题。当时在京出版的《中华报》《京话日报》《顺天时报》《北京报》等报纸在阅报处都可以看到，报馆为了启蒙民众、宣传文化做了极大的努力。

在创办贴报牌、阅报处的同时，讲报所也兴办起来了。由于当时民众普

---

① 梁漱溟：《桂林梁先生遗书·年谱》，载《梁漱溟全集》（第一卷），山东人民出版社，1989，第578页。
② 《北京西城阅报处创办章程》，《直隶白话报》1905年第10期。

遍的文化水平较低，甚至有些人根本不识字，为了让更多的人能够接受思想文化的启蒙，在阅报处增设讲报项目，很多人兼职做讲报员，一些茶楼书馆也增设讲报的项目。《京话日报》有一篇《说书馆改了讲报处》的新闻，说一位卜先生将原来开茶馆外带说书的地方改成了讲报处。讲报所在1905~1907年达到高峰，北京各地的讲报所虽然比较松散，但也定期举办一些公益活动，进行交流研讨，从而成为非常有影响力的社会举措。1907年9月《顺天时报》登载了《记改良北京市》一文：

> 开通下等社会，除了白话报外，最妙的是演说。从前各茶馆但知演说《水浒传》《七侠五义》，等等。到茶馆改良，都知道演说报纸。无奈经费短少，规模狭小，不能长久。现今由督学局分区设立宣讲所，由劝学员每日讲演，大为进化的助动力。这是改良第十二件。①

可见讲报的活动对于报纸推广和社会进步起到了非常大的作用。

当时的中国已经是一艘在风雨飘摇中行驶的破船，如何能够将这个多灾多难的民族解救出来，这是当时很多集团和个人思索的问题。有识之士试图在各种领域进行探索和实践，自上而下地改革考试制度，废科举，建立新式学堂，印行各种介绍新学的图书，以至于报刊的出版发行。所有的这些尝试和努力，都是希望中国能够真正走向国富民强的道路。虽然这些努力最后都失败了，但是他们的探索精神和不懈努力值得敬仰；他们留下的宝贵经验也值得后人学习和吸取。

---

① 《记改良北京市》，《顺天时报》1907年9月18日。

第二章

城与人：北京文化的圈层结构及生态

作为一座历史悠久的古都，北京文化绵长而久远。正因为其历史厚重、文化悠远，当我们试图描绘这座城市的面貌时，总因找不到合适的着力点而显得力不从心。然而北京的文化又是足够鲜明的，它不同于东方明珠上海的繁华与精致，也有别于六朝古都南京的典雅和精工。它既有古都的雄浑气魄，又有市民文化的悠然闲适；北京的文化既是凝重的，又是舒适的；既是古典的，又是质朴的。在这样一个集复杂、矛盾于一体的城市里，每一块青砖、每一片树叶、每一个人都有着他的故事。当我们将目光聚焦于清末民初这一特殊的时间点上，北京的历史、文化、建筑、人物融汇于一体，显现出其独特的文化风貌，展现出一幅生动的北京文化风俗画卷。

第一节　北京圈层结构的形成

相对于其他城市而言，北京城具有悠久的历史，特别是元代以来作为全国都城的北京不断发展演变，逐渐形成了其特殊的圈层结构。

一　北京城的历史渊源

北京历史上有多个名称。武王灭商后，北京成为召公的封地，被称为燕都。两汉、魏晋、唐代，北京属幽州。辽太宗时期作为陪都，被称为南京，又称燕京。金代称为中都。后作为元的首都，被称为大都。明朝初期北京是北方重镇，改称北平。后明成祖迁都于此，将北平府改称顺天府，始建北京城。永乐十八年（1420年）改称京师直至清代，一直以北京为都城。1928年国民政府定都南京，北京改称北平。1949年新中国成立，北平重新改称北京，并成为首都。

汤因比指出："文明是在异常困难而非异常优越的环境中降生的。"[1] 北京城市的建立和发展也历经了坎坷和艰辛。夏商时期北京附近就出现了城市，《史记·周本纪》中有"封召公奭于燕"[2] 和"封帝尧之后于蓟"[3] 的记载。蓟后来成为燕国的都城，其位置在今天广安门内大街附近。秦汉之后，蓟一直是城市或者行政区划。东汉、三国时期，其地理范围逐渐扩大。唐代北京被称作幽州。936年，后唐将领石敬瑭以燕云十六州为条件换取契丹对他的承认，幽州也因此划入契丹的版图，从而成为辽国南部南京道的首府，被称为幽都府。这时的南京道包括北京、天津及河北的一部分地区。幽都府后改称南京，也称燕京。1122年，北宋与金联手北伐辽国，4月收复幽州。1123年，北宋通过谈判，以赎买的方式从金手中收复燕京。公元1125年，金再次侵占燕京。1153年金将国都迁至燕京，改称中都，并且对其进行大规模的扩充和兴建。1271年元世祖忽必烈下令改燕京为大都，并令刘秉忠负责设计建造大都。在金中都的基础上，刘秉忠等人对大都的宫殿进行扩充和维修，对城市进行划分，将宫殿、官府、市民生活区进行严格区分和规划，历经二十多年，建成了一座新的帝都，成为远胜于前代的大都市。《马可·波罗游记》中将北京称为"汗八里"，并详细描述了城中的宫殿、广场、城墙、宴会活动等，向西方世界展示了东方帝国都城的奢华与严整，从而成为西方人梦想的东方乐园。

明朝建立后，明成祖朱棣迁都北京，在元大都的基础上对北京城进行了大规模的重建，对皇宫的修建，凸显了朱棣加强皇权、维护大一统中央集权

---

[1] 〔英〕阿诺德·汤恩比：《历史研究》，刘北城、郭小凌译，上海人民出版社，2005，第106页。
[2] 司马迁：《史记·周本纪》，中华书局，2006，第20页。
[3] 司马迁：《史记·周本纪》，中华书局，2006，第20页。

的理念。《光绪顺天府志·京师志》中记载了北京城池的基本形态以及城市建设过程，其中《明故城考》中对北京城的修建与几次维修有详细的记载。经过明代几次大规模的修建，北京成为气魄雄伟、规模宏大的大都市，具有政治、经济、文化等诸多功能。

1644年清定鼎于北京。此时北京城并没有经历大规模战争，因而保留了明朝都城的基本样态。《日下旧闻考》记载了清初北京城门的状况：

> 京城周四十里，高三丈五尺五寸。门九：南曰正阳，南之左曰崇文，南之右曰宣武，北之东曰安定，北之西曰德胜，东之北曰东直，东之南曰朝阳，西之北曰西直，西之南曰阜城。[1]

> 都城门围凡七十里，城门十二，每一面分三门，其正门两旁又设两门，正东曰宣曜、阳春、施仁，正西曰灏华、丽泽、彰义，正南曰丰宜、风景、端礼，正北曰通玄、会城、崇智，此四城十二门也。[2]

在历朝的建设和无数人的血汗浇筑下，北京城成为独树一帜的北方名都。

二 北京城的圈层结构

清朝定都北京，大量旗人移居到这里，居住于内城，将原来北京城内汉族居民外迁至琉璃厂所在的宣南地区居住，也就是北京的外罗城，这就是"旗民分城"政策。"旗民分城"政策使京城在城市布局和百姓居住空间等方面发生了根本性的变化，从而形成了清代北京城独特的圈层结构。

记载北京城市结构布局的清代笔记，比如《宸垣识略》《京师坊巷志稿》《天咫偶闻》等基本是按照皇城、内城、外城、郊坰等结构进行记述的，从中我们可以直接地了解北京的这种圈层结构：

---

[1] 于敏中等编纂《日下旧闻考》卷三七《京城总纪》，北京古籍出版社，1985，第577页。
[2] 于敏中等编纂《日下旧闻考》卷三七《京城总纪》，北京古籍出版社，1985，第587页。

北京内城变成了紫禁城,皇城变成了被八旗环绕拱卫的满族统治者的大杂院。紫禁城、皇城除了清代帝王居住之外,就是其中央统治机构的办公之地,所体现和表达的是以至高无上的皇家意识为主体的帝王文化。……居于内城八旗居民,满族贵族占有很大的比例,他们是依托满族皇帝的统治地位确立而依附存在,其社会政治、思想、文化生活、生活习俗和起居等都与帝王的文化一脉相承,依附关系十分紧密。……清代由于京城旗民分城而居的特性,满族贵族拱卫着皇帝,构成了一种城市区域中的地域文化板块,这个板块是帝王文化的生成地与士文化、市井文化相沟通的中央地带,是一种封建帝王文化的次生态文化。[①]

宫城、皇城、内城、外城这是从大的结构布局上划定的圈层结构。在这种大的圈层结构下面,又形成不同的小的圈层,各个圈层有自己的独特的文化特质。比如,由于"旗民分城"而形成的内城、外城不同的圈层,它们房屋样式有很大的差异。震钧《天咫偶闻》中记载:

内城房式异于外城。外城式近南方,庭宇湫隘。内城则院落宽阔,屋宇高宏。门或三间,或一间,巍峨华焕。二门以内,必有听事。听事后又有三门,始至上房。听事上房之巨者,至如殿宇。大房东西必有套房,名曰耳房。左右有东西厢,必三间,亦有耳房,名曰盝顶。或有从二门以内,即回廊相接,直至上房,其式全仿府邸为之。内城诸宅,多明代勋戚之旧。而本朝世家大族,又互相仿效,所以屋宇日华。[②]

不仅内外城房屋的样式不同,内外城的景致、生活方式、娱乐活动,甚至是商业活动也都有所不同。

[①] 马建农:《北京文化通史》清代卷,中国社会科学出版社,2017,第20页。
[②] 震钧:《天咫偶闻》,北京古籍出版社,1982,第212页。

随着时间的变化，内外城之间逐渐互通，到了晚清，由于外城的生活相对自由，商业更为发达，货物也相对便宜，很多旗人经常去外城购物、娱乐。加之一些穷困的旗人私下里将自己内城的房子卖给汉民，因而"满汉分城"的状况没有那么突出。但是圈层文化依然存在，旗人圈层形成独特的生活方式，与汉人有很大的差异，这是其文化特性的表现，而不同圈层之间文化又相互影响，从而又形成了圈层文化的渗透与交融。

第二节　胡同：北京圈层文化的最小单位

就北京城的结构而言，皇城、内城、外城等形成了北京城最大的圈层结构，在大的圈层之下又有不同的小的圈层。而就城市文化而言，北京城市文化圈层最基本的单位就是胡同。民居、水井、寺庙及依附于寺庙周围的市场是构成胡同圈层的基本要素。传统社会中，百姓基本的日常生活需求在胡同中就能够得到满足。虽然京城的每个胡同都形成了自己闭环式的、独立的圈子，但它们又不是封闭的。每条胡同都有道路与外界相连，从而形成了一个既向内具有向心力，又向外无限延展的胡同圈层格局。

明清时期很多人就对北京的胡同感兴趣，专门记录北京胡同的书籍有明代张爵的《京师五城坊巷胡同集》、清代朱一新的《京师坊巷志稿》、清末蒙古巴哩克杏芬的《京师地名对》、多田贞一的《北京地名志》以及林传甲的《京师街巷记》等。此外，对北京文化综合记录的书籍，比如《日下旧闻考》、《天咫偶闻》以及《燕都丛考》中，研究胡同的资料也不少。《京师地名对》记载了1000多个北京胡同名称，将胡同分为20类；林传甲的《京师街巷记》出版于1919年，本书采用了当时比较先进的研究方法，运用田野调查的方式，访查了23个地点，详细记述了相关街巷、胡同、寺庙的基本状况，为研究北京的街巷、胡同提供了丰富的第一手资料；多田贞一《北京地名志》主要以北京地名为研究对象，对其建筑、街巷、寺庙的名称进行了记录和研究，其中对胡同名称的记录也不少。

一　北京胡同的数量

元代熊梦祥的《析津志辑佚》记载，大都街制："自南以至于北谓之经，自东至西谓之纬。大街二十四步阔，小街十二步阔。三百八十四火巷，二十九衖通。"① 明代对北京城进行了多年的建设和整修，形成了整齐的中、东、西、南、北五城，三十三坊的格局。明代张爵的《京师五城坊巷胡同集》是较早专门记录北京胡同的书籍，书中分中城、东城、西城、南城、北城5部分，记录了坊巷37个，街巷胡同1170条，其中以胡同命名的约507个，比元朝的街巷胡同数量大幅增加了。明末北京城并没有受到战火的破坏，很多胡同保留了下来，城内胡同格局的变化不大。

清朝建立后继续定都于北京，随着王府的兴建和旗人的进驻，"北京内城的胡同也增加了不少，达到了一千四百七十七条。……再加上外城街巷胡同总数六百条，共增加了九百零七条"②。清代乾隆年间，于敏中、英廉等人奉敕编纂的《日下旧闻考》是在朱彝尊的《日下旧闻》的基础上删改编订而成的，在其城市部分对当时北京的坊巷胡同进行了记述。清末朱一新《京师坊巷志稿》较为详细地记述了明清北京坊巷、胡同的基本状况。本书是根据《顺天府志·坊巷门》的资料增补而成的，是晚清时期对京城地理状况记录得较为详细的资料，对研究北京的地理和城市生活具有重要的参考价值。

《京师坊巷志稿》仿照宋代《长安志》的体例，共记录街巷胡同2190条，其中以胡同命名的有1017个，比张爵的《京师五城坊巷胡同集》多了差不多一倍。此书将整个京城分为皇城、内城、外城三个部分，城市格局中圈层结构的特点非常明显。其中皇城中胡同共有51个，分为皇城东和皇城西。皇城东在中西坊，处于东华门外南长街，这部分胡同有27个，皇城西在中东坊，处于西华门外南长街，这里有胡同24个。内城分为南城、中城、

---

① 熊梦祥：《析津志辑佚》，北京古籍出版社，1983，第4页。
② 翁立：《北京的胡同》，北京燕山出版社，1992，第69页。

东城、西城、北城五个部分。内城有胡同704个，其中内城南城的胡同有76个，中城有85个，东城有208个，南城有227个，北城有108个。外城的胡同有262个，其中外城中城的胡同有59个，东城有43个，南城有43个，西城有46个，北城有71个。①

从《京城坊巷志稿》中可以看出，明代到清代胡同的变化比较大。在皇城、内城和外城三个部分中，内城胡同的数量最多，外城胡同的数量少于内城。皇亲贵族主要居住在皇城。"旧闻考：顺治十五年四月丙戌，内三院覆宗人府疏言：皇城为皇上宸居，诸王在内居住，所属人员，往来出入，难以稽察，应迁居于外。从之。"② 皇城的居住人口和胡同数量相对较少；内城基本为满族八旗居住，胡同的数量和居住的人口相对较多，比如处于内城东城的石大人胡同：

> 距崇文门北二里，西起米市大街，东抵南小街，北通协和胡同，东西长约里许。街道宽阔。楼舍栉比，多巨绅显宦，鲜下等之户。中间原为宝源局旧址，乃清铸钱之所，即有明石亨之故宅也，巷之得名，盖缘于此。③

外城则多为汉人官吏、内城百姓迁移至此，以及一些底层贫困百姓的居住地。多田贞一的《北京地名志》中说：

> 北京胡同的数目到底有多少呢？观光局的《北平指南》说内城约一千八百个，外城约一千四百个。在这三千以上的地名中，除去东西南

---

① 笔者在这里单纯统计了以胡同命名的数量，不包括其他的街巷。张清常说："我统计的结果是：在当时内、外城共有街巷胡同2190条，有井1258口。"张清常：《胡同及其他》，北京语言大学出版社，2004，第62页。

② 朱一新：《京师坊巷志稿》，载张爵、朱一新《京师五城坊巷胡同集 京师坊巷志稿》，北京古籍出版社，1982，第27页。

③ 史德海：《石大人胡同记》，载林传甲总纂《京师街巷记》，琉璃厂武学书馆，1919，第2页。

北、上中下等相同的外,它的数目还有两千四百左右。①

多田贞一提到的《北平指南》是民国观光局于1929年出版的介绍北平的旅游景点、商店、胡同的书籍,这里记载的胡同比《京师坊巷志稿》多了700多个,可见北京的胡同在晚清时期是不断变化的。尤其是庚子事变,导致很多建筑物、寺庙和民居被毁,胡同的格局发生了更大的变化。民国之初,一些居民生活的胡同改为学校或者兵营,加之道路修建等原因,胡同发生诸多变化也是必然的。北京的胡同是北京市民生活的重要场所,要了解北京民众的生活,尤其是普通百姓的生活,胡同是重要的圈层研究样本。

二 北京胡同的名字

(一)"胡同"一词的由来

胡同,也写作胡衕,《清稗类钞》说:"京师称巷曰胡同,其义无所出。盖闽中方言,家中小巷谓之弄。《南史》东昏侯遇弑于西弄,即巷也。元《经世大典》谓之火弄,后因讹为胡同。"② 朱一新《京师坊巷志稿》记:

> 明张萱疑耀:京师人呼巷为衚衕,世以为俗字,不知山海经已有之。食罴鸟可以止衕。郭璞注:治洞下也,音洞。独衕字未经见。杨慎丹铅总录:今之巷道名为胡洞,字书不载,或作衚衕,又作彳吾彳同,皆无据也。南齐书:萧鸾弑其昭于西弄。注:弄巷也。南方曰弄,北方曰彳吾彳同,弄之反切为彳吾彳同也。盖方言耳。案:疑耀所引,见北山及中山经。然此特借字,非其本义。说文行部:衕通街也,广韵、玉篇义同,音徒东、徒弄二切。广韵引仓颉篇作彳甬亍云巷道,今南方呼巷曰衖,北方呼巷曰衚衕。衚衕合音为衖,衖见尔雅,衖见说文,皆古训也。谢肇淛五杂俎引元经世大典,谓之火衖,衚衕即火衖之转,元人

---

① 〔日〕多田贞一:《北京地名志》,张紫晨译,书目文献出版社,1986,第22页。
② 徐珂编撰《清稗类钞》第一册,中华书局,2010,第124页。

· 044 ·

有一衚衕字入诗者，其来已久。析津志言：京师二十九衚通，衚通字本方言，盖缘饰以古义，非其实也。盛百二柚堂续笔谈：汉鲁峻碑，有休神家衚之语。张函斋绍济南学碑释文云，衚即巷字。查浦辑闻云：京师巷称衚衕，其义不典，南史东昏侯被弑西弄，即俗所云衕也。元经世大典谓之火弄，恐北音误仄为平，因呼衚衕也。按曹全碑作家巷。尔雅：宫中壸谓之衚，音巷。巷之读衚，犹虹之有绛音也。又衚衕二字，已见玉篇篇海，非后人始有。①

张清常不认同朱一新对"胡同"一词来源的说法，他认为"衚"字出现得较早，可以追溯到东汉许慎《说文解字》中的"衚，通街也。从行，同声"②。在以后的《玉篇》《广韵》《集韵》《类篇》《龙龛手鉴》等都沿用了《说文》的注释。而"胡"字出现得比较晚。"胡"字最早出现于明代，明代字书《篇海类编》收胡字，明中后期的《四声篇海》《字汇》收入胡字。"胡同"一词最早出现于元代，如关汉卿杂剧《关大王单刀会》第三折"直杀一个血胡同"③，张好古《沙门岛张生煮海》第一折"你去兀那羊角市头砖塔胡同总铺门前来寻我"④。明代《正字通》中提到"今京师巷道曰'胡衕'"。张爵的《京师五城坊巷胡同集》和臧懋循《元曲选》都出于明代末期，可见"胡衕"这个词在明代已经广泛使用了。

关于"胡同"的来源，前人基本的看法是胡同为方言，《析津志》中就说"衚衕二字本方言"⑤。张清常《胡同及其他》则认为"胡同"为借词，"胡同"的发音与蒙古语、突厥语、维吾尔语、鄂温克语、女真语、满语的"水井"的发音接近，这可能是"胡同"一词的语源。从朱一新的《京师坊巷志稿》来看，胡同与水井的关系非常密切，北京的内城、外城有很多胡

---

① 朱一新：《京师坊巷志稿》，载张爵、朱一新《京师五城坊巷胡同集　京师坊巷志稿》，北京古籍出版社，1982，第27页。
② 许慎：《说文解字》卷二下，中华书局，1963，第44页。
③ 隋树森：《元曲选外编》，中华书局，1980，第66页。
④ 臧懋循编《元曲选》，中华书局，1979，第1706页。
⑤ 于敏中等编纂《日下旧闻考》卷三八《京城总纪》，北京古籍出版社，1985，第603页。

同以井命名，比如二眼井胡同、三眼井胡同、四眼井胡同、小井胡同、水井胡同等。而且胡同必有水井，比如"帘子库胡同，井二。慈慧殿，慧俗讹菇，井一。安乐堂胡同，井一"①。居住于胡同的居民以水井来解决生活用水的问题，因而"胡同"一词借用于其他语言中"水井"一词是非常有可能的。

（二）"胡同"的命名

从明代开始，胡同成为北京民众重要的栖居之地，北京胡同的名称最能反映民众生活的特质。杨从清《北京形势大略》说：

> 东安门内地狭隘者，东属青龙，示非池中物也。与东华门相通者，龙生气息相通也，言文臣宜时近君王者也。外金鱼胡同以愚之贵者蓁养龙也。后塘子胡同，龙可小憩也。后干鱼胡同，鱼已干枯龙退无益也。前莓藻胡同言有水草，龙可以前进而悠游也。西安门独宽广者，西属白虎，虎喜山林，居之以宽。不直冲西华门者，虎煞气不宜相通也，武臣不宜太近君也。西安门外砖塔胡同，塔形似鞭，以镇虎也。后羊肉胡同，羊肉之美者，饲虎也。北景德街，言仪型法前王也。后驴肉胡同，退则不得美食也。后帅府胡同，有帅守，虎不敢退也。后豹子胡同，以伏虎也。后臭皮胡同，言皮已臭烂，虎退无益也，总伏虎之义而已。②

北京城最早的设计是以青龙、白虎、朱雀、玄武确定四方，胡同在命名的过程中也引入了"四方"的概念，并将胡同的方位和形状与星宿相对应，从而确定胡同的名字。当然，杨从清对胡同名称的解读不免有穿凿附会的嫌疑。对于胡同名称的了解和认识，必须建立在深入理解北京历史、地理文化的基础之上。

北京的胡同往往与大街相连，每条街道又与几条胡同相连。比如与灯市

---

① 朱一新：《京师坊巷志稿》，载张爵、朱一新《京师五城坊巷胡同集　京师坊巷志稿》，北京古籍出版社，1982，第38页。
② 杨从清：《北京形势大略》，载张江裁编《京津风土丛书》，双肇楼铅印本，1938。

口大街相连的就有油坊胡同、箭厂胡同、大小报房胡同、油勺胡同、五石井胡同、狗尾胡同等大大小小多条胡同。与阜成门大街相连的有大小罗圈胡同、姚家胡同、驴肉胡同、帅府胡同、井儿胡同、大小绒线胡同、报子胡同、臭皮胡同、石老娘胡同、卫儿胡同、泰安侯胡同等。一般街道越大,与之相连的胡同就越多。

北京胡同的名称非常有特色,并且随着时代的变迁,胡同的名称也会发生变化。统观北京胡同的名称各有特色,其命名大致有如下几种状况。

第一,皇城内的胡同多因为宫廷提供服务而形成,这些胡同居住的多是为宫廷提供服务的人员,因而胡同的名称往往具有宫廷特色。根据朱一新《京师坊巷志稿》,皇城内的石头缝胡同注明"内务府北鞍库所属鞍作在焉"[1];箭厂胡同则是"内务府毡库所属箭厂在焉"[2]。钟鼓司胡同,"野获编:内廷诸戏剧,俱隶钟鼓司演习,相传院本沿金元之旧,故其事多与教坊相通。案明钟鼓司执掌,见明史职官志,有水嬉、打稻诸戏,详宫禁"[3]。东高房胡同,"芜史:新房之北则司礼监,之南则御马监也。新房东西一街,南北一连、二连、三连等连,连之十字路口,各有井。案:高房胡同当即新房遗址,芜史言十字路口各有井,今东西高房胡同有二眼井、三眼井,当即一连、二连、三连之地"[4]。蜡库胡同"芜史:内府供用库,有油蜡等库,凡御用白蜡、黄蜡沈香等香,皆取办于此"[5]。酒醋局胡同"芜史:酒醋面局掌宫内食用酒、醋、糖、酱、面豆诸物与御酒房不相统辖"[6]。织染

---

[1] 朱一新:《京师坊巷志稿》,载张爵、朱一新《京师五城坊巷胡同集 京师坊巷志稿》,北京古籍出版社,1982,第30页。
[2] 朱一新:《京师坊巷志稿》,载张爵、朱一新《京师五城坊巷胡同集 京师坊巷志稿》,北京古籍出版社,1982,第30页。
[3] 朱一新:《京师坊巷志稿》,载张爵、朱一新《京师五城坊巷胡同集 京师坊巷志稿》,北京古籍出版社,1982,第35页。
[4] 朱一新:《京师坊巷志稿》,载张爵、朱一新《京师五城坊巷胡同集 京师坊巷志稿》,北京古籍出版社,1982,第35页。
[5] 朱一新:《京师坊巷志稿》,载张爵、朱一新《京师五城坊巷胡同集 京师坊巷志稿》,北京古籍出版社,1982,第36页。
[6] 朱一新:《京师坊巷志稿》,载张爵、朱一新《京师五城坊巷胡同集 京师坊巷志稿》,北京古籍出版社,1982,第36~37页。

局胡同"芜史：内织染局，掌染造御用及宫内应用缎绢匹之类，有外厂在朝阳门外，又有蓝靛厂，在都城西本局之外署"①。针工局胡同"芜史：针工局掌内官长随内使小火者，冬夏衣每年递散一次，遇辰，戌年，各散铺盖银一次"②。巾帽局胡同"明职官志：巾帽局掌内使帽靴，驸马冠靴及藩王之国诸旗尉帽靴"③。其他如火药局胡同、惜薪司胡同、西十库胡同、内官监胡同等，这些胡同基本上是为满足宫内生活及活动需要而建立各种服务设施，提供服务的人就生活在这里，从而形成了胡同。

第二，寺庙与京城百姓生活密切相关，在寺庙周围形成的胡同直接以寺庙来命名。随着时代的推移，有些寺庙因战乱或年代久远而消失了，但是胡同的名字保留了下来。在京城中这类胡同非常多，嵩祝寺胡同，"东有法渊寺，西有智珠寺。又东为三厂遗址，明置汉经厂、番经厂，道经厂于此，俱详宫禁寺观。乾隆时，章嘉胡图克图奉诏来京，更定大藏经经咒，居嵩祝寺。赵翼檐曝杂记云，居旃檀寺"④。光明殿胡同，"大光明殿，互详寺观。明世宗实录：嘉靖三十六年十一月，大光明殿工成。金鳌退食笔记：大光明殿在西安门内，万寿宫遗址之西，地极敞豁，中祀上帝。相传明世宗与陶真人讲内丹于此，即大元都也。今仍设内监道士守之"⑤。福祥寺胡同，"福祥寺，详寺观，万历沈志：寺在靖恭坊，有敕建碑"⑥。小旃檀寺胡同，"旃檀寺，明嘉靖时建，有万历间御史苏惟霖碑"⑦。相似的胡同名称还有许多：

---

① 朱一新：《京师坊巷志稿》，载张爵、朱一新《京师五城坊巷胡同集　京师坊巷志稿》，北京古籍出版社，1982，第37页。
② 朱一新：《京师坊巷志稿》，载张爵、朱一新《京师五城坊巷胡同集　京师坊巷志稿》，北京古籍出版社，1982，第37页。
③ 朱一新：《京师坊巷志稿》，载张爵、朱一新《京师五城坊巷胡同集　京师坊巷志稿》，北京古籍出版社，1982，第37页。
④ 朱一新：《京师坊巷志稿》，载张爵、朱一新《京师五城坊巷胡同集　京师坊巷志稿》，北京古籍出版社，1982，第34页。
⑤ 朱一新：《京师坊巷志稿》，载张爵、朱一新《京师五城坊巷胡同集　京师坊巷志稿》，北京古籍出版社，1982，第44页。
⑥ 朱一新：《京师坊巷志稿》，载张爵、朱一新《京师五城坊巷胡同集　京师坊巷志稿》，北京古籍出版社，1982，第81页。
⑦ 朱一新：《京师坊巷志稿》，载张爵、朱一新《京师五城坊巷胡同集　京师坊巷志稿》，北京古籍出版社，1982，第90页。

安福胡同与安福寺相关；庙儿胡同因附近的关帝庙而得名；大庙胡同的大庙就是关帝庙的俗称，与关帝庙有关；观音寺胡同则因附近的观音寺而得名。

第三，很多的京城胡同因附近的官衙、政府、军事机构、学校而得名。如宗人府后胡同、右府胡同、后府胡同等。宗人府是明清时期掌管皇家宗室事务的机构，掌管皇室宗族的谱牒、爵禄、赏罚、祭祀等活动。宗人府在富贵街，宗人府后胡同在其附近。前府、右府、中府胡同坐落在中华门以西，曾是五军都督府所在地。《京师坊巷志稿》记载：

> 坊巷胡同集：大时雍坊十八铺，有府君卫、羽林前卫。明英宗实录：正统七年，建五府于大明门之右，遂营武成王庙于后军都督府。春明梦余录：五军都督府在阙西，皆东向。五军营即团营。景泰初年，建立于安定，德胜两阙外之中。嘉靖二十九年罢团营，使更于此。南面建阅武门。阅武门起，至北土城止，长一千七百四十二步，设将台一座，前设旗台两座，石榜牌一座，鼓棚二座，石旗架二座，演武厅一座。案：五军营久废其地犹存旧名。明吕本馆阁类录：宣德六年正月朔，以纂修两朝实录成，赐监修、总裁、纂修等官，太师英国公张辅等宴于行在中军都督府。[1]

到了清代，右府和后府消失了，而这些胡同名称保留下来了。大理寺、刑部、督察院、太常寺、銮仪卫这些政府部门都在刑部街上，在其附近有刑部后胡同。钱粮胡同在造币局附近，造币局俗称为钱粮局，主要职责是铸造铜钱。"在造币局中，宝泉局属户部，宝源局属工部。东四钱粮局在宝泉局的南作厂。北作厂在北新桥南……宝源局在观象台西南的钱局空地。"[2] 兵马司胡同在东城区西北部，东起交道口南大街，西至南锣鼓巷，南有支巷通东棉花胡同，北靠秦老胡同。《明史·职官志》说兵马司"指挥巡捕盗贼，

---

[1] 朱一新：《京师坊巷志稿》，载张爵、朱一新《京师五城坊巷胡同集 京师坊巷志稿》，北京古籍出版社，1982，第60页。
[2] 〔日〕多田贞一：《北京地名志》，张紫晨译，目录文献出版社，1986，第71页。

疏理街道沟渠及囚犯、火禁之事。凡京城内外各画境而分领之"①。明朝设置中、东、南、西、北五城兵马司管理北京城的治安，西城兵马司所在地点被称作兵马司胡同，南城兵马司所在地点为南兵马司胡同，北城兵马司所在地点为北兵马司胡同。察院胡同是明代都察院所在地，"万历沈志：巡关察院在西城，或其遗址。"② 按院胡同则在察院的西北，"万历沈志：巡按察院在西河漕。法式善西涯考：李文正东阳赐第在今按院胡同"③。京畿道胡同，"明置京畿道御史署于此，今署废，而犹仍其名。……万历沈志：京畿道察院、在三法司门北"④。明代的京畿道监察御史署设在这里，胡同因此而得名。学院胡同是明代提学察院所在地，是督学官的公署。"万历沈志：提学察院在按院后。案：明按院学院，皆久废，其地犹仍旧称。"⑤

与学校相关的胡同较有代表性的还有府学胡同、武学胡同。府学胡同为顺天府学的所在地。"万历沈志：洪武初，以元太和观地为大兴县学，国子监为府学。永乐中，以府学为国子监，因以大兴学为府学。春明梦余录：顺天府学，故报恩寺也。元末有僧游湘潭募造报恩寺，尚未安像，明师下燕，戒士卒毋得入孔圣庙。僧仓皇借宣圣木主置殿中，后不敢去，遂以为学。其地元之柴市也。明统一志：北城兵马司在教忠坊。"⑥ 武学胡同在东城区的东南部，因明代此地设武学而得名。"鲍翁家藏集：京师有武学，所以教诸卫武臣之子孙，将世其官者，始建于正统癸亥，制尚弗称。后朝廷以旧第赐故太平侯张公，辞焉，有诏改为学。宛平王志：京卫武学，明时属兵部考

---

① 张廷玉等：《明史》卷七四，中华书局，2000，第1210页。
② 朱一新：《京师坊巷志稿》，载张爵、朱一新《京师五城坊巷胡同集 京师坊巷志稿》，北京古籍出版社，1982，第73页。
③ 朱一新：《京师坊巷志稿》，载张爵、朱一新《京师五城坊巷胡同集 京师坊巷志稿》，北京古籍出版社，1982，第136页。
④ 朱一新：《京师坊巷志稿》，载张爵、朱一新《京师五城坊巷胡同集 京师坊巷志稿》，北京古籍出版社，1982，第127页。
⑤ 朱一新：《京师坊巷志稿》，载张爵、朱一新《京师五城坊巷胡同集 京师坊巷志稿》，北京古籍出版社，1982，第136页。
⑥ 朱一新：《京师坊巷志稿》，载张爵、朱一新《京师五城坊巷胡同集 京师坊巷志稿》，北京古籍出版社，1982，第116页。

试。康熙三年四月，改属顺天府，其殿庑衙舍，鼎革后，圮坏不堪，惟存基址。"①

第四，北京的胡同还有一些是依据曾经的工厂、仓库以及特殊的社会活动场所而命名的。其中有些胡同直接使用地名作为胡同名，比如台基厂、琉璃厂、白纸坊、煤场、马匹厂。

台基厂，又称台吉厂，最早是放置柴薪和芦苇的地方，《顺天府志》记载：

> 明高道素《明水轩日记》：工部设五大厂，其一曰台基厂，堆放柴薪及芦苇。案：五大厂者，神木厂在崇文门外，大木厂在朝阳门外，琉璃厂、黑窑厂俱在外城，与台基厂而五。②

琉璃厂是工部所属的琉璃窑：

> 琉璃厂，辽时京东附郭一乡村耳，元于其地建琉璃窑，始有今名。……元代建都北京，名大都城，设窑四座，琉璃厂窑为其中之一。分厂在三家店，派工到西山采取制琉璃瓦器之原料，由水路至海王村之琉璃窑，以备烧制。缘元代由此地至西山，水道畅通，可以用船只启运也。至明代，琉璃窑规模更为扩充，向由宫内太监掌管窑厂。③

清代乾隆之后，琉璃厂渐渐成为市场，主要经营书籍、古玩、字画、文具等。

白纸坊在外城西城，其名称沿用元代旧名：

> 坊巷胡同集：白纸坊在广宁门内西南角，五牌二十一铺。有小圣安

---

① 朱一新：《京师坊巷志稿》，载张爵、朱一新《京师五城坊巷胡同集　京师坊巷志稿》，北京古籍出版社，1982，第107~108页。
② 张之洞：《顺天府志》卷十三，清光绪十二年刻，十五年重印本，第366页。
③ 孙殿起：《琉璃厂小志》，北京古籍出版社，1982，第1~2页。

寺、大圣安寺、宝应寺、礼拜寺、相国寺、崇效寺。张远隩志：南城诸坊，白纸坊最大，元于此设税副使，北自善果寺，南至万寿宫，西极于天宁寺，皆是也，自嘉靖筑新城后，坊划而为两矣。案：……白纸坊，元时在旧城中，而元统一志列旧城坊名六十二，独无此名。梦余录载明南城坊名，亦无之。至坊巷胡同集，始列于宣南坊后。然考成化间严理安重修善果寺碑，称宣武门外三里许，地志曰白纸坊。则其名固沿元旧也。今居民尚以造纸为业。①

除了白纸坊，在其附近还有街巷名为黑纸坊。

第五，北京的很多胡同是以人物和动植物来命名的。以人物来命令的，比如噶礼儿胡同、李阁老胡同、马状元胡同、马大人胡同、汪家胡同、石老娘胡同、林驸马胡同等。其中有些是因为名人居住于此而得名。如噶礼儿胡同相传"康熙时江都噶礼居此，后以罪诛，地仍其名"②，噶礼为康熙时期的两江总督。李阁老胡同因明代李东阳赐第于此因而得名，"长安客话：李文正东阳赐第，在灰厂小巷李阁老胡同。帝京景物略：李文正祠近皇城迤西，孝宗赐第也"③。马状元胡同因明初状元马麒而得名，"明初廷封第一者，有马麒、马愉。国朝顺治壬辰科，分满汉两榜，满榜则麻勒吉首选也。啸亭杂录谓其宅尚存，人呼状元街，疑即在此"④。石大人胡同因明代将领、忠国公石亨曾居住于此而得名，"春明梦余录：宝源局在石大人胡同，石亨旧宅。亨诛，宅没入官"⑤。遂安伯胡同则因遂安伯陈志故居而得名，"或作

---

① 朱一新：《京师坊巷志稿》，载张爵、朱一新《京师五城坊巷胡同集 京师坊巷志稿》，北京古籍出版社，1982，第241~242页。
② 朱一新：《京师坊巷志稿》，载张爵、朱一新《京师五城坊巷胡同集 京师坊巷志稿》，北京古籍出版社，1982，第67页。
③ 朱一新：《京师坊巷志稿》，载张爵、朱一新《京师五城坊巷胡同集 京师坊巷志稿》，北京古籍出版社，1982，第83页。
④ 朱一新：《京师坊巷志稿》，载张爵、朱一新《京师五城坊巷胡同集 京师坊巷志稿》，北京古籍出版社，1982，第92页。
⑤ 朱一新：《京师坊巷志稿》，载张爵、朱一新《京师五城坊巷胡同集 京师坊巷志稿》，北京古籍出版社，1982，第102页。

岁柏胡同，明史功臣世表：遂安伯陈志，永乐元年五月丁亥封世袭，国亡乃绝，此或其故居也。宸垣识略：一等延恩侯第在岁柏胡同"[1]。帅府胡同因清代名臣额尔泰宅邸而得名。"藤阴杂记：西城帅府胡同，为西林颚文端尔泰第，海内名士，多出其门。……世宗实录：嘉靖元年五月，改镇国府仍为太平仓，命总督仓场官管理。明朱茂曙两京求旧录：康陵先立镇国府，后乃自封镇国公，府在鸣玉坊。嘉靖初，仍改太平仓，都人至今犹呼西帅府胡同"[2]。与上所举例子相似的胡同还很多，王大人胡同、林驸马胡同、王驸马胡同、马将军胡同、武定侯胡同等都是这类。有些胡同像大、小蒋家胡同、姚家胡同、宋姑娘胡同、汪家胡同、畲家胡同、贾家胡同等名称的由来已不可考。

以动植物的名称来命名的也同样不少。比如金鱼胡同、鲤鱼胡同、猴儿胡同、蝎虎胡同、母猪胡同、喜鹊胡同、莲子胡同、花枝胡同、棉花胡同等。这些胡同的来历现在已经不可考了，但因其通俗易记，便于流传，具有突出的民间特色而被长期使用。有些胡同是按其形状与动物的相似性来命名的，如狗尾巴胡同、猪尾巴胡同、羊肠胡同、骆驼脖胡同、驴蹄胡同等。这些保留着其原始名称的胡同，到了民国之后因被认为名字不雅而被修改了。

第六，有些胡同是由功用来命名的。如取灯胡同、油坊胡同、冰窖胡同、米市胡同、报房胡同等。取灯胡同，在明代属于正西坊，明代《京师五城坊巷胡同集》中称为取镫胡同。此胡同名字由来有两种：一说取灯为灯笼，据《燕都丛考》的地形图，取灯胡同与廊房头条相接，廊房头条为制作、生产宫灯、纱灯、走马灯的"灯市一条街"，因而取灯胡同被认为曾经是廊房头条各灯具制作商的仓库，固有取灯之称；另一种说法是取灯最早为打火之用具，《词源》上解释为"用竹片或松木片涂上硫磺，用来点火"。后来火柴传入中国，火柴也被称作"取灯"或者"洋取灯"。取灯进入市

---

[1] 朱一新：《京师坊巷志稿》，载张爵、朱一新《京师五城坊巷胡同集　京师坊巷志稿》，北京古籍出版社，1982，第103页。
[2] 朱一新：《京师坊巷志稿》，载张爵、朱一新《京师五城坊巷胡同集　京师坊巷志稿》，北京古籍出版社，1982，第141页。

场，这里的人们以取灯为业，称为取灯胡同。明代的《京师五城坊巷胡同集》还没有取灯胡同，而到了清代朱一新的《京师坊巷志稿》已经有了取灯胡同，可能后一种说法更可靠。据朱一新《京师坊巷志稿》，清代北京叫取灯胡同的有4条。

报房胡同，明代称之为豹房胡同，在张爵《京师五城坊巷胡同集》中属于中城的明照坊，曾是皇帝养豹子的地方。光绪皇帝时期，这里是负责印制皇帝谕旨和大臣奏议的地方，因此改称为报房胡同。清代朱一新《京师坊巷志稿》已经将这里称为报房胡同了。

第七，北京胡同的命名与百姓的生活息息相关。几乎北京的每条胡同都有水井，北京胡同的生活与水井密不可分，很多胡同直接以井命名。比如井儿胡同、红井胡同、甘井胡同、高井胡同、沙井胡同、金井胡同、小井胡同等都是以井为胡同命名的。北京仅井儿胡同就有15条。有的胡同直接称为二眼井、三眼井、四眼井，可见井与北京百姓生活的关系非常密切，在北京胡同中具有举足轻重的地位。

除了井以外，北京胡同名称还取自民众的日常生活，与百姓饮食起居息息相关。"柴米油盐酱醋茶"是百姓的开门七件事，北京很多胡同的名称源于饮食活动，如茶食胡同、干面胡同、米市胡同、油坊胡同、盐店胡同、酱坊胡同、醋章胡同、茶儿胡同等。还有一些胡同的名称也同样源自百姓日常生活，如胭脂胡同、麻线胡同、扁担胡同、巾帽胡同、柴棒胡同等。这些与百姓生活息息相关的胡同名称更多地体现出了胡同的民间特性。

还有一些胡同名称源自民间俗语，比如张秃子胡同、王寡妇斜街、嘎嘎胡同、臊达子胡同。这些名称听起来很不雅，在漫长的历史过程中其名称也发生了改变，但是追本溯源，还是可以了解胡同名称的本来面貌和民间样态的。

总之，元代以来，北京的胡同就有了自己的名字，这些名字随时代的发展不断发生变化。通过我们对胡同名称的追溯，可以发现它们与民众的生活息息相关，带有浓厚的民间色彩和民俗化特征，也反映了民间的智慧和审美。随着时代的发展和变迁，胡同的名称也不断发生变化。但是它所承载的历史文化印记被保留下来，成为后人了解北京历史文化不可或缺的宝贵财富。

（三）北京胡同名称的变化

胡同形成于元代，在漫长的胡同发展史中，有很多胡同名称保存了下来，比如砖塔胡同，从元代到现在，这个名字已有七百多年的历史了。有些以标志物，像树、井命名的胡同，以地形和景物特征命名的胡同，没有太大的变化，如松树胡同、椿树胡同、甜水井胡同、苦水井胡同、井儿胡同等。这些胡同既保留了人民长久的历史认知，又符合了民众朴素、简洁的审美心理，具有地域特征和区别性，体现了几百年来民众审美心理的稳定性，因而被长期保留了下来。也有一些具有历史意义的胡同名称，比如北新桥、刘銮塑胡同、铸钟厂胡同等，因其神奇的故事传说而被传承下来。北新桥的传说很具有神话色彩。据说北新桥是当年刘伯温斗败为害北京的恶龙后建的一座桥。他将捆缚恶龙的绳子绑在桥上，并预言说当桥旧了就放恶龙出来。因而此桥被命名为北新桥，后来又成为当地的地名。刘銮塑胡同的刘銮塑本名为刘元，是元代著名的雕塑家，元代"元都胜境"寺观的塑像就出自他手。清代这个寺院改称为天庆宫。由于年代久远，人们将他的名字误称为刘兰或者刘銮，因而将天庆宫附近的一条小胡同称为"刘銮塑胡同"。《京师坊巷志稿》："刘銮塑，俗讹琉璃塑，井一。天庆宫旧为元都胜境，详寺观。"[①] 钟鼓楼后面的铸钟厂胡同原是铸钟的地方，这里曾经有一个铸钟娘娘庙。传说铸钟师傅铸永乐大钟多次失败，他的女儿为使父亲免受责罚，跳入铸钟的铜水中，巨钟因而铸成。为了纪念这个女子，这里建起了一座铸钟娘娘庙，后来又形成了一条小胡同——铸钟厂胡同。这些胡同的名称既历史久远，又有传奇色彩，非常具有代表性。北京的这些具有悠久历史和传奇色彩的胡同还有不少，而更多的则是随着历史的变迁，胡同名字发生了改变。

多田贞一的《北京地名志》将胡同名称归为如下几类：①动物名称的

[①] 朱一新：《京师坊巷志稿》，载张爵、朱一新《京师五城坊巷胡同集　京师坊巷志稿》，北京古籍出版社，1982，第46页。

胡同；②有关肉的胡同；③毛、皮、粪等的胡同；④虫、鱼、鸟类的胡同；⑤有关人体的胡同；⑥人名的胡同；⑦服饰、器物的胡同。

他认为胡同最早的命名与其形状或者功用相关。一般与动物有密切的关系，如羊尾巴胡同、鸡爪胡同、猪皮胡同、马圈胡同、牛圈胡同等，这些百姓日常生活接触的家禽、牲畜、花鸟虫鱼与人们的生活密切相关，因而顺理成章、约定俗成地被用于胡同的名称，同时也说明了胡同名称源自民间的特征。还有一些胡同名与人体相关，比如胳膊胡同、嘴巴胡同、大脚胡同。这些来自人们身体器官的名称，也比较容易记忆和使用。一些文化程度低的人，甚至没有文化的人也能够理解记住这些名称，凸显出通俗性、简易性。

随着时间的发展，胡同的格局发生了改变，而且在传播的过程中人们发现有些胡同名，尤其是一些著名人物居住过的胡同，过于粗俗不雅，这些胡同的名称发生改变在所难免。胡同的命名既要求文雅，又要符合百姓的心理需求，有好的寓意，还要尽量与原来名称的读音相差不多，因而胡同改名貌似简单，其难度并不小。

由于元代北京很多胡同的名称已不可考，我们对历史上北京胡同名字变化的了解基本集中于明清、民国时期。从明代张爵的《京师五城坊巷胡同集》到清代朱一新的《京师坊巷志稿》，胡同的名称发生了很大的改变。比如，明代台大人胡同到清代被改成了巴大人胡同，后又讹称为八大胡同；吴良大人胡同被改成无量大人胡同；总铺胡同被改为总部胡同，现在被称为总布胡同。明代带卫字的地名多与军营有关，到了清代这些名字发生了改变。比如武德卫营改为五道营，现在称为五道营胡同；明朝东直门杨二官胡同在清代改称羊管胡同；明代阜成门东河槽西坊的栅栏胡同，清代改为沙腊胡同，后又被称为后纱络胡同；明代的陈信家胡同到了清朝改成大陈线胡同，后讹称大乘巷；明代北大桥胡同在清乾隆年间讹传为大桥胡同，宣统年间改成大脚胡同，现在称大觉胡同；明朝宣武门西宣北坊孔家胡同，清代改为孔雀胡同；明代的扬州胡同改为羊肉胡同，现在称洋溢胡同；安定门南教忠坊花猪胡同改为花针儿胡同，后称为北花枝胡同；教忠坊的水塘胡同改为水塔胡同，后讹传为水獭胡同；正西坊中张善家胡同被改为掌扇胡同；明代猪市口在清代被改为珠市口；明代的绳匠胡同在清代乾隆年间被改为神仙胡同；明代的箔子胡同到了清代改成豹子胡同，后讹为报子胡同；明代阜成门内金城坊的金城坊胡同到清朝讹传为锦什坊街；等等。

第二次大规模的改名是在清末民初。一方面很多民国政府机构设立以后，原来的胡同名因之发生改变。比如东堂子胡同设立的"总理各国事务衙门"于光绪二十七年改为外交部，东堂子胡同改为外交部街。《辛丑条约》后，列强各国在北京建立使馆，地址在东江米巷，东江米巷变成了东交民巷。辛亥革命后，勾栏胡同变成了内务部街，石大人胡同变成了外交部街，铁匠胡同改成教育部街，嘎嘎胡同改成航空署街，户部街改成公安街，兵部街变成了东公安街，刑部街变成了司法部街，等等。

总结起来，胡同名称的变化基本上有四种原因。

其一，改朝换代之后，一些地点的功用发生了变化，名称也就随之改变。原来的胡同名前朝的特征过于明显，到了新朝，这些胡同名必然发生变化。比如前面提到的明代驻军的地方基本上以"卫"来命名，到了清代就发生了变化，明代永清左卫胡同，清代改为魏儿胡同，现在叫北魏胡同。明朝卫营胡同，清代改为喂鹰胡同，现在叫未英胡同。崇文门北明时坊的斧钺司营，改成福建司营胡同，今称富建胡同。明代宣武门外的安南营，清代宣统年间改名为大安澜营。明代以衙署名称命名的胡同到了清代也改了名字。屯马察院胡同改成屯绢胡同；提学察院胡同改成学院胡同；巡按察院胡同改成了按院胡同；许游击胡同到了清代乾隆年间改成枣林街，宣统年间称松鹤庵，现在称松鹤胡同；嘎嘎胡同因为北洋政府航空署建在这里，改名为航空署胡同。

其二，随着时代的变迁，很多胡同名发生了谐音转化。一些胡同名的改变是依据原来胡同的谐音进行的，读音变化不大，只不过写起来有些变化。比如吴良大人胡同是明代命名的一条胡同，清代改成了无量大人胡同，据说是因为这条胡同里面曾经有一座无量庵，因而改名，同时还照顾到了谐音的问题。豹房胡同改名为报房胡同，内府库改为纳福胡同，佟府胡同改为同福胡同，也都考虑到了谐音问题。赵家胡同变成了赵家楼胡同，杨宜宾胡同变成了羊仪宾胡同，总部胡同变成总铺胡同，黄兽衣胡同改成了黄寿衣胡同，骑凤楼改成了栖凤楼，牛血胡同改成留学胡同，等等，也都是依据谐音进行修改的。

其三，将粗俗的民间称谓改成文雅的名称，这类的改变还是比较多的。比如苦水井改为福绥境，臭皮胡同改成寿比胡同，狗尾巴胡同改成高义伯胡同，猪尾巴胡同改成朱苇箔胡同，驴肉胡同改成礼路胡同，熟肉胡同改成输入胡同，灌肠胡同改为官场胡同，牛蹄胡同改为留题胡同，粪厂胡同改为奋章大院，母猪胡同改成梅竹胡同，鸡爪胡同改称吉兆胡同，嘴巴胡同改为醉葩胡同，大脚胡同改为达教胡同，小脚胡同改为晓教胡同，心尖胡同改为新建胡同，胳膊胡同改为华百寿胡同，鸡鸭市改为集雅士，干鱼胡同改为甘雨胡同，姚铸锅胡同改为尧治国胡同，张秃子胡同改为长图治胡同，宋姑娘胡同改为颂年胡同，张皇亲胡同改为尚勤胡同，裤子胡同改为库资胡同，裤腿胡同改为库堆胡同，汤锅胡同改为汤公胡同，锅腔胡同改为国强胡同，鬼门关胡同改为贵人关胡同，油炸鬼胡同改为有果胡同，烧酒胡同改为韶酒胡同，罗圈胡同改为罗贤胡同和乐全胡同，佟府胡同改为同福胡同，打劫巷改成大吉巷，劈柴胡同改成辟才胡同，城隍庙街改为成方街，奶子府改为乃兹府，裤裆胡同改为库藏胡同，阎王庙街改为延旺庙街，锣锅巷改为锣鼓巷，哑巴胡同改为雅宝胡同，臭水河改为受水河，江米巷改为交民巷，闷葫芦罐改为蒙福禄馆，羊尾巴胡同改成扬威胡同，鸡毛胡同改为锦帽胡同，王寡妇斜街改为王广福斜街，等等，都是由原来的民间化的粗俗名字，改为较为文雅的称谓。此外，臊达子胡同改成吉祥胡同，现名与原来的胡同名称没什么关系，就是因为原名过于粗俗，改成比较吉利、易于接受的名称。《清稗类钞》"王广福斜街条"记载：

> 京师有王广福斜街，始人竞称为王寡妇斜街，后则易为王广福三字，地名稍雅，而失其真矣。此与麻状元胡同可以作对。[①]

[①] 徐珂编撰《清稗类钞》第一册，中华书局，2010，第124页。

其四，胡同名的改变要符合普通百姓的心理和价值判断。北京是一座市民的城市，胡同是最能表现其民间特征的地方。京城有些胡同是原来高官的府邸，但是随着时代的变迁，胡同名称发生了变化。尤其是历史上有恶名的官员，他们曾住的胡同名也必然发生变化，比如《那像胡同》：

> 那某官京师时，曾于京师内城之某胡同扩其居宅，附近之民居商店悉购之，改建西式园林。有过之者曰："美哉此屋，金谷园、半闲堂不是过矣。不审此胡同亦将改名否？"旁有答者曰："宣武门外丞相胡同，以明严嵩所居得名，后人恶嵩，改为绳匠。魏染胡同，以明魏忠贤所居得名，后人恶忠贤，改为魏阉。旋有某名士以阉字污目，改魏为染。今之金鱼胡同，可名那相胡同，闻者传讹，若改为那像胡同，可也。"①

从胡同名称之变迁可以看出京城百姓的好恶和判断，因而无论生前地位多高，住多大的房子，从死后居住地名称的变化就可以看出百姓对其品行和功绩的评价。

很多胡同名称改变之后，失去了原来命名时的内涵，后来很难确定其原名。很多具有浓郁民间特色的胡同名称也随着时间的推移而湮灭了，有些胡同的名称无从考证了。这不但对我们探究胡同的本源及其发展造成很多障碍，而且从民俗学的角度来看也是北京民间文化的大损失。

三 北京胡同的生活

据朱一新《京师坊巷志稿》，清朝北京胡同分为皇城、内城和外城三部分，皇城主要是皇帝、皇亲贵族生活的地方，内城基本上是满族八旗居住的地方，外城由北京原住民迁居于此，以及一些汉族官员居住的地方。

清代震钧的《天咫偶闻》中对北京城的记载颇为详细，按照他的记述，

---

① 徐珂编撰《清稗类钞》第四册，中华书局，2010，第1657页。

虽然北京胡同的名字听起来平平无奇，有的甚至有些粗俗，实际上并不简单。很多的国家重要机构可能就在其中，可谓胡同包蕴乾坤；很多高官、学术名人也生活于其中，可谓胡同藏龙卧虎。除此之外，北京的寺庙、市场也在胡同之中。可以说胡同之于北京民众就像水之于鱼，不可须臾离开。

（一）胡同中的政府机构

清代的很多重要政府机构是在胡同中的。贡院、宝源局、总理衙门、神机营、直隶学院署、顺天府学、步军统领衙门等都坐落在胡同中。据《天咫偶闻》记载，"贡院，在城东南隅"①。贡院是八旗进行科举考试的重要场所，是明代在元代礼部的基础上修建的。清朝屡次修葺，光绪时又加以拓展，拆掉顶银胡同加以扩充，贡院的规模始得扩大。宝源局"在石大人胡同，本明石亨宅，即在余居后。每天阴月晦，鼓鞴之光，上彻霄汉，此为工部局。又有宝泉局，在北新桥，则户部局也"②。总理各国事务衙门，亦简称为总理衙门，为清政府办理洋务、外交事务，兼管通商、海防、关税、同文馆、派遣留学等事务的中央机构。"总理各国事务衙门在东堂子胡同，故大学士赛上阿第也。"③"神机营署，在煤炸胡同。同治初，设选八旗精锐，别立此营。总以亲王大臣，无定员。其下全营翼长二人。其下分为文案、营务、印务、粮饷、核对、稿案六处，各有翼长、委员。此外，军火局、枪炮厂、军器库、机器局，各有专司，共兵万五千余名。自设立后，八旗京官竞来投效。"④ 直隶学院署，"在马大人胡同内横胡同路东"⑤。这里是秀才乡试的考试地点。顺天府学是明代洪武年间建立的，原称为大兴县学，"顺天府学在府学胡同，元之报恩寺也"⑥。步军统领衙门简称步军统领，京师的卫戍、警备和治安保卫机构，是清朝驻京武官管理内城九门的守卫和门禁。"步军统领衙门在帽儿胡同。按：京城之所以司地面者不一。曰步兵统领，

---

① 震钧：《天咫偶闻》，北京古籍出版社，1982，第47页。
② 震钧：《天咫偶闻》，北京古籍出版社，1982，第56页。
③ 震钧：《天咫偶闻》，北京古籍出版社，1982，第56页。
④ 震钧：《天咫偶闻》，北京古籍出版社，1982，第58页。
⑤ 震钧：《天咫偶闻》，北京古籍出版社，1982，第65页。
⑥ 震钧：《天咫偶闻》，北京古籍出版社，1982，第68页。

所以司内城盗贼者也。曰外营汛，所以司外城者也。曰五城巡城御史，所以司闾阎词讼者也。曰街道厅，所以平治道涂者也。曰顺天府尹，大、宛两县，职在郊坰，城内无其责也。"① 这些考试、教育、军事、国家管理的重要机构都在胡同中，当人们提到这些机构的时候，自然而然地就会想到其所处的胡同，可见胡同地位之重要。

（二）胡同中的人

北京的胡同引人注目的地方还在于，很多著名官员、学者生活在胡同中，他们的宅第是胡同的重要组成部分。《天咫偶闻》中记载了名人居住的胡同，"近代恩竹樵方伯（锡）居第，亦在贡院之西毛家湾"②。恩锡属满洲瓜尔佳氏，居住于北京，官至江苏布政使，满族著名诗人，与清末朴学大师俞樾有诗词唱和。"汤文端（金钊）第，在长安街中街。"③ 汤金钊为嘉道名臣，著名理学家，为人严谨。"姚伯昂总宪旧居，在东铁匠胡同。"④ 姚伯昂为嘉庆时期的进士，工书画，"其隶书学《曹全碑》，而参以《史晨》《孔宙》，有台阁气象，行书亦有风韵。画则花卉近白阳山人，人物似丁南羽，一时声称满日下"⑤。"裕鲁山制府第，在班大人胡同。"⑥ 这里是裕鲁山的祖宅，他在江南做官，后殉难。"刘文清公故第在驴市胡同西头。"⑦ 刘文清公指的就是刘墉，他是乾隆朝大臣，著名文学家、史学家、书画家。"怡亲王旧邸在头条胡同。"⑧ 怡亲王胤祥，是乾隆皇帝的第十三子。尽管他地位高贵，但也住在胡同里。"松文清公（筠）第在第二条胡同，今子孙仍居之。"⑨ 松筠是乾隆朝的高官，他也住在胡同里，去世后，他的子孙继承

---

① 震钧：《天咫偶闻》，北京古籍出版社，1982，第83页。
② 震钧：《天咫偶闻》，北京古籍出版社，1982，第36页。
③ 震钧：《天咫偶闻》，北京古籍出版社，1982，第37页。
④ 震钧：《天咫偶闻》，北京古籍出版社，1982，第44页。
⑤ 震钧：《天咫偶闻》，北京古籍出版社，1982，第44页。
⑥ 震钧：《天咫偶闻》，北京古籍出版社，1982，第61页。
⑦ 震钧：《天咫偶闻》，北京古籍出版社，1982，第61页。
⑧ 震钧：《天咫偶闻》，北京古籍出版社，1982，第65页。
⑨ 震钧：《天咫偶闻》，北京古籍出版社，1982，第78页。

了房产，继续住在胡同里。"璧星泉制府（昌）居方家胡同。"①"僧忠亲王邸在烂豆胡同。"②"德壮果公第亦在烂豆胡同，其后人尚居之。"③ 这些王公贵族、官员学者虽然地位很高，但是他们居住在平民化的胡同中，能够接触到普通百姓的生活。可以这样说，这些胡同以他们的旧居而著名，这些人也因为生活在胡同中而感受到日常生活的烟火气，使他们不至于脱离百姓生活。因而正是有胡同的存在，北京才能够成为一个具有平民化特质的城市。

（三）胡同中的寺庙与道观

北京的胡同是市民生活的重要场所，与百姓生活息息相关，除上面提到的重要的机构和名人府邸以外，与百姓生活密切相关的还有寺庙。在北京内城、外城的胡同中，随处可见寺庙。这些寺庙外又有庙市，它们与附近的胡同结合在一起，构成一个紧密的圈层结构，将附近的百姓牢牢地吸引在其周围。

法华寺兴建于明代，清代乾隆、同治年间重建，是东城著名的大寺。震钧《天咫偶闻》记："法华寺在豹房胡同，明代建。《啸亭杂录》记：乾隆中，法和尚居城东某寺，交结王公，淫纵不法。为国毅公阿里衮所擒，立杖杀之，即此寺，其巨为东城诸刹冠。咸丰庚申之役，王大臣于此设巡防处。"④ 这座东城第一大寺就在豹房胡同。石佛寺兴建于元代，在劈柴胡同，今天称为辟才胡同。《天咫偶闻》记："石佛寺在劈柴胡同，门榜曰大石佛寺，元刹也。"⑤《日下旧闻考》中提到"原咸宜坊二牌十铺有大小石佛寺、能仁寺、通妙宅、显灵宫"⑥。蟠桃宫为清代康熙年间所建，在崇文门东便门附近，是清代有名的道观，因有著名的"护国太平宫碑"，也称为太平宫。

除拜佛祈福之外，北京的道观与寺庙还有定期的庙会活动，其兼具了商业和娱乐两项功能。白云观在正月里非常热闹，京城的百姓有游白云观的习

---

① 震钧：《天咫偶闻》，北京古籍出版社，1982，第79页。
② 震钧：《天咫偶闻》，北京古籍出版社，1982，第81页。
③ 震钧：《天咫偶闻》，北京古籍出版社，1982，第82页。
④ 震钧：《天咫偶闻》，北京古籍出版社，1982，第59页。
⑤ 震钧：《天咫偶闻》，北京古籍出版社，1982，第122页。
⑥ 于敏中等编纂《日下旧闻考》卷五〇《城市》，北京古籍出版社，1985，第800页。

俗。"京城正月灯市例,以十八日收灯,城中游冶顿寂。至次日,都中士女倾国出城西郊所谓白云观者,联袂嬉游,席地布饮,都人名为'耍烟九',意以为火树星桥甫收声采而以烟火得名耳。"① 正月十九日是燕九节,"正月十九日,都人集白云观,游冶纷沓,走马蒲博,谓之燕九节。或曰阎邱,或曰宴邱。相传是日,真人必来,或化冠绅,或化士女,或化乞丐,于是羽士十百,结坐松下,冀幸一遇之"②。普通人逛白云观除了观灯,购买生活必需品也是重要的目的。白云观正月火树银花的热闹场面和繁华的市集是吸引京城百姓的重要原因。白云观除了烟火,还有庙会。据《顺天府志》,正月十八、十九两日,白云观有庙会。

北京城中另一个比较著名的道观是都城隍庙。都城隍庙旧址在西城区城隍庙街,始建于元代,"都城隍庙在城隍庙街,元之旧也"③。据《光绪顺天府志》载:

> 都城隍庙在宣武门内西单牌楼西闹市口,城隍庙街,缭以周垣,庙门、顺德门、阐威门凡三重,均三间,左右门各一。前殿五间,东西两庑各三间,回廊各二十二间,连檐通脊,前为甬道,东御碑亭一,西燎炉一。后殿五间。阐威门外东为治牲所,三间,井亭一,门南钟鼓楼各一。④

都城隍庙的规模较大,因其所处闹市,后发展成为市场。《日下旧闻考》中载《燕都游览志》记:

> 原庙市者,以市于城西之都城隍庙而名也。西至庙,东至刑部街止,亘三里许,其市肆大略与灯市同,第每月以初一、十五、二十五开

---

① 沈德符:《万历野获编》,中华书局,1959,第901页。
② 于敏中等编纂《日下旧闻考》卷一四七《风俗》,北京古籍出版社,1985,第2352页。
③ 震钧:《天咫偶闻》,北京古籍出版社,1982,第103页。
④ 张之洞:《顺天府志》,清光绪十二年刻,十五年重印本,第191页。

市，较多灯市一日耳。①

不仅市场规模大，开市的次数也多，因而成为著名的庙会市场。

同样的隆善护国寺也有庙市，"隆善护国寺，俗称护国寺，即元之崇国寺……月七、八日有庙市，与福隆寺埒，而宏敞过之"②。护国寺的庙市影响很大，是北京著名的街市。

相类似的还有隆福寺，隆福寺在四牌楼北的隆福寺胡同。"月逢九、十日庙市，门殿五重，正殿石栏犹南内凤翔殿中物，今则日供市人之摸抚，游女之依凭，且百货支棚，绳索午贯，胥于是乎，在斯栏亦不幸而寿矣。庙市之物，昔为诸事之最，今皆寻常日用，无复珍奇。"③清代隆福寺市场也是著名的书市，《天咫偶闻》记载，"内城书肆均在隆福寺，旧有三槐堂、同立堂、宝书堂、天绘阁四家"④。隆福寺是内城最重要的书籍市场（见表2-1）。

附表：2-1　北京的庙会与庙市

序号	庙会名称	形成时间	庙会举行日	商摊数
1	护国寺	元	每月逢七、八日	712
2	白塔寺	辽	每月逢五、六日	735
3	隆福寺	明	每月逢九、十一、十二日	946
4	土地庙	金	每月逢三日	583
5	花市	明	每月逢四日	436
6	药王庙	明	每月初一、十五日	
7	厂甸	明	每年正月初一至十日	457
8	都城隍庙	元	每年五月十一日	
9	白云观	金	每年正月初一至十九日，六月二十三、二十四日	
10	东岳庙	元	每月初一、十五日，每年三月二十八日	131
11	妙峰山	明	每年四月初一至十五日	

资料来源：朴赫淳《近代北京胡同地方社会的演变》，载黄兴涛、陈鹏编《民国北京研究精粹》，北京师范大学出版社，2016，第327页。

---

① 于敏中等编纂《日下旧闻考》卷五〇《城市》，北京古籍出版社，1985，第796页。
② 震钧：《天咫偶闻》，北京古籍出版社，1982，第90页。
③ 震钧：《天咫偶闻》，北京古籍出版社，1982，第62~63页。
④ 震钧：《天咫偶闻》，北京古籍出版社，1982，第164页。

庙会与集市是普通民众重要的聚集场所，北京的市民文化得以在这里保存。除了销售商品，很多庙会上还有民间艺术表演，如戏曲、杂耍、评书等。民间娱乐活动的存在，既吸引了大量的顾客和观众，也使这些民间文化得以保存和发扬，对北京民间艺术的传播起到了积极作用。

（四）北京胡同生活的另一面

李若虹在其游记中这样描绘清末北京城市生活：

> 京师最尚繁华，市廛铺户装饰富甲天下。如大栅栏、珠宝市、西河沿、琉璃厂之银楼缎号，以及茶业铺、靴铺，皆雕梁画栋，金碧辉煌，令人目迷五色。至肉市、酒楼、饭馆，张灯列烛，猜拳行令，夜夜元宵，非他处所可及也。京师最尚应酬。外省人至，群相邀请，筵宴，听戏，往来馈送，以及挟优饮酒，聚众呼卢，虽有数万金，不足供其挥霍。[1]

在外人眼中，北京城市生活到处是豪奢热闹的场面，充斥着纸醉金迷的气息。而实际上，北京的胡同中既有高贵的王府、名人住宅，也有窄蹩的小巷，里面住着普通的百姓。他们可能是北京的早期居民，也可能是后来迁居于此的外来客。他们伴着清晨的叫卖声，穿梭于胡同之中，各自出门讨生活。在北京诸多胡同中，八大胡同是较为有名的，甚至成为北京南城的重要标志。《清稗类钞》中"京师八大胡同条"记：

> 京师八大胡同，名称最久，皆在正阳门外，即石头胡同、胭脂胡同、大李纱帽胡同、小李纱帽胡同、百顺胡同、皮条营、陕西巷、韩家潭是也。韩家潭初为伶人专有，其家宅俗呼下处，豪客辄于此取乐。……，南妓麇集，伶人失业，始有妓女踪迹，而入八大胡同之列。或谓有十条胡同则益以王广福斜街、樱桃竹斜街。[2]

---

[1] 李若虹：《朝市丛载》，北京古籍出版社，1995，第69页。
[2] 徐珂编撰《清稗类钞》第一册，中华书局，2010，第124页。

八大胡同早期是伶人聚集之地，《梦华琐簿》记："乐部各有总寓，俗称'大下处'。春台寓百顺胡同，三庆寓韩家潭，四喜寓陕西巷，和春寓李铁拐斜街，嵩祝寓石头胡同。"① 其中韩家潭最早，也最为有名。清代康熙年间内阁大学士韩元少曾居住于此，因而得名韩家潭。乾隆年间徽班进京后，三庆班的名角程长庚、徐小香、杨月楼等人住在此处，以后很多京剧名家也居住于此，这里遂成为戏园子和戏班的集中之地。随着娱乐业的不断发展，越来越多的官员、文士、商人到这里听戏、打茶围②。到了光绪时期，这里成了当时最著名的娱乐场所。"光绪十二年的《鞠台集秀录》中，记录了当时著名的堂子③41个，它们的分布是：韩家潭17所，陕西巷、百顺胡同、猪毛胡同、李铁拐斜街各5所，石头胡同、樱桃胡同各1所，另地点不详的2所，在这41所堂子中，名伶最多最著名的5所堂子（绮春堂、熙春堂、韵绣堂、安义堂、国兴堂）有4所在韩家潭。这时，韩家潭这个地名几乎成了堂子的代称和公认的打茶围圣地。"④ 可见早期这里是伶人的居住地，后来成为私寓，最后演变成了娱乐场所。《燕京杂记》记："达官大贾及豪门公子挟优童以赴酒楼，一筵之费，动至数百金，倾家荡产，败名丧节，莫此为甚。都中恬不为怪，风气使然也。"⑤ 晚清京城恶劣的娱乐风气促进了八大处的繁荣。此时由于政府的限制，这里多为戏园和伶人居所，妓院并不多。庚子事变后，清政府对社会的控制进一步减弱，这里的妓院逐步繁荣，成为人们口中的"八大胡同"，开始书写女性被欺凌、压迫的血泪史。

---

① 张梦溪：《清代燕都梨园史料》，中国戏剧出版社，1988，第351~352页。
② 阙名："优童自称其居曰下处，到下处者谓之打茶围，置酒其中，歌舞达旦，酣嬉淋漓，其耗费不知伊于胡底。"《燕京杂记》，载《旧京遗事　旧京琐记　燕京杂记》，北京古籍出版社，1986，第129页。
③ "相公堂子，又名私坊下处，本界则名堂号，或私寓，然私寓二字已是贬词；其中的徒弟，名曰相公，又曰私坊，本界名曰徒弟。这种行业，实始自戏班，故古代没有这种组织，明朝始有之。自明朝到清末，所有戏班，都有公寓。"齐如山：《国剧中五种大戏之盛衰》，载《齐如山文论》，辽宁教育出版社，2010，第245页。
④ 么书仪：《晚清戏曲的变革》，人民文学出版社，2018，第150页。
⑤ 阙名：《燕京杂记》，载《旧京遗事　旧京琐记　燕京杂记》，北京古籍出版社，1986，第128页。

第三节 北京人：八旗与宣南文化圈

一 八旗圈层

明末北京人的构成是由北京的原住民，加上一些外地到北京为官以及其他原因迁徙到北京的人，基本上是汉人。清人入关之后，北京居民的构成发生了变化，其中一大部分为旗人。这样，清代之后北京居民就由旗人、原住民以及一些外地为官或者考试的士人构成。旗人成为北京居民的重要组成部分。这些普通的旗人长期居住于旗营之中，不仅有固定的等级制度，而且形成了独特的风俗习惯和礼仪要求，进而形成了固定的八旗圈层。

（一）八旗的形成

清人定鼎北京后，又经过了二十多年，终于统一了中国。清世祖福临在统治过程中执行的是"首崇满洲"的政策。在朝廷事务和国家管理中，他重用满洲亲贵大臣，"清朝大事，诸王大臣佥议既定，虽至尊无如之何"[1]。并且大量封赏满洲功臣、贵戚，使之成为"八旗世爵"[2]。

在满汉百姓的管理上，其采取的是旗民分居的政策。该政策最早是在顺治元年提出的，清政府以避免满汉杂居产生事端为由，实行满汉分居。他们要求生活在旗地的汉民迁出，土地房屋归旗民所有。顺治三年，朝廷又以京城盗贼频发为借口，发布上谕，实行严格的满汉分城制度。将汉人迁往南城，内城基本由八旗居住和驻防。这种满汉分城本质上是旗民分居，谈迁《北游录》"入燕以后，以汉人尽归之外城，其汉人投旗者不归也，分隶内城"[3]。这样作为都城的北京就形成了内城、外城分制的格局。

清内城沿袭明制，由紫禁城、皇城、大城三个同心圆构成。皇城之外是八旗驻扎的大城。大城里驻扎的八旗兵称为"禁旅八旗"，也就是所谓"京

---

[1] 谈迁：《北游录·纪闻下》，中华书局，1960，第368页。
[2] 八旗世爵分为公、侯、伯、子、男爵、轻车都尉、骑都尉、云骑尉、恩骑尉九等。
[3] 谈迁：《北游录·纪闻下》，中华书局，1960，第347页。

旗",分左、右翼驻扎于北京内城,"禁旅八旗的兵额是保密的。顺治年间约有八万人;乾隆年间为十万余人;咸丰初增至十四万九千余人;光宣之际,实存名数,职官六千六百有奇,兵丁十二万余"[1]。京城的八旗分布是依据五行来确定的,《钦定满洲通志》中记载了"八旗方位缘起":

  太祖高皇帝创设八旗分为两翼,左翼则镶黄、正白、镶白、正蓝;右翼则正黄、正红、镶红、镶蓝,其次序皆自北而南,以五行相胜为用,两黄旗位正北取土胜水;两白旗位正东,取金胜木,两红旗位正西,取火胜金,两蓝旗位正南,取水胜火。[2]

刘小萌对八旗方位分布进一步解释说:"两黄旗位北,取土胜水;两白旗位东,取金胜木;两红旗位西,取火胜金;两蓝旗位南,取水胜火。此说实系后来追加的解释,穷溯本源的话,应肇始于满人早先行围猎之制:人分五部——围底、两'围肩'、两'围端';每部以牛录为基本单位;以后由牛录而扩展为五牛录(后叫甲喇),五甲喇合并为一固山(后叫旗),复从一旗发展到八旗,八旗制度遂臻完善。但行军作战仍存旧制:两黄旗为围底,居北;两红旗为右围翼,居西;两白旗位左围翼,居东;两蓝旗为围端,居南。入关以前,八旗军无论行围出兵还是攻城、驻防,均按此方位。"[3] 通过他的解读,八旗设计的由来和分布格局就比较清楚了。

据《钦定八旗通志》,清世祖福临开始就设定了八旗对皇城的拱卫,其基本的分布是:

  世祖章皇帝定鼎燕京,分列八旗拱卫皇居。镶黄居安定门内,正黄居德胜门内,并在北方。正白居东直门内,镶白居朝阳门内,并在东

---

[1] 刘小萌:《清代北京的旗人社会》,中国社会科学出版社,2008,第25页。
[2] 福隆安等:《钦定八旗通志》,李洵、赵德贵、周毓方等主校点,吉林文史出版社,2002,第496页。
[3] 刘小萌:《清代北京的旗人社会》,中国社会科学出版社,2008,第241~242页。

方。正红居西直门内,镶红居阜成门内,并在西方。正蓝居崇文门内,镶蓝居宣武门内,并在南方。一从祖制,以八旗分左右二翼。[1]

八旗从四方来守卫皇城。每旗都有固定的防区,"镶黄满洲蒙古汉军三旗各按参领,自鼓楼向东至新桥,自新桥大街北口城根向南至府学胡同东口,系与正白旗接界"[2]。"正白满洲蒙古汉军三旗与镶黄旗接界之处,系自府学胡同东口向南,各按参领至四牌楼豹房胡同东口。与镶白旗接界之处,由皇城根至东大城根。"[3] "镶白满洲蒙古汉军三旗与正白旗接界之处,系自豹房胡同向南至单牌楼,与正蓝旗接界之处。"[4] "正蓝满洲蒙古汉军三旗与镶白旗接界之处系自单牌楼至崇文门,由金水桥向东至大城根。"[5] "正黄满洲蒙古汉军三旗自鼓楼向西至新街口大街北口,城根向南至马状元胡同西口,与正红旗接界。"[6] "正蓝满洲蒙古汉军三旗与正黄旗接界之处系自马状元胡同东口与镶红旗接界之处。"[7] "镶红满洲蒙古汉军三旗与正红旗接界之处系自羊肉胡同向南至单牌楼与镶蓝旗接界之处。"[8] "镶蓝满洲蒙古汉军三旗与镶红旗接界之处,系自单牌楼至宣武门金水桥向西至大城根。"[9] 可见,

---

[1] 福隆安等:《钦定八旗通志》,李洵、赵德贵、周毓方等主校点,吉林文史出版社,2002,第500页。
[2] 福隆安等:《钦定八旗通志》,李洵、赵德贵、周毓方等主校点,吉林文史出版社,2002,第504页。
[3] 福隆安等:《钦定八旗通志》,李洵、赵德贵、周毓方等主校点,吉林文史出版社,2002,第508页。
[4] 福隆安等:《钦定八旗通志》,李洵、赵德贵、周毓方等主校点,吉林文史出版社,2002,第512页。
[5] 福隆安等:《钦定八旗通志》,李洵、赵德贵、周毓方等主校点,吉林文史出版社,2002,第516页。
[6] 福隆安等:《钦定八旗通志》,李洵、赵德贵、周毓方等主校点,吉林文史出版社,2002,第520页。
[7] 福隆安等:《钦定八旗通志》,李洵、赵德贵、周毓方等主校点,吉林文史出版社,2002,第524页。
[8] 福隆安等:《钦定八旗通志》,李洵、赵德贵、周毓方等主校点,吉林文史出版社,2002,第528页。
[9] 福隆安等:《钦定八旗通志》,李洵、赵德贵、周毓方等主校点,吉林文史出版社,2002,第532页。

从早期开始,各旗的位置分布非常清楚,这就避免了因为地域和职责不清所带来的矛盾。

在各旗的防区内,实际上有满族人、蒙古人和汉人。蒙古人和汉人因为一些特殊的原因归附于满族人,从而获得了旗人身份。《清稗类钞》"旗人"条记载:

> 徙居内地之旗人,有满洲、蒙古、汉人三大别,世皆知之。且知属于满洲、蒙古者,为其各本部落之人民,属于汉军者,为归附之汉人。然有以满洲改汉军而后仍为满洲者,王国光是也。国光先世为满洲完颜氏,曾隶汉军正红旗,乾隆癸酉,高宗命其子孙及同族仍入满洲正红、镶白二旗。有以满洲改汉军而以一支仍为满洲者,佟国纲是也。国纲先世为满洲,曾隶汉军,国纲以仍隶满洲为请。部议谓佟氏多官,应仍留汉军,惟令国纲一支归满洲。有以蒙古而改满洲者,莽鹄立是也。莽本蒙古正蓝旗,其后擢入满洲镶黄旗。有以蒙古而改汉军者,和济格尔是也。和本蒙古乌鲁特人,后隶汉军正白旗,为何氏。[①]

王国光、佟国纲的先祖曾隶属汉军,后归于满洲;蒙古人莽鹄立归于满洲正黄旗,和济格尔归于汉军正白旗。说明在满族人入关后,八旗中有蒙古人和汉人后来归附的状况。

满洲内部旗人的地位也会发生变化,较有代表性的就是"旗人抬旗":

> 徙居内地之旗人,有以建立功勋或上承恩眷而由内务府旗抬入满洲八旗,或由满洲下五旗抬入上三旗者,皆谓之抬旗。然仅限其本支子孙,虽胞兄弟不得与。皇太后、皇后之丹阐在下五旗者,皆抬旗。丹阐,满语谓母家也。[②]

---

① 徐珂编撰《清稗类钞》第四册,中华书局,2010,第1900页。
② 徐珂编撰《清稗类钞》第四册,中华书局,2010,第1901页。

从中可以看出，旗人内部，各旗的地位还是有差异的。总而言之，八旗制度依然是一种等级制度。

旗人防区后来被称为旗营，旗营成为旗人居住的固定群落。旗人生活在固定的旗营中，代代传承。旗营是由八旗军营转化而来的，有独特的生活方式和管理方式。旗人几代生活于旗营中，形成了独立的社会圈子，这就是旗人圈层。

（二）旗人的生活习惯

旗人圈层形成后，在固定的旗营中，他们依然保持着本身的生活习俗。在结婚、生子、丧仪等方面有独特的要求和严格的限制，其婚丧嫁娶的方式与汉人有很大的不同。震钧在《天咫偶闻》中记载：

> 八旗人家生子女，例须报明本旗佐领，书之于册，及长而婚嫁亦如之。又必须男女两家佐领，互出印结，谓之图片。凡三年一比人丁，又使各列其家人名氏，而书之于册，谓之册档。及殁而削其名氏于册，故旗人户口无能增减，姓名无能改移，凡以为整军经武地耳。①
>
> 满俗丧礼，轻于汉人。斩衰止百日，期服六十日，大功三十五日，小功一月，缌麻廿一日，较之古礼似不及远矣。然其居丧也，衰服不去，身不听乐，不与宴，居室皆用素器，木几素席，以终三年。期功各以其等降，相率行之，无敢逾。若戚友家丧，有服者如其服，无服者男去缨，女去珥。丧主人奉男腰绖，奉女首绖，拜而进，受者亦拜。②

家中结婚、生子要上报佐领，这是早年八旗形成的规矩，是军事生活的需要，这种习俗一直延续到晚清，是旗人独有的生活方式。丧礼与汉人的形式差不多，也是"五服"之制。但是时间上要短一些，哀痛形式也轻了很多。旗人丧事和亲事的礼仪也有所不同，但是都非常讲礼节：

---

① 震钧：《天咫偶闻》，北京古籍出版社，1982，第208~209页。
② 震钧：《天咫偶闻》，北京古籍出版社，1982，第210页。

北京人家，丧则亲报。有喜庆事，亦必主人或其子弟亲诣亲友家，一一请之，非是则不敬。满洲贵族，仪文尤重，其于大宴会中，客有后到者，必循行各座，遇尊长则双膝着地，曰跽安。弟向兄请安，兄以双手扶之，曰接安。平行则各屈一膝。中有日前曾邀饮或承馈赠者，必再屈膝以谢。或杂有汉人，则以长揖。于纷纭杂错中行之，不疾不徐，安闲彬雅，此旗下亲贵之长技也。①

旗人的穿着也与汉人不同，早期旗人的衣着是为作战服务的，入主中原后，满族人的服饰受到汉人服饰的影响，但还是保留了自身的特点：

满俗，妇人衣皆连裳，不分上下，此古制也。古人男子有裳，妇人无裳，盖正如是。至于妇人礼服，补褂之外，又有所谓八团者。以绣或缂丝为彩团八，缀之于褂，为新妇之服。按：《周礼》内司服注，袆揄二翟，皆刻缯为之，彩画之缀于衣，以为文章。古人文盛，虽云刻为翟形，然不必果全刻为雉形，亦必有他文以间之，此正其遗制。若今《三礼图》所画袆衣等，则但以雉为行列，恐古人正不如是。如蒲璧、谷璧等图，均画全株之形。而今所见古玉，曷常如是？此可类推。②

满族男子多穿带马蹄袖的袍褂，腰束衣带，或穿长袍，外罩对襟马褂；女子穿长及脚面的旗装，或外罩坎肩。他们的衣服比较注重彩绘，衣襟或者袍面上有大片的纹绣，还喜欢于衣襟、袖口、领口处装饰花边等。不仅服饰较为特殊，旗人头发式样和服饰礼仪也较为独特：

旗下妇装，梳发为平髻，曰一字头，又曰两把头。大装则戴珠翠为饰，名曰钿子。袍褂如其夫之服，常装之袍，长至蔽足。请安以双腿，

---

① 夏仁虎：《旧京琐记》，载《旧京遗事　旧京琐记　燕京杂记》，北京古籍出版社，1986，第72页。
② 震钧：《天咫偶闻》，北京古籍出版社，1982，第211页。

俗曰蹲安。盖如西俗妇人见尊贵之状。与平常人还礼，但以手上举摸其鬓，谓与拜同。履底高至四五寸，上宽而下圆，俗谓之花盆底。袍不开气，行时以不动尘为有礼云。①

八旗注重礼法，在人与人交际的过程中非常注重长幼关系，对行为方式有严格的要求，敬老重师，讲究待客之道，对子弟教育非常严格：

> 八旗旧家，礼法最重。余少时见长上之所以待子弟，与子弟之所以事长上，无不各尽其诚。朝夕问安诸长上之室，皆侍立。命之坐，不敢坐。所命耸听，不敢怠。不命之退，不敢退。路遇长上，拱立于旁，俟过而后行。宾至，执役者，皆子弟也。其敬师也亦然。子弟未冠以前，不令出门。不得已而出，命老仆随之，故子弟为非者甚鲜。②

旗人非常注重礼仪，他们在节日要举行基本的祭祀活动。宴客吃的东西很有讲究，也要注意基本的礼节，避免失礼。夏仁虎《旧京琐记》中提到：

> 四时之礼，多重报本，而迷信亦甚。清明、中元与十月一日必扫墓，男妇皆往焉。冬至满人必祭堂子，植竿于庭而燎祭焉。稍有力者必用全猪羊。祭毕，招亲友会食于庭，曰吃克食，必尽为度。汉人则否。立春日，各按年岁之多少捻纸浸油燃之，曰顺星。新年既过，则具酒肉而加餐焉，曰添仓。③

早期的八旗重视子弟读书，讲究学以致用，重视文化的社会功用及对人

---

① 夏仁虎：《旧京琐记》，载《旧京遗事 旧京琐记 燕京杂记》，北京古籍出版社，1986，第71页。
② 震钧：《天咫偶闻》，北京古籍出版社，1982，第209页。
③ 夏仁虎：《旧京琐记》，载《旧京遗事 旧京琐记 燕京杂记》，北京古籍出版社，1986，第37页。

格的培养。大部分旗人读书人养成不张扬、不炫耀的习惯:

> 满洲旧俗,读书人不肯涉标榜之习,皆以致用为本。故立德、立功者极众,而文章一道,致力者鲜。间有所作,亦不肯出以示人,人亦无称之者,以其为末务也,然佳作因此而不传者多矣。①

总之,旗人形成了自己的文化习俗。清朝建立之后,他们也一直保留着自己的文化。同时,由于进入了汉文化圈,他们也不断吸收汉文化,从而形成了独特的习俗和文化习惯。清朝初年,这些文化对于旗人的发展进步起到了重要的作用。但随着时代的发展,到了晚清,由于旗人长期依靠国家的旗粮配给而生活,京城的旗人大多数养尊处优,醉心于玩乐,失去了祖先的进取精神,也没有入世的渠道,因而大多数旗人碌碌无为,无所事事。刘体智《异辞录》中"八旗气数已尽"条载:

> 八旗劲旅,为朝廷宣力者二百余年,光绪以后,气数已尽,虽欲振作,其何能兴。发、捻之役,有塔忠勇、多忠勇最有名于一时,等而下之,胜克斋亦颇能战。皆旗人为将,然所将非尽旗营也。醇王抽练旗营,一日而黜三都统:乌拉喜崇阿、明魁、特而庆阿,可谓严矣,而不闻成军。荣文忠武卫五军,惟中军为旗籍。庚子之役,匪惟不战,抑且四出劫夺,西兵入城,全师皆溃。涛贝勒统禁卫军,平时养之如骄子,恃之若长城。及摄政王退归藩邸,贝勒请罢军统职。椽属皆劝其保有区区兵权,以为牵制之计,贝勒不允。问其故,不答。固问,则曰:"吾妇泣于余前,不欲与于兵事。"魏桓范曰:"汝兄弟,独狭耳。"古今一辙。②

---

① 震钧:《天咫偶闻》,北京古籍出版社,1982,第209页。
② 刘体智:《异辞录》,中华书局,1988,第243~244页。

早期八旗的士兵勇敢，参与多次战役，取得了胜利。但是到了晚清，旗人已不愿意当兵了。清朝灭亡之后，很多旗人更是失去了依托，不得不自食其力。孙静安《栖霞阁野乘（外六种）》中记载"旗人生计之窘迫"：

> 咸、同以降，北京旗人生计之窘，难以言喻。舆台厮养，大有人在矣。某部郎辛丑回銮后，新录一围人，曰三儿。其人面目黧黑，健饭善斗。每当驾车疾驶，或与他车角逐，三儿肆口谩骂，或以鞭愶行道之人，人亦稍稍让之，似畏三儿者。某度系围人侪辈，亦不之疑。一日赴友人宴，车至大棚栏，忽有怒马自后来，锦鞍玉勒，望而知为贵介。三儿车横亘在前，不之让，骑者自后叱之，三儿略一回顾，故缓车行。骑者大怒，策马绕出车前，方举鞭欲击去，三儿忽笑语曰："咦，老七，汝想露脸，便不怕裁我耶？"骑者熟视，即下马屈一膝曰："原来是三爷，匆促间开罪，幸乞见恕。"言毕，牵马旁立，为状甚谨。车去乃行。某大骇怪，归寓穷诘所以，三儿曰："吾固宗人府籍，骑者吾侄辈行耳。"复诘其名及世职，坚不肯言。翌晨善言遣之。①

晚清，旗人生活之窘迫可见一斑。清王朝灭亡之后，原来对满族贵族及旗人的优待政策失去了效力。诸多北京旗人失去了朝廷定期发给的俸禄，而自身除了斗鸡走狗、提笼架鸟、唱戏听曲等嗜好，无一技之长，没有生存能力，不得不滑向社会底层，以出卖劳动力为生。拉洋车、干苦力成为旗人迫不得已的选择，从而演出了一幕幕人间惨剧，旗人的文化也走向衰落。

二 宣南文化圈

清朝立国，内城汉族原住民被迁出，一些汉族官员也居住于外城，尤其以宣南地区更为集中，从而形成宣南文化圈。

（一）宣南地区的范围

所谓"宣南"指的是北京宣武门以南的地区。"宣南"这一称谓在明代

---

① 孙静安：《栖霞阁野乘（外六种）》，北京古籍出版社，1999，第19~20页。

就出现了,最早称为"宣南坊"。明代中期,为了加强北京的城市防务,沿北京周边修建外城。由于财政紧张,只修筑了南半部的城墙,最终形成北京"凸"字形的城市框架。南部为外城,民间称之为"外罗城"。后京师的三十三坊重新划定,外城有七坊,宣南坊就是其中之一。宣南坊是宣武门外骡马市大街以南的地区,从东部的潘家园开始,一直到教子胡同。

清代开始实行满汉分城的政策,"凡汉官及商民等,尽徙南城居住"[①],使城市格局发生了重大变化。原来内城的商铺都迁至外城,商业区集中于崇文门与前门一带。一些汉族官员多在宣南地区修建宅邸和别墅,居住于此处。这时的宣南地区成为汉文化荟萃之地,从而形成新的文化圈。清朝初期龚鼎孳、吴伟业、朱彝尊、王士禛、李渔、纪昀、戴震、钱大昕等人都曾居住或者到过这里。

(二)宣南地区的会馆

宣南地区最大的特点就是会馆林立。会馆产生于明代的嘉靖年间,清代康雍至乾嘉时期非常兴盛。到了晚清,会馆依然是文人士子的重要活动场所。

清初,外地赶考的士人进京的路线一般是由卢沟桥进入广安门,于宣武门落脚最为方便,"入都之税驾,与出都之饯别,莫便于宣武门外"[②],因而各地的会馆也多建于此。这些为应试举子服务的会馆,成为吸收各地文化的重要场所和汉族文化的汇聚之地。夏仁虎《旧京琐记》记载了清代会馆的盛况:

> 北京市面以为维持发展之道者有二:一曰引见官员,一曰考试举子。然官员引见有凭引期限,其居留之日短。举子应考,则场前之筹备,场后之候榜,中式之应官谒师,落第之留京过夏,远省士子以省行李之劳,往往住京多年,至于释褐。故其时各省会馆以及寺庙客店莫不

---

① 《清实录·顺治朝实录》顺治五年八月。
② 《广州会馆记》,载北京市档案馆编《北京会馆档案史料》,北京出版社,1997,第1365页。

坑谷皆满，而市肆各铺，凡以应朝夕之求馈遗之品者，值考举之年，莫不利市三倍。迨科举既废，市面遂呈萧索之象，于朝于市，其消息固相通也。①

汉官的住宅与外地举子的会馆聚集在这里，外省人自称"宣南流寓"，由于他们交往频繁，生活习俗趋同，因而形成了独特的宣南文化。

早期的会馆是为士子进京参加科举考试而服务的，后来成为同乡聚集、团拜娱乐的重要场所。"京师为人文荟萃之地，商贾辐辏之区。不设宫所，则观光贸易者，行旅甫至，不免有客栈假馆之繁，即仕宦坐商欲会同而联乡谊，亦未免参商卯酉矣。"②"称会馆，何为也？为里人贸迁有事，祧祀宴集之所也。"③"表里山河，土满是患，服贾用养，以是偏于天下，而辇下尤最，会馆所由昉也。"④ 在宣南地区，会馆主要分布于外城的胡同中，最集中的地区在大栅栏、琉璃厂、菜市口等地。大、小蒋家胡同坐落在外城中城，大蒋家胡同有旌德、松江、吉安、贵州会馆；小蒋家胡同有河东、平阳、晋冀、旌德会馆。佘家胡同坐落于外城北部，有山西襄陵会馆、浙江全浙会馆、湖北襄阳会馆。贾家胡同坐落于外城北部，有归德、高州、高郡、开封、蕲水、永州、江震等会馆，这里是宣南文化圈的重要组成部分。

吴庆坻《蕉廊脞录》记录了"京师全浙会馆"和"京师武林会馆"创立的基本状况：

土地庙斜街全浙会馆，旧为吾乡赵天羽先生吉士故宅，康熙间捐作

---

① 夏仁虎：《旧京琐记》，载《旧京遗事　旧京琐记　燕京杂记》，北京古籍出版社，1986，第75页。
② 贾文卿：《重修浮山会馆碑》，载李华编《明清以来北京工商会馆碑刻选编》，文物出版社，1980，第101页。
③ 张德桂：《创建黄皮胡同仙城会馆记》，载李华编《明清以来北京工商会馆碑刻选编》，文物出版社，1980，第15页。
④ 《重修河东会馆碑记》，载李华编《明清以来北京工商会馆碑刻选编》，文物出版社，1980，第69页。

会馆,雍正十二年重修,有李敏达卫、陈文简元龙二碑。碑云:赵公归里后,为豪强者攘踞为己物。先生之孙鹤皋,走京师讼之官,不得白,乃捐白金三千赎还。其后一被火厄,一为地震,修甍画栋荡为榛墟。少詹姚君圣湖、孝廉潘君荆山有志修改,值敏达入觐,捐奉为倡,两浙缙绅共输金成之。其旁辟室数楹,俾僧静山居之。更百余年,屋舍倾圮,公车来者不复就居。光绪十六年,乡人于南首隙地重构屋宇。最后一层曰"景贤祠",仍旧额也,中祀赵先生及李敏达、陈文简、清恪四公。其新构之屋曰"挂笏轩"、"绿天深处"、"紫藤精舍",皆赵先生旧题。①

京师武林会馆在长巷二条胡同,创自前明。康熙六年重修,有碑记其事。有匾额四:一曰"德音堂",黄文僖公题;一为御制千叟宴诗,乾隆五十年正月赐州同加一级温世爵、刑部司狱范绍庆;一探花沈清藻;一会魁诸以谦。其初闻为绸业公所,其后馆役孙玉私售器具,并出赁收其租金,历年久,几无过问者。同治二年,京官呈请中城御史查拿清厘,仍归入会馆。光绪四年,以其地僻远,乃售去,得白金二千两,别购市屋收租息,以佐会馆之用。越数年,复于崇文门西城根购阿克丹侍郎旧宅,为仁钱试馆。光绪庚寅会元夏曾佑、壬辰榜眼吴士鉴,皆寓试馆闻捷音者也。②

会馆多为官员或者仕商的旧宅,被捐出或者租赁,由同乡之中的缙绅提供资金,整修后成为为乡人客居京城提供方便的会馆。

除了官员的住宅和会馆汇集于此,晚清时宣南地区的寺庙众多,法源寺、长椿寺、天宁寺、报国寺等都在这里。在这人才会聚、商贾云集、会馆林立之地最终形成了宣南文化圈。

(三)宣南文化圈的文化氛围

宣南文化圈不仅是汉人的居住地,也是文化的聚集地。北京城较为著名

---

① 吴庆坻:《蕉廊脞录》,张文其、刘德麟点校,中华书局,1990,第65~66页。
② 吴庆坻:《蕉廊脞录》,张文其、刘德麟点校,中华书局,1990,第66页。

的文化场所，比如书市、剧场等皆汇聚于此。

1. 书画汇集之地——琉璃厂

坐落于宣南地区的琉璃厂是京城最具代表性的书画收藏和流通之地。孙殿起《琉璃厂小志》记载，清乾隆年间琉璃厂占地非常之广，"北至西河沿，南至庄家桥及孙公园，东至延寿寺街及桶子胡同，西至南、北柳巷"①。光绪年间，琉璃厂更是成为巨大的图书市场，拥有200多家书店，是京城最大的书市，与之相配合的笔墨纸砚、书画古玩、碑石篆刻等也随之发展起来。琉璃厂成为文化荟萃之地，也是京城雅游之所。金梁《光宣小记》中"琉璃厂"条记载：

> 琉璃厂为都城文物所聚，余下车即往游。各商店方备考具，笔则贺莲青，墨则一得阁，而纸必懿文斋。以试卷向由松竹斋承办，已改归懿文也。书籍则"二文"，曰文友、文德；字画则"二古"，曰茹古、悦古。余见《陶渊明集》，汲古阁复宋本；《杜工部集》，宋刻残本，各以十金得之。又购汤贞愍、戴文节山水扇面，仅各二金。又见吴渔山、王石谷山水中堂，问其值，皆索百金。惟御笔独昂，康、乾小条，各须五十金，尚非精品也。尤难得者，傅青主父子批校《汉书》，青主朱笔行草，其子眉则恭楷细注，凡志、传皆遍，乃至诸表，亦一字无遗，足见古人读书之勤。余倾囊购之，众皆笑为书痴也。书铺大者实多在隆福寺街，有文奎、带经二堂，为王氏兄弟分设。文奎之王以信义为人重，人称"老王"，士大夫多与往还，阛阓中之君子也。②

琉璃厂是文物汇聚之地，在这里可以淘到古代的书籍和字画，而且很多店铺的老板也是各方面的专家。这些书商并不是一味地赚钱，其中不少书商

---

① 孙殿起：《琉璃厂小志》，北京古籍出版社，1982，第1页。
② 金梁：《光宣小记》，上海书店出版社，1998，第4~5页。

有良好的品位和独特的艺术修养，而且很多人品行高尚，重情讲义，为琉璃厂营造出浓厚的文化氛围。

在琉璃厂附近有很多饱学之士的宅邸，清初王士禛、罗聘、孙星衍等都曾居住在这里。众多的藏书家也经常往还于此，搜罗珍本图书和珍贵古画。李文藻、缪荃孙都写过琉璃厂书肆后记。尤其是晚清民国时期，社会动荡造成了书肆买卖活动频繁，孙殿起《琉璃厂小志》中引用了伦哲如《续书楼记》中的记载：

> 壬寅（按即一九〇二年）初至京师，……，王府贵家，储书大出，余日游海王村隆福寺间，目不暇给，每暮必载书满车回寓。……辛亥，余再至京师，值已大涨，询其故，则自吾乡辛仿苏开之地。辛君富饶，挟资数万游京师，征逐应酬外，兼好字画书籍，意所可，不计值，尝至其斋，见墨海金壶一部，中缺数册，云购价六百金，他可推知矣。九月间，武昌事起，都人初惊变故，仓皇奔避，数月来，议值未就之书，至是纷纷愿贬值售。……京师为人文渊薮，官于斯者，多由文学进身，乡会试之士子，比年一集，清季变法，京朝官优给月薪，科举虽废，高级学校相继立，负籍来者尤众，以故京师书业甲全国。辛亥以还，达官武人豪于资，雅慕文墨，视蓄书亦为挥霍之一事。而海外盛倡东方文化，自大学图书馆以逮私人，所需无限量，就地之书不足给，于是搜书之客四出。①

庚子事变，很多人家贱卖其书；辛亥初年，书价大涨；到了武昌起义之时，由于战乱再起，书价大跌。书价的起落与社会的治乱有密切的关系。尽管晚清至民国时期，社会动荡，战乱频繁，但书肆越来越活跃。很多官僚贵族家庭没落，他们的藏书进入市场，成为文人士子，甚至普通民众可以看到、购买的商品，这对于文化的传播无疑是好事。

---

① 孙殿起：《琉璃厂小志》，上海书店出版社，2011，第10~11页。

2. 文人雅集之地

宣南地区是文人荟萃之地,很多读书人在闲暇之余,或是会聚三五好友品茗聊天,或是集聚社会名流开展文化交流,文人雅集成为他们非常重要的社交娱乐活动。在宣南地区也形成了一些文人雅集的场所,陶然亭就是其中最具代表性的休闲之地。陶然亭位于北京永定门内的先农坛以西,其名字取自白居易诗"更待菊黄家酿熟,与君一醉一陶然"[1]。吴庆坻《蕉廊脞录》记:

> 京师陶然亭在黑窑厂南慈悲庵内,康熙间江郎中藻所建,取白香山诗"更待菊黄家酿熟,与君一醉一陶然"之句以名之,又名江亭,士大夫谯集胜地也。曹习庵学士诗"穿荻小车如泛艇,出林高阁当登山",情景最合。庵内有辽寿昌五年、金天会九年石幢各一。[2]

汪启淑《水曹清暇录》中也记:

> 城南隅旧有慈悲庵,届乎南厂之中,地洼,故饶芦苇,在处野水沧漪。康熙丁亥岁,工部郎官江藻监督琉璃窑时,偶游其地,乐之。为重修葺,增建高亭,额曰"陶然"。春中柳烟荡漾于女墙青影中,秋晚芦雪迷蒙于欸乃斜阳外,颇饶野趣,甚得城市山林之景。[3]

至道光年间,陶然亭已经有百年历史,无数文人墨客登临觞咏,"坐对西山,莲花亭亭,阴晴万态。亭下之菰蒲十顷,新水浅绿,凉风拂之,坐卧皆爽"[4],并最终成为陶然亭景区。这里环境优雅,景色优美,更为重要的是,它坐落于宣南附近,交通非常便利,成为文人雅集首选之所在。《天咫

---

[1] 白居易:《与梦得沽酒闲饮且约后期》,载《白居易集》,凤凰出版社,2006,第301页。
[2] 吴庆坻:《蕉廊脞录》,张文其、刘德麟点校,中华书局,1990,第67页。
[3] 汪启淑:《水曹清暇录》卷十一,北京古籍出版社,1998,第171页。
[4] 张之洞:《顺天府志》卷十六,清光绪十二年刻,十五年重印本,第534页。

偶闻》说："宣南士夫宴游屡集，宇内无不知有此亭者。其荒率之致，外城不及万柳堂；渺弥之势，内城不及积水潭，徒以地近宣南，举趾可及，故吟啸遂多耳。"①

3. 梨园聚集之地

乾隆年间，三庆、四喜、和春、春台四大徽班先后进京，拉开了京剧的序幕，从此各地剧团争相进京献艺。北京的剧坛，逐渐形成了弋阳腔、昆腔、秦腔、皮黄等争奇斗艳的局面。由于慈禧太后喜爱皮黄戏，光绪年间，一些优秀演员被选入宫中做教习，教宫中太监做戏。但是宫内太监的表演远远不能满足慈禧太后等皇室成员观戏的需求，因而光绪十九年开始遴选外面的戏班子进宫表演，到了1900年之后更是挑选名伶进宫供奉，并形成成例。在宫廷和民间的双重作用下，皮黄戏不断发展提高，最后成为京剧，并取代昆曲成为剧坛盟主。《清稗类钞》记载：

> 皮黄盛于京师，故京师之调为尤至。贩夫竖子，短衣束发，每入园聆剧，一腔一板，均能判别其是非。善则喝彩以报之，不善则扬声以辱之，满座千人，不约而同。②

这些梨园行的名伶多居住在宣南地区，大栅栏更是京剧胜地。"同光十三绝""四大名旦""四大须生"都曾经生活在大栅栏，很多著名的戏园子如广和楼、天乐园大戏楼等都在大栅栏附近，宣南地区京剧的繁荣可见一斑。胡思敬《国闻备乘》记载"京师梨园"：

> 京师人好听戏，正阳门外戏园七所，园各容千余人。以七园计，舍业以嬉者，日不下万人。子弟中最负盛名者曰汪桂芬、谭鑫培。鑫培每入场，座客各增百钱，一日鬻技过百金，私宴酬赠尤多。桂芬声价出鑫

---

① 震钧：《天咫偶闻》，北京古籍出版社，1982，第158页。
② 徐珂编撰《清稗类钞》第十一册，中华书局，2010，第5016~5017页。

培右。癸巳顺天乡试，同门诸友宴大学士裕德于湖广馆，遣使赍八十金相约，己诺之矣。裕德闻有桂芬，终宴不疲。待至四鼓，促请络绎载道，竟不至，举座为之素然。[①]

正阳门外的戏园子不仅数量众多，而且可以容纳近千人。众多名角在此处表演，声价很高，还有后起之秀不断出现，成为京剧的中坚力量。这一时期北京的戏剧繁荣达到了顶峰。

4. 民间文化的汇聚之地

坐落于珠市口之南、永定门以北的天桥是京城民间艺术的杂居之地。这里的艺人多采用卖艺的形式，表演的形式也多种多样，有相声、杂耍、说书、说唱等各种技艺，他们被称为"天桥艺人"。这些艺人地位低下，不仅为达官显贵所歧视，甚至连其他的艺人也轻视他们。但是他们能够接触到底层民众，也能够表现市民生活的真实样态，成为研究北京文化不可忽略的一部分。

总之，由于历史原因和统治者的刻意安排，传统的北京城中形成了满汉不同的圈层。不同的圈层形成不同的文化习俗和文化特征，而这些圈层之间又不是封闭的，他们相互交流，彼此来往。比如一些居住于内城的旗人经常到外城去购物、看戏等，使得各圈层之间文化得以交融，从而形成了北京的地方特色。

---

① 胡思敬：《国闻备乘》，中华书局，2007，第 53~54 页。

第三章

文献与记忆：
北京文化民间叙事的样本分析

  鸦片战争之后，洋人逐渐进入中国，对整个中国社会，尤其是对天子脚下的北京民众的冲击巨大。第二次鸦片战争之后，英国与法国先后在北京建立使馆，随后又有11个国家在北京东交民巷建立了使馆，东交民巷成为外国使馆的聚集地。随着各国使馆的建立，西方的文化渗透不断加强。传教士也越来越活跃，他们在北京修建和复建了天主教堂；一些传教士以北京同文馆教师的身份从事传教活动，从而发展了一批西方宗教的信徒。在这种背景下，朝野之中产生了"中西学之争"与"夷夏之争"，中外文化对峙的局面开始形成。洋务运动促成了"同治中兴"局面的出现，然而甲午战争的失败再次证明了清王朝的没落是无法单单通过技术进步而改变的。庚子事变将中西方文化对峙的局面彻底打破，有识之士开始反思传统的儒家文化是否适应现代社会的问题。封建王朝的统治岌岌可危，贵族政治摇摇欲坠，市民阶层崛起，成为北京文化的重要特征。在此期间，北京文化进行了多元化的重构，在原有的皇权文化、贵族文化的基础上，民间文化跻身其间，成为北京文化的重要组成部分。新崛起的市民及其所代表的世俗文化，由于其建立在民间文化和世俗文化的丰厚土壤上，因而迸发出了勃勃生机。

第三章 文献与记忆：北京文化民间叙事的样本分析

第一节 双重话语构筑的北京城

在清末民初不足百年的时间里，北京发生了无数次战乱，经历了生灵涂炭。在血与火的洗礼中，北京这座城市变得衰老而残破，但是它依然保持着古都所特有的底蕴；北京百姓历经战火与磨难，但是他们依然保存着质朴的生活态度和可贵的尊严，同时也见证了这座城市的衰落与崛起。

"城市是都市生活加之于文学形式和文学形式加之于都市生活的持续不断的双重构建。"[①] 在历史上，对北京的文学构建一直延续着，很多人以笔记的形式记录着北京独特的风貌，如明代陆容《菽园杂记》、田艺蘅《留青日札》、刘若愚《酌中志》、沈德符《万历野获编》、杨士聪《玉堂荟记》、余继登《典故纪闻》等。《万历野获编》记述了从明初到万历年间的社会生活和人情百态，其中对北京社会生活的记录非常多。《旧京遗事》《春明梦余录》《天府广记》等也记录了明代北京生活的点点滴滴。从这些笔记中可以看到明代北京的生活习俗、城市面貌，当时作为帝都的北京城，其城市生活已经显现出独特的风貌了。

清代这类笔记也非常多。《清代笔记小说大观》中汇集了笔记小说16种。《民国笔记小说大观》中汇集了笔记小说52种。台湾新兴书局编辑的《笔记小说大观》有45编，仅清代和民国期间的笔记就有811种。中华书局2007年版的《历代史料笔记丛刊》中包括了《清代史料笔记丛刊》43种，《近代史料笔记丛刊》64种。其中关于北京城市生活、北京人，以及北京城的历史风云等的记录非常之丰富。

董玥认为："民国时期的许多关于北京的出版物是重印明清时期的地方志以及对民国初年开始的在这座城市身上发生的变化之细节的记录，其中很多以百科全书式的完整记录那些正在不断消失的标志性建筑与地方风俗。民

[①] 〔美〕理查德·利罕：《文学中的城市：知识与文化的历史》，吴子枫译，上海人民出版社，2009，第4页。

俗专家收集民谣和儿歌,导游册子竞相为潜在的游客塑造一个有吸引力的北京形象,隶属于现代教育机构的知识分子在散文中历数自己对北京的印象与体验,老舍等作家将这座城市写入了他们的小说。"[1] 民国时期对于北京历史文献的整理和重印从多重维度为我们提供了理解北京城市生活的样本,为我们研究清末民初时期北京的社会生活提供了丰富的资料,也为我们从不同角度了解那一时代发生的事件、理解大时代中的人物在面对历史抉择时的心态提供了参考依据。

清末民初时期,记录北京风貌和社会生活的史料笔记也非常多。官员、知识分子、普通百姓以及旅居中国的外国人,都曾留下对北京城市的记录和自己对当时生活的感受。诸多的史料、笔记所涵盖的内容丰富多样,既有北京坊巷的布局,也有京城百姓的日常生活,还有重要历史阶段中的北京人和事,以及清代的掌故纪闻。这些重要的资料对于我们了解当时的社会状况,还原真实的历史,具有重大的作用。

在这些历史书写中,"北京自然没有呈现为一个有着持续统一的历史的同质的地方,而是显现为一个由不同的时间和空间相互作用而定义的城市。北京既被当作一个私人的、个体的故事,又被描绘成集体的传说;它既被表现为独特的地方文化,又是民族国家历史的一个组成部分"[2]。北京文化在经历了漫长历史过程后,被多重解读和重构。今天,我们再去还原那段历史,还原那些历史中的人物的时候,我们既要具有严谨科学的态度,同时也要保持理解的同情;既要从宏观去观照北京文化的整体样态,又不能忽略具体而丰富的细节;既要对所研究的对象保持热情和兴趣,又要保持清醒与理性,从而全面、深入地理解北京叙事中所展现的北京文化及其所体现的文化精神。

一 北京的城市布局

在清末民初的笔记中,北京这座城市具有双重属性。它既是众所周知的

---

[1] 董玥:《民国北京城:历史与怀旧》,生活·读书·新知三联书店,2014,第263页。
[2] 董玥:《民国北京城:历史与怀旧》,生活·读书·新知三联书店,2014,第264页。

帝都，又是普通百姓赖以生活的家园；它既有城墙拱卫下的宫殿和贵族的别墅，又有充满烟火气息的街巷、胡同。在这座城市里，金碧辉煌的宫殿与朴质蹙窄的民居共生；四通八达的官道与狭窄曲折的胡同并存；巍峨的城墙与风中摇曳的棚户相得益彰。这些看似矛盾的状况和谐地存在于北京这座城市中，在巨大的反差中反映出北京这座城市兼容并包的个性，体现出这座古都的宽容与豁达。

这一时期对北京城进行记录的笔记很多。其中一部分笔记专门记录北京城的布局与建筑，比如朱一新《京师坊巷志稿》、吴长元《宸垣识略》、震钧《天咫偶闻》、缪荃孙等人《光绪昌平州志》、厉宗万《京城古迹考》、孙殿起《琉璃厂小志》，甚至还有日本人冈田玉山编的《唐士名胜图会》等。此外，民国时期徐珂编撰的《清稗类钞》中也有很多关于北京地理的条目，可以作为研究此类问题的参考。这类笔记对北京的城市布局、道路水系、胡同分布、景点名胜的历史，甚至名人故居的变化等所记甚详，成为我们了解当时北京城市风貌的重要资料。其中《日下旧闻考》和《宸垣识略》两书编于清乾隆年间，不在本书研究的范围之内，但是这些笔记留存的资料被后来的笔记吸收和继承，因而这两种笔记的影响到晚清和民国时期一直都存在。

朱一新在《京师坊巷志稿》的序言中说：

> 京师坊巷，大氐袭元明之旧，琐闻佚事，往往而在。若其规制之沿革，习俗之隆窳，民生之息耗，则又考古镜今者之渊海矣。顾方志漏略，靡所取材，昔贤纂著，散而无纪，爰钩考其言之雅驯者，述为斯篇，或里语流传，著于众口，而载籍无所征者，则阙之，避不敏也。牙署寺观，各有颛门，标其纲要，补其阙遗，抑亦志地者所不废。若闾巷丛祠，王侯甲第，郡国计车之所萃，寓公篇咏之所传，闲涉繁芜，要关掌故，略仿宋氏长安志例，悉加甄录。惟流连景光之作，概无取焉。[①]

---

① 朱一新：《京师坊巷志稿》，载张爵、朱一新《京师五城坊巷胡同集　京师坊巷志稿》，北京古籍出版社，1982，第23页。

这篇序言说明了他编订本书的初衷、选取材料的方法以及该书体例结构的依据。本书从"坊"写起，主要是晚清皇城内的中西坊、中东坊、朝阳坊、崇南坊、东南坊、正东坊、关外坊、宣南坊、灵中坊、日南坊十个坊。接着又写到了各个街道以及街道中非常重要的胡同。《京师坊巷志稿》中共记录了胡同2077条，比明代《京师五城坊巷胡同集》中记的北京内外城1170条胡同多了近1000条，而且记录了胡同中的水井、寺庙等与百姓生活密切相关的城市建筑。

这一时期同样记录北京城格局的还有《天咫偶闻》，它的作者震钧是满族人，光绪朝进士。他对北京的地理掌故、生活习俗非常熟悉，因而《天咫偶闻》对于北京城市结构的变迁、地名的沿革等记录甚详。

在北京城中，皇城是皇帝、贵族生活之地，基本上沿袭明代旧制，太和殿、坤宁宫、乾清宫等宫殿，西华门、东安门等地，是皇室和贵族举办各种奠仪的场所，御门之典、大朝筵宴、皇帝大婚、春秋试等活动，都在这里举办。这里还是皇宫府库的所在地，比如西十库是明正统年间建立的，康熙中期被封禁，到晚清时库中还储存着许多东西，但由于动荡的时事，当时已经无人问津了。雪池冰窖最初是为皇家和官员保存冰块的府库，后来逐渐面向普通人售卖冰块。乐部在西安门内，是管理国家音乐的官署。六部官廨在南城，是六部办公的地方。南城最具代表性的地点是堂子，"在东长安门外，翰林院之东，即古之国社也，所以祀土谷而诸神附焉"①，是满族人重要的祭祀场所。贡院在东城：

> 贡院，在城东南隅，明因元礼部基为之。其制：南向大门五楹，门外树绰楔三，中曰天开文运。东曰明经取士。西曰为国求贤。外又为缭垣，开门四，谓之砖门。大门内为二门，亦五楹。再内为龙门，由甬道过明远楼下，直达至公堂。②

---

① 震钧：《天咫偶闻》，北京古籍出版社，1982，第21页。
② 震钧：《天咫偶闻》，北京古籍出版社，1982，第47页。

贡院是科举考试的重要场所。贡院附近有很多胡同，每年科举考试时，这里的胡同成为考生们租住之地：

> 每春秋二试之年，去棘闱最近诸巷。西则观音寺、水磨胡同、福建寺营、顶银胡同，南则裱褙胡同、东则牌坊胡同，北则总捕胡同，家家出赁考寓，谓之状元吉寓，每房三五金或十金，辄遣妻子归宁以避之。①

除了贡院，顺天府学亦设于东城的府学胡同。总理各国事务衙门在东城的东堂子胡同，是已故大学士赛尚阿的府第。下设英、法、美、俄等各股，股员以六部司员充当，是清代处理与各国事务的主要机构。晚清随着与各国事务的增多，总理各国事务衙门的责任就更加重大了。神机营设于此地的煤渣胡同，最初也颇为繁盛，八旗京官争相投效。庚子事变后神机营被取消，煤渣胡同又设立了海军衙门，后又在此建立了法政学堂。东城还有造币局——宝泉局在北新桥南大街，隶属户部。城内的京仓北有北新、海运，南有富新、南新、舆平、旧太，这些仓库都设在朝阳门北，禄米仓则设在朝阳门以南。这些重要机构部门的设置和取消，说明了晚清时期的社会变迁。有些机构和部门已经失去了价值，也就取消了，而有的部门却越来越重要了。

此外，笔记中还记录了一些重要的历史遗迹和名人故居，对于了解这一时期北京的城市样态，具有重要的历史参考价值。

二 京城的水系

北京城是世界唯一的一座没有河流贯穿的国际大都市。但是北京的水系并不匮乏。随着大运河的贯通，京城的水系更加发达。比如地安门桥西有水局：

---

① 震钧：《天咫偶闻》，北京古籍出版社，1982，第53页。

> 自地安门桥以西，皆水局也。东南为十刹海，又西为后海。过德胜门而西，为积水潭，实一水也，元人谓之海子。宋聚词所谓"浅碧湖波雪涨，淡黄官柳烟蒙"者也。然都人士游踪，多集于十刹海，以其去市最近，故裙屐争趋。长夏夕阴，火伞初敛。柳荫水曲，团扇风前。几席纵横，茶瓜狼藉，玻璃十顷，卷浪溶溶。菡萏一枝，飘香冉冉。①

京城的水系彼此相通，十刹海、后海、积水潭，在元代大运河贯通时，就是著名的水系。其中有著名的庆丰闸：

> 二闸，即庆丰闸也。其水上源城河，下接通州白河。水不甚广，而船最多，皆粮艘、剥船也。由京至通，来往相属，行人亦赖之。冬月则有拖床，冰行尤便。②

二闸是通惠河上修筑的五道闸中的第二个。通惠河两岸水草丰盛，树木葱茏，二闸附近也是当时游人的聚集之地：

> 都城昆明湖、长河，例禁泛舟。十刹海仅有踏藕船，小不堪泛，二闸遂为游人荟萃之所。自五月朔至七月望，青帘画舫，酒肆歌台，令人疑在秦淮河上，内城例自齐化门外登舟，至东便门易舟，至通惠闸。外城则自东便门外登舟。其舟或买之竟日，到处流连。或旦往夕还，一随人意。午饭必于闸上酒肆。小饮既酣，或徵歌板，或阅水嬉，豪者不难挥霍万钱。夕阳既下，箫鼓中流，连骑归来，争门竞入，此亦一小销金锅也。③

京城的水系发达，不乏水景。东城有鱼藻池，先农坛以西有野凫潭，

---

① 震钧：《天咫偶闻》，北京古籍出版社，1982，第85~86页。
② 震钧：《天咫偶闻》，北京古籍出版社，1982，第185页。
③ 震钧：《天咫偶闻》，北京古籍出版社，1982，第184页。

"先农坛之西,野水弥漫,荻花萧瑟。四时一致,如在江湖,过之者辄生遐思"①。京城南部的南海子,在清代是神机营驻扎地。八里庄之西的十里河,又叫作萧太后运粮河。广宁门外石路南有南河泊,俗称莲花池:

> 有大池广十亩许,红白莲满之,可以泛舟,长夏游人竞集。厰榭三间,一水回折,八窗洞开。夕照将倾,微风偶拂。扁舟不帆,环流自远。新荷点点,苗水如然。浓绿阴阴,周回成幄。浊酒微酣,清兴不竭,于此间大有江湖之思。故宣南士大夫趋之若鹜,亦粉署中一服清凉散也。②

这些河流不仅为北京提供了丰富的水资源,也是风景优美的游赏之地。河岸上游人如织,河里游船徜徉,夕阳斜照,绿树成荫,美不胜收。

历史上的北京城不仅不缺少水,还经常发生水患:

> 光绪丁亥七月,京东大水,通州水几冒城。自是无岁不水,官绅赈灾者,趾踵相错,而以庚寅为最甚。京师自五月末雨至六月中旬。无室不漏,无墙不倾。东舍西邻,全无界限,而街巷至结筏往来。最奇室无分新旧,无分坚窳,无弗上漏旁穿,人皆张伞为卧处。市中苇席油纸,为之顿绝。东南城贡院左近,人居水中。市中百物腾贵,且不易致,蔬菜尤艰,诚奇灾也。③

水患经常发生,危及了百姓的生命财产。与水患相继而来的是物价上涨,百姓生活困难。这时候有京城的百姓挺身而出,互相救助,而官府治水工作并没有取得应有的功效。

---

① 震钧:《天咫偶闻》,北京古籍出版社,1982,第157页。
② 震钧:《天咫偶闻》,北京古籍出版社,1982,第194页。
③ 震钧:《天咫偶闻》,北京古籍出版社,1982,第191页。

三 京城的寺庙

北京的寺院有不同的称谓，庙、寺、庵、祠、观、禅林、堂等都是寺院的不同说法。在北京的四九城以及郊外的诸多地区，有很多历史悠久的、重要的寺庙。东城有法华寺、智化寺、隆福寺、大佛寺、崇元观等；地安门街西有火神庙、隆善护国寺等；西城有都城隍庙、鹫峰寺、卧佛寺；外城有天庆寺，寺东南有药王庙，还有姚斌关帝庙、法藏寺、夕照寺、龙泉寺、南台寺、崇效寺、法源寺、般若寺、善果寺、西黄寺、慈云寺等。韩书瑞（Susan）统计：

> 明代北京寺院的数量以一个逐渐加快的速度建增。据我所知，位于城北的寺院的数量从1401年的41座增加到1550年的236座。其他100座寺庙是在南城被城墙围起来的时候增加的，我所统计的总数16世纪90年代达到峰值，约180座，在明朝最后的几年里稳定地保持在430座。随着清代城市人口增长，这些寺院的数量每隔十年都会增加10座或20座，城墙里面的寺院从1644年的440座增加到1800年的636座；在19世纪，寺院增长的速度较为缓慢，我所能统计到1880年的只有700座寺院。总之，从1400年到1900年，北京包括郊区在内有档案记载的寺院超过2500座。[1]

这里统计了明清时期寺庙的数据，而震钧则详细地记录了这些寺庙的状况。比如，《天咫偶谈》记载："太平宫，在东便门内，庙极小。"[2] 其中的"太平宫碑"是乾隆时期的，至今仍保留着。蟠桃宫每年三月初一到初三有大规模的庙会活动。崇效寺在北京西城区白纸坊，从唐代开始兴建寺庙，宋、元时期香火不断，元顺帝时重建，赐名崇效寺，明代重修藏经阁。崇效

---

[1] 〔美〕韩书瑞：《北京：公共空间和城市生活（1400—1900）》，孔祥文译，中国人民大学出版社，2019，第20页。
[2] 震钧：《天咫偶闻》，北京古籍出版社，1982，第153页。

寺后僧塔周围有千棵枣树,因而"崇效寺,俗名枣花寺,花事最盛"①。

东岳庙是华北地区最大的道观之一,兴建于元延祐六年(1319年),潘荣陛《帝京岁时纪胜》记东岳庙:

> 朝阳门外二里许,延祐中建庙以祀东岳天齐仁圣帝。明正统中,改拓其宇,两庑设地狱七十二司,殿后为穿堂寝殿。②

东岳庙建成后,明、清多位皇帝赐资修建,规模宏大,因其神像多、碑刻多、楹联匾额多,因而有"三多"之称。东岳庙很受百姓崇拜,每月定期有庙会活动,"惟于五月朔至八月设庙,百货充集,拜香络绎。至于都门庙市,朔望则东岳庙、北药王庙"③。

慈云寺位于北京朝阳门外,兴建于乾隆年间,清末衰落。《顺天府志》记载:"慈云寺在西安门内街北十库前,旧为天主殿,殿前有修库题名碑又修庙碑记,康熙二十五年改为慈云寺。"④ 慈云寺占地二十亩,寺内供奉着毗卢佛、旃坛佛、观世音、关帝、达摩等,《天咫偶闻》记载:"慈云寺,在石道旁,相传为某邸家庙,值谒陵时,其后人尚于此祗候驾临。"⑤

天宁寺在西城区广安门外护城河西岸的天宁寺前街,始建于北魏孝文帝时期,名为光林寺,唐代改称天王寺,明代重修,改称天宁寺。《宸垣识略》记:"天宁寺在广宁门外,元魏孝文帝建为光林寺,隋为宏业,唐为天王,金为大万安,明宣德中修之,名曰天宁,正统中修之名曰万寿戒坛,本朝乾隆二十一年重修。"⑥《天咫偶闻》也记载"天宁寺,其来最古,所谓

---

① 震钧:《天咫偶闻》,北京古籍出版社,1982,第158页。
② 潘荣陛:《帝京岁时纪胜》,载潘荣陛、富察敦崇《帝京岁时纪胜 燕京岁时记》,北京古籍出版社,1981,第17页。
③ 潘荣陛:《帝京岁时纪胜》,载潘荣陛、富察敦崇《帝京岁时纪胜 燕京岁时记》,北京古籍出版社,1981,第22页。
④ 张之洞:《顺天府志》,清光绪十二年刻,十五年重印本,第497页。
⑤ 震钧:《天咫偶闻》,北京古籍出版社,1982,第185页。
⑥ 吴长元:《宸垣识略》,北京古籍出版社,1982,第263页。

元魏之光林寺也。地在金代南城内，古名白纸坊"①。《清稗类钞》中也有"天宁寺"条：

> 京师天宁寺即元魏之光林寺也，地在金代南城内，古名纸坊，寺种树木甚多，春秋佳日游事称盛。②

天宁寺是北京寺庙中兴建较早，保存时间较长的一座寺庙。天宁寺在明清两代多次重修，寺中的天宁寺塔是现存较为典型的密檐式砖塔。乾隆年间的《日下旧闻考》记天宁寺塔的形状：

> 京师天宁寺塔建于隋开皇末，规制特异，实其中，无阶级可上。盖专以安佛舍利，非登览之地也。其址为方台，广袤各十二丈，高可六尺，缭以周垣。南北有门，镝之。台上为八觚坛，高可四尺，象如黄琮，塔建其上，觚如坛之数。塔之址略如佛座，雕刻锦文华葩鬼物之形。③

天宁寺塔的特异之处在于：

> 京师天宁寺塔，殿门阁处观之，其影倒悬，人以为异。④

天宁寺塔倒影在大士殿，日方中，阖殿中门，日入门罅，塔全影倒现石上。⑤ 有人解释这是一种物理现象：物影从小孔中进入而被束缚，物影因受到阻碍而倒置。无论是设计者有意为之，还是无意巧合，天宁寺塔的倒影成

---

① 震钧：《天咫偶闻》，北京古籍出版社，1982，第195页。
② 徐珂编撰《清稗类钞》，中华书局，2010，第218页。
③ 于敏中等编纂《日下旧闻考》卷九一《郊坰》，北京古籍出版社，1985，第1545页。
④ 于敏中等编纂《日下旧闻考》卷九一《郊坰》，北京古籍出版社，1985，第1544页。
⑤ 于敏中等编纂《日下旧闻考》卷九一《郊坰》，北京古籍出版社，1985，第1544页。

第三章 文献与记忆：北京文化民间叙事的样本分析

为京城的一道奇观，为这座寺庙增添了亮丽的色彩。

与天宁寺相比，白云观更为有名。至今白云观依然是北京著名的道教圣地。白云观在北京西便门，是道教全真派道观，始建于唐代，时称天长观，"白云观，元之长春宫也。昔在城中，今则为城外巨刹，犹可冠京师"①。白云观的历史悠久，《顺天府志》记载：

> 白云观，唐天长观旧址，在西便门外一里许，观旧为唐天长观，金明昌三年重建，泰和三年改为太极宫，元太祖丁亥改为长春宫，为元长春真人丘处机藏蜕所也，其弟子尹志平建观为宫之东墟，号曰白云。明洪武二十七年太宗居潜邸时重修。国朝乾隆二十一年重修，今观内前殿设灵官像，其右为儒仙之殿，其东殿设张三丰像，次为七真殿，次为丘祖殿，塑丘真人像，都人于正月十九日致醻祠下，谓之燕九节。典后玉皇阁，明建殿外为配殿。②

白云观历经了岁月的淘洗，经历了诸多的历史变迁，屡经丧乱，依然保存着自己独特的面貌，成为京城最为著名的道观。

《清稗类钞》是民国时期徐珂编撰的清代掌故逸闻汇编，其对北京城的记述具有总结性：

> 京师在直隶省，别之曰顺天。居白河之西，分内外二城，外城七门，周三十八里（有琉璃窑，其附近有琉璃厂）。内城九门，在外城之北，周四十里，皇室在焉。国子监在城东北隅，中贮石刻经文及周时石鼓。城东南有观象台，高十丈，仪器皆备，又有各国使馆。内城之中曰皇城，周三千六百余丈，皇城之中曰紫禁城。西华门之西通皇城南北曰西苑，中分南北中三海。神武门北有景山，煤石所成，颇高峻，其上有亭台。③

---

① 震钧：《天咫偶闻》，北京古籍出版社，1982，第198页。
② 张之洞：《顺天府志》，清光绪十二年刻、十五年重印本，第545页。
③ 徐珂编撰《清稗类钞》第一册，中华书局，2010，第57页。

这里对清末北京城结构、内外城布局等记述得简洁而清晰，对于我们了解北京城大的格局很有帮助。

四 京城的习俗

北京文化是在融合了贵族文化与市民文化的基础上，又融入其特殊的地理环境等诸多因素所形成的南北文化杂糅的独特的文化。长期以来，京城百姓拥有自己独特的语言、文化习俗，他们在衣着、居处，以及待人接物等方面都表现出特异之处。

（一）饮食

京城的饮食以北方食物为主，夏仁虎《旧京琐记》对京城的饮食习惯进行了较为详细的概括：

> 饮食以羊为主，豕佐之，鱼又次焉。
> 饭以面为主体而米佐之，本京人多喜食仓米，亦谓之老米。盖南漕入仓则一经蒸变即成红色，如苏州之冬籼然，煮之无稠质，病者为宜。
> 蔬果之属以先时或非时为贵，香椿、云豆、菱藕之类皆是也。①

京城的饮食延续了满族人的习惯，喜欢吃烤肉。然而又不单纯吃羊肉，猪肉、鱼肉也是饮食的一部分。以面食为主，这是北方人的共同特征，但也吃米饭，北京人喜欢吃陈米。果蔬则以本地出产的果蔬为主。

（二）服饰

《清稗类钞》说："服饰，章身之具也。《汉书》云：五威将乘《乾》文车，驾《坤》六马，背负鹥鸟之毛，服饰甚伟。"② 说明服饰之重要性。《清稗类钞》对中国服饰发展进行了总结，对清代各类人，上至皇帝、皇后，下至各省百姓，以及不同民族的服饰进行了介绍，从中可以看出清代服

---

① 夏仁虎：《旧京琐记》，载《旧京遗事 旧京琐记 燕京杂记》，北京古籍出版社，1986，第38~39页。
② 徐珂编撰《清稗类钞》第十三册，中华书局，2010，第6126页。

饰的多样性。在清朝统治近 300 年的时间里，北京人的服饰受到旗人服饰的影响，在穿衣习惯上形成了独特的习俗。《旧京琐记》总结北京人穿着习惯说：

> 衣着之宜，旧家必衷礼法，谓之款式，亦曰得样。大抵色取其深，以尘土重，浅色不耐涴也。非京式者谓之怯，近奇邪者谓之匪，人皆非笑之。士夫长袍多用乐亭所织之细布，亦曰对儿布。坚致细密，一袭可衣数岁。外褂则多为江绸，间用库缎。文锦记者，良绸皆团花，初用暗龙，后乃改用拱璧、汉瓦、富贵不断、江山万代之类。马褂长袖者曰卧龙袋。有中作半背形而两袖异色者，满人多著之。半背曰坎肩，其前襟横作一字式者曰军机坎，亦有用麂鹿皮者。仕宦平居多著靴，嫌其底重，乃以通草制之，亦曰篆底，后乃改为薄底，曰军机跑。便帽曰秋帽，以皮为沿者曰困秋，中浅而缺者曰兔窝，软胎可折叠入怀者曰军机六折。大抵满官研究衣著，每解衣则零星佩饰摊满一案，汉官则否。①

这段总结虽然简短，大致可以看出北京男性以及官员服饰的基本特点和要求。徐珂《清稗类钞》指出："男女服饰，截然不同，大率男朴女华。"② 京城女性的服饰显然要比男性华丽一些：

> 妇女衣裙，颜色以年岁为准。金绣浅色之衣，唯新嫁娘或闺秀服之，一过妙龄，即以青、蓝、紫、酱为正宗矣。衫袖腋窄而中宽，谓之鱼肚袖，行时飘曳，亦有致。后乃慕南式而易之，则又紧抱腕臂，至于不能屈伸。旗、汉装无不绑腿者，以地气寒也，其带则平金绣花，争奇斗靡。棉袴则秋深已著，春尽始去，殊损裊娜之致。庚子后渐同南化，

---

① 夏仁虎：《旧京琐记》，载《旧京遗事 旧京琐记 燕京杂记》，北京古籍出版社，1986，第 39 页。
② 徐珂编撰《清稗类钞》第十三册，中华书局，2010，第 6126 页。

然本质不易也。①

女性的衣着颜色和样式虽有变化，但是保存了一些基本穿着习惯，妙龄女子与上年纪的妇女对服饰颜色的要求有所不同。

（三）住宅

提到京城的住宅，人们马上就想到了"四合院"，这是北京最具代表性的住宅形式，长期以来其形成了固定的形制：

> 京师屋制之美备甲于四方，以研究数百年，因地因时，皆有格局也。户必南向，廊必深，院必广，正屋必有后窗，故深严而轩朗。大家入门即不露行，以廊多于屋也。夏日，窗以绿色冷布糊之，内施以卷窗，昼卷而夜垂，以通空气。院广以便搭棚，人家有喜庆事，宾客皆集于棚下。正房必有附室，曰套间，亦曰耳房，以为休息及储藏之所。夏凉冬煖，四时皆宜者是矣。②

典型的四合院格局庞大，形制完备，前屋后窗，高棚深廊，显然这是富贵人家的格局，而中下层百姓的住宅则没有这样的气派：

> 中下之户曰四合房、三合房。贫穷编户有所谓杂院者，一院之中，家占一室，萃而群居，口角奸盗之事出焉。然亦有相安者，则必有一人焉，或最先居入，或识文字，或擅口才，若领袖然。至于共处既久，疾病相扶，患难相救，虽家人不啻也。③

---

① 夏仁虎：《旧京琐记》，载《旧京遗事　旧京琐记　燕京杂记》，北京古籍出版社，1986，第39~40页。
② 夏仁虎：《旧京琐记》，载《旧京遗事　旧京琐记　燕京杂记》，北京古籍出版社，1986，第40页。
③ 夏仁虎：《旧京琐记》，载《旧京遗事　旧京琐记　燕京杂记》，北京古籍出版社，1986，第40~41页。

第三章 文献与记忆：北京文化民间叙事的样本分析

中下等人的住宅不仅小，还杂居一处，因而吵架、奸盗等事件不可避免。但是北京百姓善良的本性使得即使很多人杂居一处，患难之时也能互相救助，形成胜似亲人的关系。

事实上，细究起来京城内城与外城的屋宇建筑还是有些差异的，徐珂《清稗类钞》中这样记载：

> 京师内城屋宇，异于外城。外城参仿南式，庭隘而屋低，内城不然，门或三间，或一间，巍峨华焕。二门以内必有听事，听事后又有三门，始至内眷所住之室，俗称上房，其巨者略如宫殿。大房东西必有套房，曰耳房，左右有东西厢，必三间，亦有耳房，名曰盝顶。或从二门以内，即以回廊接至上房，其式全仿王公邸第。盖内城诸宅多明代勋戚之旧，及入国朝，而世家大族乃又互相仿效，所以屋宇日华。①

清代早期外城住的人多为汉民，还有一些南来的官员，因而外城的住宅多是南式民宅的样式。而内城中保留了很多明朝故勋公卿的旧宅，本身就比较豪华，清人皇族贵戚等接手这样的房子，更增其华；很多世家大族又争相模仿，因而内城的房屋相对宽敞华丽。此外，京城的房屋建筑有自己的建筑模式，这是北京所独有的：

> 京师建筑屋宇，其定方无用正子午线者，虽皇宫亦必略斜。俗传正阳门城西数武埋有石兽，地安门外桥下有石猪，即为京师之正子午线。②

晚清北京房屋的转换率很高，有很多房屋几经转手，物是人非，说明当时京城人事变动之快，社会动荡之剧烈：

---

① 徐珂编撰《清稗类钞》第一册，中华书局，2010，第186页。
② 徐珂编撰《清稗类钞》第一册，中华书局，2010，第186页。

> 京师宣武门外菜市口北之铁门，其地有兵马司署及文昌歌院，向传居此不利，自归安姚文僖卜居后，数十易主。后乔松年河督修葺之，题门额曰"千年铁门限"，盖欲为久居之谶也。然不两年，乔由仓场侍郎外授，胡左都继之，一年即贬官，徐寿蘅侍郎、马恩溥阁学皆居此，甫逾年，徐丁忧，马出为江苏学政，即卒，此皆三年中事也。所谓三年者，即同治壬申、癸酉、甲戌也。越数年，而司署、歌院皆不存，姚、乔旧居亦土木屡改，不可复识矣。①

世事无常，没有千年的铁门槛，北京的房屋几经易主，旧居面目全非，令人不免有沧海桑田之慨。

清末民初的北京城既是达官贵人云集的地方，也是普通百姓的生活场所。由于皇室和贵族在此居住，北京保留了宫廷礼仪及生活方式，并传诸民间；同时百姓的日常生活、风俗习惯，又为北京城打上了鲜明的市民烙印。在这种双重文化特色的影响下，北京的日常生活体现出不同于其他城市的特色。北京城是一个叠合着皇室生活和普通百姓生活的双重的城市，宫廷与百姓之间既有着壁垒，在某些层面又有所重合。比如皇家寺庙外面的庙市通常是普通百姓的生活区域，而宫城和皇城中也活跃着普通百姓的身影，这种双重性是北京这座城市最具特色之处。

第二节　北京小说的文学想象

清末民初是一个特殊时代，它联结着"世纪末"与"世纪初"，既有旧时代的遗存，也有新生事物产生。李欧梵指出晚清"小说中的各种细节和人物——有的新，有的旧——愈来愈多，几乎在几十回的叙述架构中容纳不下。晚清小说本来就依附于各种小说杂志的连载，各章节有时自成一体，此起彼落，连接得很勉强，随时遭到腰斩，结构不可能完整。这一切都构成晚

---

① 徐珂编撰《清稗类钞》第一册，中华书局，2010，第189页。

清小说的局限性。然而，吊诡的是，这种局限并不一定是限制，有时反而构成一种'解放'，甚至可把传统小说的结构推到极限"①。在现实与历史的交汇中，这一时期的小说无论从内容还是形式上都显现出新的特征。

一 清末民初白话小说之产生

（一）清末民初白话小说产生之背景

戊戌变法失败之后，梁启超在"诗界革命""戏曲界革命"之后，提出了"小说界革命"，提倡以新小说来改良社会，开启民智。1902年梁启超在《小说与群治之关系》中呼吁重视小说对社会民众的作用。"今欲改良群治，必自小说界革命始，欲新民，必自新小说始。"② 他认为小说对于革新社会、影响民众都有巨大作用，并且大声疾呼：

> 欲新一国之民，不可不新一国之小说。故欲新道德，必新小说。欲新宗教，必新小说。欲新学艺，必新小说。乃至欲新人心，欲新人格，必新小说。③

确认了小说之功用，肯定了小说之价值。小说影响人的生活观念和价值取向，小说在反映社会生活、唤醒民众意识方面具有独特的作用，在塑造民众的人格、精神方面具有极为重要的价值，

梁启超所提倡的"小说界革命"在文坛掀起了巨大的影响。这一时期出现很多反映社会现实的小说，"论到晚清小说，经常都是举李伯元《官场现形记》、吴趼人《二十年目睹之怪现状》、刘铁云《老残游记》、曾孟朴《孽海花》"④。这些小说真实地反映了晚清的社会现实，作者试图通过小说

---

① 李欧梵：《帝制末日的喧哗——晚清文学重探》，载王尧、季进编《下江南——苏州大学海外汉学演讲录》，复旦大学出版社，2011，第121页。
② 梁启超：《小说与群治之关系》，《新小说》1902年第1号。
③ 梁启超：《小说与群治之关系》，《新小说》1902年第1号。
④ 阿英：《晚清小说史》，江苏文艺出版社，2009，第8页。

唤醒民众，改良社会。知识界的呼吁与小说作家的创作极大地影响到了北京白话小说的发展。

清末民初的北京小说与白话报纸有密切的关系。北京的白话报纸产生于庚子年之后。庚子事变八国联军进入北京后，在帝后西狩、被迫议和、割地赔款等一系列事件的影响下，要求国家自强自立的呼声越来越高涨，开启民智、振兴教育成为当时国民中有识之士挽救国家危亡的重要手段。他们开始了办报活动。北京地区先后兴办了《京话报》《公益报》《北京日报》《顺天时报》《中华日报》《北京女报》《京报》《正宗爱国报》等白话报刊。这些报刊兴办的目的是"专为开民智，消隐患起见"，"以期引人入胜，而劝化感格于无形之中，庶于世道人心不无小有裨益"①。这些报纸的受众群体基本上是底层百姓，他们识字不多，文化水平有限，经济条件也不好。为了吸引这些读者，这些报纸也想尽了办法，《京话日报》发刊词说：

> 本馆同仁，很想借这报纸，开通内地风气，叫人人都知道天下的大势。怎奈办了多少年，风气总不能大开，报的销路仍不见广……因此又想了一个法子，决计用白话作报，但能识几个字的都看得下去，就是不识字，叫人念一念，也听得明白，并且赔本贱卖，每张只收三个当大钱（外埠加邮费），这三个大钱，譬如买了一块糖，吃了一根纸烟，便可以买这张报……诸位试想想，每天坐在家里，只花上三个大钱，便把外面的事情，通身全知道了，岂不是个极便宜的事吗？还有一层，女眷小孩们，不能时常出门，不知道外边情形，要看了这个报，一概都能知道，还可以借此多认识几个字，文理慢慢的就通了。但愿人人都能看报，做报的赔钱折功夫，也是心甘情愿。②

除使用白话和降低报纸售价以外，在报纸上刊登小说也是吸引读者的重

---

① 《京话报》1903年第1期。
② 《做京话日报的意思》，《京话日报》第一号，1904年8月26日。

要手段：

> 迫至如今，几成一种惯例，仿佛没有小说，就不成为白话报，并于销路上，亦颇生窒碍。[①]

京城的报纸本是报人为了宣传新思想而创办的，在发行过程中白话小说成为报纸畅销的重要因素。这一时期创办的白话报刊有170余种，其中京津地区有几十种，北京较有代表性的报纸有27种。[②]《京话日报》《白话国强报》《公益报》《正宗爱国报》《益世报》《顺天时报》《进化报》等较有代表性的白话报，也是白话小说刊载的重要载体。一大批白话小说家如蔡友梅、文实权、徐剑胆、王冷佛、杨曼青、文子龙、穆儒丐等，以白话报纸为阵地，发表了大量的白话小说。

（二）清末民初白话小说之数量

清末民初是中国小说创作的繁荣期，这一时期小说的数量非常多。阿英《晚清戏曲小说目》统计，清末十余年间创作的小说有478种，翻译小说有627种，共计1105种。樽本照雄《清末民初小说目录》（清末小说研究会1988年版）统计清末民初创作的小说有5359种，翻译小说有2567种，合计7926种。樽本照雄《新编清末民初小说目录》（清末小说研究会1997年版）统计，清末民初创作的小说为11040种，翻译小说为4974种，共计16014种。刘永文《晚清小说目录》统计"期刊小说目录1141篇，日报小说目录1239篇，共2380篇。而单行本小说目录所登录的2593篇"[③]；《民国小说目录（1912—1920）》统计"期刊小说目录6022篇，日报小说目录9466篇，共15488篇"[④]。不算单行本小说，刘永文统计的晚清民国小说共

[①] 剑胆：《文字狱》，载于润琦主编，程敏、杨之锋编《清末民初小说书系·社会卷》，中国文联出版公司，1997，第900页。
[②] 于润琦：《清末民初北京的报馆与早期京味小说的版本》，《中国现代文学研究丛刊》2000年第4期。
[③] 刘永文编《晚清小说目录》"说明"，上海古籍出版社，2008，第2页。
[④] 刘永文编《民国小说目录（1912—1920）》"说明"，上海古籍出版社，2011，第1页。

计17868篇，数量非常之大。这些小说包含各个种类，但与后来现代文学中的新小说并不相类，它们基本上保留了中国古典白话小说的形式，其思想也较为庞杂。刘永文《晚清小说目录》统计，晚清时期北京地区刊载白话小说的报纸包括《京话日报》《爱国白话报》《正宗爱国报》《白话捷报》《实事白话报》《北京白话报》《小公报》《实报》等多家报纸，其中以《京话日报》《爱国白话报》《北京白话报》等登载的小说较多。

二 北京白话小说作家群

随着报纸的发展，清末民初白话小说成为京城小报吸引读者的重要内容。很多的报人在办报的同时，也创作白话小说，因而这一时期涌现出了一批报人小说作家。这些人多为京籍，其中旗人占大多数。他们长期生活在北京，对京城的生活，尤其是京城旗人的生活非常熟悉。他们的小说自觉地践行移风气、启民智的理念，试图通过报纸、小说达到改良社会的目的。其中以蔡友梅、文实权、徐剑胆、王冷佛、杨曼青等人为代表。

（一）蔡友梅

蔡友梅，笔名损、损公、退化、梅蒐、老梅、亦我。曾在《进化报》担任社长，《公益报》任编辑，《白话国强报》《京话日报》《顺天时报》《益世报》等多家报刊的主笔。现存世小说一百多部，分别载于《顺天时报》《益世报》《白话国强报》《京话日报》等报刊，其中最知名的小说为《小额》。在《京话日报》上连载"新鲜滋味"系列小说二十七种，是这一时期非常有影响的小说家。

蔡友梅本名蔡松龄，因爱梅，别号友梅、梅蒐、老梅、遁生。他自己说："记者不够林和靖的资格，我可最爱梅花，家里虽穷，别的不富裕，梅花大小还有二三十盆。两棵顶大的，都是二十多年的老梅，曾记得大女儿弥月的时候，我由隆福寺买的。大女儿今年已然二十三了，其余的那些棵七八年的、五六年的不等。其实梅花最容易培养，只要得着养法，轻易没有个死。每到冬腊之交，寒梅着花，雪晨月夕，伴我枯吟，

第三章 文献与记忆：北京文化民间叙事的样本分析

别有一番清趣。"① 又因他做小说基本上是以劝善助人为目的，常常批判现实，针砭时弊。"记者这门小说，别的不敢夸嘴，敢说干净俐罗，男女可观，虽然沉闷点，多少有点益处；除去爱损人是毛病，我既叫损公吃这碗损饭，不能不损，但是损的那不够资格的人，决不损好人"②，因而又自号为"损""损公"。

蔡友梅为满族正白旗人。祖上蔡世英为清初名臣，官至漕运总督、兵部尚书。其父蔡绥臣袭世职轻车都尉，于山东任职③。其祖母出身于中医世家，因而蔡友梅早年学医，"弟君邻、侄友梅均以医行于世"④，后弃医办报。蔡友梅曾经自述身世：

> 祖父虽然也都做过官，因为不会作官，所以也没留下甚么。但分搂个几百万几千万，何至于我如今昼夜抢笔管子？如今想起来总是命中该当还这宗笔墨债。偶然述及身世，从先是甚么出身，不能不说一说，也不能胡吹，也不能隐讳。我从先没卖过酸枣儿，也没卖过芸豆，何必自己造这宗穷谣言呢？可也不能一来就提家世，说我是四世三公，我又不是袁绍。这不过是偶然提到这里啦，如今落到干这宗招说的营生，就是狗熊打前失——被枷（家）所累，但分从先有点出息，也不至于落到这步天地。⑤

作为清末民初著名的报人、小说家，蔡友梅1907年创办了《进化报》。《北京报纸小史》记载："进化报，设于东单北大街，社长蔡友梅，编辑杨

---

① 蔡友梅：《刘二奎》，载《新鲜滋味》第一册，北京大学出版社，2018，第204页。
② 蔡友梅：《忠孝全》，载张菊玲、李红雨编《清末民初旗人京话小说集萃》第二册，作家出版社，2019，第384页。
③ 李霈《蔡省吾先生事略》：先生讳绳格，字省吾，蔡氏隶汉军旗籍，有清士族，其先任以游击将军率炮营，从袁甲三都帅征洪杨，战殁寿州。世职为先生长兄绥臣所承袭，后以参将官鲁省，即报界闻人蔡友梅之父也。《笔记小说大观》第七编，台北新兴书局，1981，第5304页。
④ 李霈：《蔡省吾先生事略》，载《笔记小说大观》第七编，台北新兴书局，1981，第5304页。
⑤ 蔡友梅：《王遁世》，载《新鲜滋味》第二册，北京大学出版社，2018，第182~183页。

· 105 ·

曼青、乐缓卿、李问山，体裁白话。蔡氏等皆为满族，故其言论新闻，注意在八旗生计问题。"① 该报上连载的长篇小说《小额》就是蔡友梅创作的一部反映旗人生活的小说。这部小说通过小额个人生活的改变，反映了清末民初旗人生活变迁。蔡友梅与著名报人、《京话日报》的创办者彭翼仲交好，他于1904年至1906年担任《京话日报》编辑，1918年开始在复刊的《京话日报》连载小说"新鲜滋味"系列，总共发表了小说27篇，他在《姑作婆》中说自己为《京话日报》写小说的原因：

> 在下于十年前，在本报上，也曾效过微劳。自打本报复活之后，因为事忙鲜暇，就说没工夫儿帮忙。头两天去瞧我彭二哥（我一个人儿的），因为本报副张要换小说，特约我帮助帮助（要唱《忠孝全》），真有交情，不能不认可。损公的玩艺，在别的报上，也请教过诸位，有无滋味，也不必自夸，也无须退让，反正瞧过的知道。至于我们翼仲二哥，从前在专治辇毂之下，总可以说是言论界的泰斗，办报开山的人物，已然销声匿迹，中道逃禅。这次冯妇下车，实是维持亡友的一片苦心。老头子五十多啦，现在又受这份罪，真得让人佩服，这些个事情。诸君都知道，我也不必哓哓不休。②

蔡友梅还在《公益报》做过编辑。"公益报，设于崇文门内方巾巷，社长文实权，编辑蔡友梅（损公）、白云祉（睡公）、文子龙（懒儒）、王咏湘（冷佛），体裁白话，以普及教育为宗旨，每日一张，以代人民鸣不平，最受社会欢迎。"③

此外，他还以"损""损公""退化"为笔名在《顺天时报》、《益世报》（北京）、《爱国白话报》等报刊发表小说百余种。1919年至1921年在《益世报》开设"益世余谭"专栏，以"梅蒐"为笔名，用北京口语写作

---

① 管翼贤纂辑《新闻学集成》第四编第六辑，中华新闻学院，1943，第284页。
② 蔡友梅：《姑作婆》，载《新鲜滋味》第一册，北京大学出版社，2018，第1~2页。
③ 管翼贤纂辑《新闻学集成》第四编第六辑，中华新闻学院，1943，第283页。

时评文章，成为该报重要的时评专栏，1920年由于丧偶宣布暂停。

长期的笔耕生活和繁忙琐屑的事务成为蔡友梅生活的重要部分，他自己记录这一时期的生活：

> 一天连编带写五千字，一个月有十二堂模范讲演，每天还要瞧几个义务病。这个求做挽联，那个求作寿诗，除去写呈子我不管，我也不会。正事之外，还兼着义务秘书。好在没心没肺，无虑无愁，闲暇的时候儿，唱两句弋腔，逗会子孩子，不喝酒能吃肉，嘴损如常，拿钱不当钱，爱花如命，避俗如仇，躺下外带着就睡。行年五十，我可不知四十九岁之非。[①]

这样的生活严重地影响了他的健康，1921年蔡友梅因病去世，享年五十岁。他的最后一部小说《鬼社会》的连载尚未完成，由彭翼仲续写完成。《鬼社会》这部小说的蓝本，"由损公编了二十八页半。不料损公一病不起，此书没有收场，不能装订成册，已经印就的二十八页，弃之可惜，由记者向《鬼社会》上推测，接续编演，以狗打架为结局，可谓之狗尾续貂，不足大雅一笑了"[②]。

作为北京报业、小说界的前辈，蔡友梅的小说无论是数量还是题材都非常丰富。他的小说在反映北京生活尤其是旗人生活上有独特之处，对后来的小说影响极大。

（二）王冷佛

王冷佛，名绮，又名王咏湘，笔名佛、冷佛。他出身于内务府旗人家庭，清末于《公益报》担任编辑，民国初年在《爱国白话报》担任编辑。王冷佛也曾在《西北日报》担任编辑。"西北日报，社址西南园，社长宋蕴朴，编辑王冷佛、文子龙，以提倡开发西北蒙回藏等为宗旨，文言大报。"[③]

---

① 蔡友梅：《鬼世界》，载《新鲜滋味》第三册，北京大学出版社，2018，第232页。
② 蔡友梅：《鬼世界》，载《新鲜滋味》第三册，北京大学出版社，2018，第263页。
③ 管翼贤纂辑《新闻学集成》第四编第六辑，中华新闻学院，1943，第292页。

20世纪20年代,他在《盛京时报》设于哈尔滨的《大北新报》担任编辑,并在《盛京时报》副刊担任编辑。他在小说《恶社会》中介绍了自己的人生经历和创作背景:

> 自束发受书以来,行年已四十有一,于读书一道上,近来才略窥门径。万分不幸,就是为家计所苦,开门七事要日日去研究。学问一道,也就是谋食之余,把书本翻一翻。统计每日在求学的钟点上,也就有两点钟的功夫,还是勉强挣扎,自己限制自己。无管白日有多少事,至夜间十点以后,非抱着书本不可。去年春夏,自每日清晨起来必要写字,一从秋后,为办理游艺园,将往日写字功夫全行套去,千幸万幸至今略有端绪。有一件好事,由创办游艺园以来,增了我不少阅历,于编述小说上,又增添了不少新闻。①

他写了《春阿氏》《未了缘》《金指环》《十年冤狱》等长篇小说,这些小说刊载于《爱国白话报》《新民日报》上,基本上是反映北京生活的。他在《盛京时报》时,也写了《珍珠楼》《续水浒传》《桃花煞》《恶社会》等多篇小说以及社会评论。

(三)徐剑胆

徐剑胆在《爱国白话报》《白话日报》《北京白话报》《实事白话报》等报刊担任主笔,创作时间达40年之久,发表小说400余部,石继昌《春明旧事》记其:"老报人徐剑胆先生的北京实事小说《阔太监》,叙民初北长街李太监家一凶案,情节曲折,可读性强。先生名济,字象辰,浙江人,久居北京,在报界资格最老。"② 可见他在当时北京小说界的地位及影响。

徐剑胆,本名徐济,字仰宸,别号哑铃、亚玲、涤尘、自了生等。管翼贤《北京日报小史》中记载:"实报,社址宣外大街,社长管翼贤、编辑苏

---

① 王冷佛:《恶社会》,《盛京时报·神皋杂俎》1928年4月12日。
② 石继昌:《春明旧事》,北京出版社,1996,第212页。

雨田、罗保吾、宣永光、王柱宇、徐剑胆、张醉丐、生率斋诸氏,附设实报半月刊。"① "徐仰宸笔名剑胆,三十年来在各报著小说,其数量不可计,堪称报界小说权威。"② 石继昌说他"久居北京,在报界资格最老"③。他以"剑胆"为笔名,胡全章考证认为"自了生"也是他的笔名。刘云、王金花考证"亚玲""哑铃""涤尘""亚都"亦为其笔名。徐剑胆长期担任《正宗爱国报》《爱国白话报》《天津白话报》《白话捷报》《京话日报》《小公报》《北京白话报》《实报》《实事白话报》等报纸的编辑。在当时他是与蔡友梅齐名的白话小说大家。《爱国白话报》的广告中宣传徐剑胆:"先生理想绝高,笔力尤活泼跳脱,雅俗咸宜,所撰小说理趣饶多,耐人寻味,谅读者必以一睹为快也。"④

徐剑胆在当时的白话报纸上创作小说,影响甚大。他还在《正宗爱国报》《京话日报》等报刊担任编辑,并开设"庄言录""睡醒录""警世小说"等专栏:

> 剑胆先生,近世小说大家,前在《正宗爱国报》编辑"庄言录",别号"自了生",受社会欢迎,现本报敦聘来馆。由今日起,每日在本报正张登载"庄言录"一版,以餍阅者之目。此启。本馆谨启。⑤
>
> 阅者注意:自明日起剑胆先生说庚子年实事《锯碗刘》,小说新奇至极,喜阅者速观赏。⑥

徐剑胆1911年至1912年在《正宗爱国报》的《爱国报附张》上发表"庄言录"系列《董二愣》《贾脖子》《阜大奶奶》《花鞋成老》等多篇小说。1913年《正宗爱国报》被查封,他又担任《白话捷报》和《爱国白话

---

① 管翼贤纂辑《新闻学集成》第四编第六辑,中华新闻学院,1943,第294页。
② 管翼贤纂辑《新闻学集成》第四编第六辑,中华新闻学院,1943,第309页。
③ 石继昌:《春明旧事》,北京出版社,1996,第212页。
④ 《阅者注意》,《爱国白话报》第6号,1913年8月4日。
⑤ 《阅者注意》,《爱国白话报》第8号,1913年8月6日。
⑥ 《阅者注意》,《京话日报》第2159号,1917年10月10日。

报》的主笔,在"庄言录""醒睡录""警世小说"等专栏发表小说。他在《白话捷报》上发表了《金三郎》《何喜珠》《劫后再生缘》等小说;在《爱国白话报》上发表了《胡知县》《李银娘》《魏大嘴》《盗中侠》《花和尚》《煤筐奇案》等小说56篇;在《小公报》上发表了《义烈鸳鸯》《杨翠喜》《自由潮》等18篇小说;在《北京白话报》上发表小说《祸国奴》、《英雄会》、《家庭祸》和《聊斋》故事的译文60余篇;在《实事白话报》上发表小说《前世冤》《金扁簪》《白脸常》等10篇。①"徐剑胆依托《正宗爱国报》《天津白话报》《爱国白话报》《京话日报》等清末民初京津白话日报之小说专栏,其创作总量当在650万字以上,基本上是中短篇小说(少量长篇),篇目总数约在200至300部之间。这一创作实绩,堪称清末民初白话报刊小说大家。"②

(四)文实权

文实权,名耀,北京著名报人。他曾在《国民公报》《白话学报》《公益报》《京师公报》《燕都报》任社长。最早在《公益报》发表小说《米虎》,后有《西太后外传》《梅福结婚记》《武圣传》《闺中宝》等多部小说在《燕都报》《爱国白话报》连载。管翼贤《北京报纸小史》记载:

  国民公报,设于宣武门外后铁厂,社长文实权,名誉社长孙伯兰,编辑徐佛苏、黄舆之、吴赐龄、董荫狐、黄佛舞,体裁文言,日出两大张。③

  京师公报,设于宣武门外后铁厂,社长文实权,编辑文子龙、杨曼卿、黄佛舞、赵静宜,体裁白话,日出一小张。④

  燕都报,社址宣外裘家街,社长文实权,编辑文子龙、白云祉、陈

---

① 刘永文编《晚清小说目录》,上海古籍出版社,2008;刘永文编《民国小说目录(1912—1920)》,上海古籍出版社,2011。
② 胡全章:《清末民初白话报刊小说大家徐剑胆考论》,《明清小说研究》2009年第4期。
③ 管翼贤纂辑《新闻学集成》第四编第六辑,中华新闻学院,1943,第286页。
④ 管翼贤纂辑《新闻学集成》第四编第六辑,中华新闻学院,1943,第287页。

第三章 文献与记忆：北京文化民间叙事的样本分析

重光，白话小报，以小说著称，如西太后小说、梅福结婚记，皆为市隐所编，以提倡旗族生计为目的。①

文实权留下的资料并不多，只能通过他留下的小说、时评、散文等了解他的人生。作为知名报人，文实权在报纸上发表了讲演和游记等文章数篇。1919年10月在《戊午日报》以"市隐"为笔名发表了《最近之北方财政观》，讨论北京财政艰难带来的民生问题。1920年在《民意日报》发表了文章《小言》对男女同居进行批评和嘲讽，其思想相对保守。1922年在《燕都报》上发表了《人吃人》和《不可思议的国家》等讲演。《人吃人》对满族人所面临的社会问题提出了批评；《不可思议的国家》对法律、政府、财政等诸多方面提出了尖锐批评。1927年《东方时报》发表《张静江轶事》，记述张静江当年留法带学生、做翻译以及回国后支持二次革命，财产被查封等事，对张静江支持革命给予了积极的评价。1935年至1936年，文实权以"燕僧"为笔名在《豫北日报》发表《女人》，表明他对重男轻女、溺杀女婴、虐待妇女的批判，从而可以看出他的女性观是比较进步的。《救国与人格》谴责当汉奸的国人。在"挣扎创刊号"的《发刊词》中指出了在民族危亡之际，唤醒民众尤其是青年人共赴国难、为国雪耻之必要性。从这些文章可以看出，文实权是具有爱国思想的知识分子，对于国家的命运有着热切的关注，对于社会问题也积极发表自己的见解，体现了一个知识分子的良知和报人的新闻敏感度。

除此之外，文实权还比较关注中国戏剧发展。他曾编辑昆弋曲谱，对于民国时期戏曲的发展做出了贡献。他还组织了"北京演说研究会"，亲任社长。1945年11月6日的北平《光华日报》发布了一条"文实权病逝的消息"：

平市记者文实权，于清末民初之际，即从事新闻事业，迄今已有四十余年，近以身体衰弱，卧病不起，近更转剧，医药无效，于昨日

---

① 管翼贤纂辑《新闻学集成》第四编第六辑，中华新闻学院，1943，第291页。

(五日)晨逝世于京畿道寓所,身后极为萧条云。①

这条消息清楚地记录了文实权的逝世时间,同年11月11日《民研报》又发布了"文实权明日伴宿"的消息,可以与上条新闻相印证。

文实权对于新闻事业投入了极大的精力,也做出了巨大的贡献,他在1922年《燕都报》的发刊词上说:

> 本报从前出版号码已到了一百六十一,为日也总算不少。多蒙阅报诸君的抬爱,销路是极为畅旺,记者敢不竭尽力量,设着法子,以厌阅者之望吗,说句斗胆的话,只要诸君喜悦本报,就是赔本赚吆喝,花掉了脑袋,也是倾心愿意。……现在记者不辞劳苦,不避嫌怨,是重新打鼓另开张,又将本报继续出刊,此次出版宗旨,今天是开幕的第一出,要向阅者郑重声明。新闻消息是务求灵通,关于国家大政,社会琐闻,种种黑幕,敢说不怕招灾惹祸,必达到那有闻必录、惩恶锄奸的主旨,尤其对于地方人民有直接利害的事,我是一口咬定,给他个死不放松,您就上眼罢。至于小说杂件,本着我平日见闻所得,搜集力求宏富,编著的是极力讨好,总愿意诸君在那公余之暇,茶前酒后,阅了本报,足以发快活的感想,说句文话,是既警人心、复悦人目便了。并且约下几位报界大家,或作演说,或作时评,总期改进政俗,指导舆论,此次出版,我是豁出去了,不闹到封门停版,决不罢休。真正是瞧了一套又一套,市隐大闹燕都报。②

《燕都报》1920年5月创刊,两年后文实权发表了这篇创刊词。他在此表明了的办报宗旨及其发表小说和杂文的目的,那就是"改进政俗,指导舆论"。直至1925年9月停版,《燕都报》一直秉持着这种办报宗旨。

---

① 《文实权病逝消息》,《光华日报》1945年11月6日。
② 《市隐文实权:发刊词》,《燕都报》1922年1月5日。

作为较早从事小说创作的报人，他致力于以小说改进社会风气。文实权的白话小说基本上发表于1920～1929年，以《燕都报》和《实事白话报》为最多。他在报纸上多以"文实权"或"市隐"为笔名发表小说，管翼贤《北京报纸小史》记载：

>文实权笔名市隐，又名燕市酒徒，曾著长篇小说春阿氏、西太后外传、梅福结婚记、武圣传、闺中宝等数十种。（载爱国白话报、燕都报）。[1]

文实权在《燕都报》上发表的小说主要集中于1920～1922年，在此期间，他以"市隐"为笔名发表了小说《西太后》《贞娘传》《新孽海花》。《燕都报》上《梅福结婚记》的作者为"燕僧"，为文实权的另一个笔名。[2] 除《梅福结婚记》以外，署名"燕僧"的还有《风筝误》《大刀王五》等小说。

文实权在《实事白话报》上发表的小说集中于1924～1925年。此时他以"市隐"为笔名，在报纸上刊载了理想小说《火星游记》、实事小说《女阎王》和警世小说《奇杀案》，以"市隐文实权"为笔名发表了《母女同碟录》（亦名《绣花针》）等小说。

（五）穆儒丐

穆儒丐，满洲正蓝旗人，原名穆都哩，后改名穆笃哩，号六田，别号半亩寄庐、半亩老人，其笔名有穆辰公、穆儒丐、儒丐、丐等，1945年后改名宁裕之。穆儒丐担任过《大同报》《国华报》编辑，创作长篇小说《梅兰芳》《女优》《香粉夜叉》《笑里啼痕录》《同命鸳鸯》《北京》《财色婚姻》《如梦令》等。

---

[1] 管翼贤纂辑《新闻学集成》第四编第六辑，中华新闻学院，1943，第309页。
[2] 在1922年1月5日的《燕都报》第四版上同时刊载了《贞娘传》和《燕京妖魔录·某中堂》两篇小说，《贞娘传》署名为市隐，《燕京妖魔录》署名为燕僧，应该是在同一版登载两篇小说，为了避免混淆，用了不同的笔名。

穆儒丐早年于宗室觉罗八旗高等学堂就学，1905年被派往日本东京早稻田大学学习，1911年毕业回国，担任《国华报》《大同白话报》的编辑。1915年在京师的《国华报》上连载小说《梅兰芳》，后被停刊，穆儒丐也因此离开北京到沈阳的《盛京时报》担任编辑。

《盛京时报》是日本人中岛真雄创办的一份大型华文报纸，是日本在东北扩张势力、"经营满洲"的舆论工具。其文艺版《神皋杂俎》的政治倾向并不明显，以通俗性和娱乐性为特色。穆儒丐在《神皋杂俎》担任主编和主笔，发表小说、时评、书评、戏评、散文等作品，成为该报的知名作家。1944年《盛京时报》停刊，1945年日本战败，穆儒丐回到北京，改名宁裕之。之后，穆儒丐与曲艺界交往甚密，主要从事八角鼓创作和演唱活动，创作单弦牌子曲《荆轲刺秦王》，写作八角鼓《半亩寄庐子弟书》。1953年他在张伯驹的推荐下，被聘为北京文史研究馆馆员，1961年2月于北京逝世。

穆儒丐认为："小说的功用大的很，小说的文章，也是不可纪极的，差不多和衣食住三项的要素同功。人们对于他的要求很切的，人的思想、人的生活，多一半用小说的力量来改造，所以他一心要做一个小说家。"[①] 他认为小说能够切入人心，代人发言，其打动人心的力量不可胜计。小说的力量远胜于其他文学作品，因而他专注于小说的创作：

> 他索性把一切妄想都摒除了，一心要做一个文学家。他所研究的文学，是切于实际、于人生最有关系的。他于中国的文学，虽然有一点研究，他却不想做一个文章家和诗人。他虽然对于新文学未表示何等的欢迎，他也不专专守着旧文学的脑筋，一点也不知道改变。他利用外国文，读了许多小说，他看出小说的文章，比什么文章都有用处，而且在文学上，也真能有极大的价值。他实验的结果，他以为用桐城派的文体，写社会上大小事故，究竟不能发挥尽致，终不如小说家用一管秃

---

① 穆儒丐：《北京》，载张菊玲、李红雨编《清末民初旗人小京话小说集萃》第三册，作家出版社，2019，第438页。

笔，洋洋洒洒，写好几十万言，社会上诸般事情，都不能有逃形的。小说能够任意发挥自己哲学思想，也能替一群无告的人代鸣不平。大小说家的心思笔路，不是光写一个人的主观，他们锐利的眼光、深湛的思想、深刻的笔墨，能够一一刺入一般人的心坎，仿佛一言一句，都由别人心里掏出，无论舍谁看见，也得表同情的。①

小说不仅可以为民众广泛接受，而且在文体上也超越了散文和诗歌，成为影响人思想、引人共鸣的重要文体。小说不仅具有开启民智的价值，而且具有情感价值和审美价值。正因为如此，穆儒丐在自己的文学道路上，致力于小说的创作。穆儒丐的小说从1918年《女优》开始，到1944年《玄奘法师》，共发表小说40余部，其中长篇小说《香粉夜叉》（1919）、《徐生自传》（1922）、《北京》（1923）、《福昭创业记》（1937）、《琵琶记》（1940）、《如梦令》（1941）等，都是非常具有代表性的作品。他的小说以鲜明的北京话进行创作，在文坛影响巨大。

（六）勋荗臣

勋荗臣，本名勋锐，旗人，勋荗臣为其笔名，他的笔名还有尹箴明、湛引铭等。《实事白话报》记载：

> 湛引铭者，暂隐名也，乃清季之贵族，胜朝之遗老也。民国后，改署尹箴明，在《群强报》上编辑白话《聊斋》，标题加用"评讲"二字，署款改用尹箴明，取隐真名之意。前之所用，湛者，尚有暂时之意，后之所以用尹者，则绝对不谈真名，而实行隐去也。故白话报界中，提起编辑白话《聊斋》，人皆知有耀亭与尹箴明。②

勋荗臣曾担任《京都日报》《北京新报》《群强报》的编辑。其小说创作

---

① 穆儒丐：《北京》，载张菊玲、李红雨编《清末民初旗人小京话小说集萃》第三册，作家出版社，2019，第437~438页。
② 兰生：《纪白话报刊登聊斋原委》，《实事白话报》1932年12月1日。

开始于《北京新报》，他与庄耀亭（笔名耀臣）写白话《聊斋》，后在《群强报》上开辟"白话《聊斋》"栏目，专写《聊斋》十五年。勋茝臣的《聊斋》小说以北京方言为特色，语言通俗晓畅，内容诙谐幽默，在当时影响很大。管翼贤《北京报纸小史》记载："勋茝臣，著白话《聊斋》，刊《群强报》。"① 勋茝臣于1925年去世。勋茝臣曾说他写《聊斋》的目的：

> 我说书的缘故，因为这份报，是耀亭先生，从前专说《聊斋》，因为又在别处做事，所以帮个忙儿。真是俗语说的，入行三天没力笨，总算我也藉着人家的报纸，学出这们一份招说的学问来，彼时我还帮着做一做演说，理一理新闻。②
>
> 我们耀亭大哥，玉体违和，拿起笔来就喘，所以求我帮说一段。我是义不容辞。③

庄耀亭写作白话《聊斋》，由于事务繁多，身体也不好，因而勋茝臣开始是来帮忙，后来就逐渐成为他写作的主业了。

当时在报纸上写小说的作者有很多，除了上面提到了小说作家，还有文子龙、白云衼、杨曼青、黄佛舞、乐缓卿、李问山等人。

小说依附于报纸发表，不同作者的小说往往在固定的报纸上连载。报纸为了销量而连载小说，渐渐地很多报纸有了副刊，在副刊上连载小说。虽然副刊是随报赠送的，但是有很多读者为了读小说而买报纸。这样报纸和小说作家之间形成了相互依附的关系。而且有些小说的作者本身就是报纸的编辑或者主笔，比如蔡友梅、王冷佛、穆儒丐等。

三 北京白话小说的类别

《正宗爱国报》的主笔觉生总结了北京白话报纸的主题，将其归纳为五

---

① 管翼贤纂辑《新闻学集成》第四编第六辑，中华新闻学院，1943，第286页。
② 尹箴明：《小翠》，《北京新报》1910年第706号。
③ 尹箴明：《红玉》，《北京新报》1910年第728号。

类:"一是劝人爱国;二是劝人合群;三是劝人尽义务;四是劝人办公益;五是劝人破除迷信。以上五种记载,约占十分之七八。"① 基本上可以反映出这一时期白话报纸的内容。这些白话报纸所刊登的内容与百姓生活息息相关,展现了市民的生活状态和心理需求。为了使报纸能够更加吸引读者,提升订阅量,报纸还增加了休闲和娱乐的内容,一些社会类、侦探类、婚恋类的通俗小说成为增强报刊娱乐功能的重要手段。这一时期北京白话小说的作者很多,创作小说的种类也很多。

(一)历史小说

在这一时期的北京白话小说中,历史小说的创作不少,其中以文实权的《西太后》最具代表性。

文实权的长篇历史小说《西太后》于1922年1月在《燕都报》上刊载,一直持续到1922年11月。1922年8月曾在《益世报》(北京)上刊登广告:

> 《西太后》小说出版,是书系《燕都报》记者文实权君所著,对于有清秘事以最精确之笔,作最详实之文,非若南方诸省所印行者,或近于抄袭于笔记之中,或秽亵谩骂,快于一时者可同时而语,故一经揭(载),平报报数陡增,成为空前绝后之历史小说也。②

该小说1922年1月在《燕都报》上刊登,到8月就出了单行本,可见其受欢迎的程度。这部小说正如广告所宣传的那样,以清朝末期重大的社会历史事件为蓝本,真实地反映了当时的历史进程和人物的历史抉择。同治病逝、光绪即位、康有为变法、义和团运动以及庚子事变等重大事件在小说中都有真实反映,其中对慈禧太后、恭亲王、光绪皇帝、翁同龢、荣禄、袁世凯等人进行了描绘,将他们在重大历史事件中所扮演的角色、所起的作用,

---

① 觉生:《北京近年白话报纸之功效》,《正宗爱国报》1910年3月17日。
② 《益世报》(北京)1922年8月。

以小说的形式描绘得非常生动。普通读者通过这部小说对清末社会现实、朝廷斗争、外族压迫、帝后昏聩等有了更为深切的感受。《西太后》不仅是一部历史小说,也是一部对清末社会的反思之作,因而一经发表,就引起了巨大的反响。

除《西太后》以外,1920年5月《燕都报》上还登载了署名为市隐的《新孽海花》一回也是历史小说。类似地反映宫廷或者晚清社会的小说还有长白山人《孝钦太后外纪》、剑胆《庄言录·赛金花》、憨生《风流天子》、哑铃《清宫十三朝秘史》等。由于这一时期白话小说的读者基本是市民,他们对于历史题材的兴趣并不是很高,虽然《西太后》取得了成功,但是其他历史小说产生的影响并不大。

(二)社会小说

这一时期有专门写北京社会生活,反映当时社会现实的小说,可以称之为社会小说。按照不同小说在反映北京社会生活的过程中选取的角度不同,可以分为不同的类别。

1. 自叙传小说

这类小说将作者的自身感受与北京的风土人情结合在一起,反映北京当时的社会生活状况,蔡友梅创作的"新鲜滋味"系列小说基本上就属于这类。穆儒丐《徐生自传》也是这类自叙传小说。《徐生自传》从1922年6月27日起在《盛京日报》上连载,小说的主人公自称徐生,生活于京城近郊的乡村,留日归国后以卖文为生。小说叙述了徐生由入学堂开始到30岁留日归国的前半生经历,与穆儒丐的人生经历极为相似,应该是作者的自叙传。小说中描写了旧式乡镇学堂教育的种种问题;庚子事变给京城普通百姓带来的灾难痛苦;徐生考取留学资格,在日本学习、恋爱的生活以及种种见闻;留日归国,正赶上辛亥革命,徐生在清政府内谋求官职的希望成为泡影;等等。徐生的前半生正是当时中国留学生的缩影。他出身于富裕的乡绅家庭,从小受到传统的中国式家庭教育,极为重视家庭观念。在爱情婚姻的选择上,他无法摆脱父母之命传统观念的束缚,虽然年轻时有所爱之对象,在日本也遇到了红颜知己,但是留学六年之后回到家中,他仍然选择了父母安排的婚姻。小说中并没有表现出明显的抱怨和不满之意，可见当时留学生的婚姻状况大类于此。

另一部带有自叙传性质的小说是《北京》，这部小说的作者也是穆儒丐。小说写主人公宁伯雍在京城报社任编辑的人生经历。宁伯雍留洋归来，为生活所迫，到同乡歆仁的报馆中讨生活。报馆里人浮于事，编辑们吸大烟、打麻将、混日子，新闻都是靠剪刀加浆糊的胡乱应付。宁伯雍偶然在南城结识了戏班子里的男旦白牡丹，亲眼见证了白牡丹在师傅一家的逼迫下，逐渐走向堕落的过程。宁伯雍与妓女秀卿惺惺相惜，秀卿家境贫寒被迫进入娼门，不愿与权贵周旋，内心非常痛苦，后因病郁郁而亡。死前秀卿将母亲与弟弟托付宁伯雍照顾，宁伯雍在为他们找工厂和学校的过程中，越发感受到了女工工资低廉、备受压迫的社会现实。男孩子也无处容身，被迫进入龙泉寺孤儿院。伯雍在同事的劝说下去考县知事，虽已考中，但是被选为丙等，不能授官，因而他未去就职，仍在报馆工作。袁世凯复辟失败，伯雍的同乡、报馆主事歆仁是帝制派，关了报馆，伯雍失去工作，暂归西山闲居。

小说写的是清末民初北京的现实生活，在黑暗、无助的现实中，作为胸怀理想、心有傲骨、不甘堕落的文人，他是无路可走的，正如小说中的宁伯雍也只能隐居于西山，转向文学创作一样。

2. 事实小说

社会小说中还有一类是以真实发生的事件为题材敷衍而成的事实小说。这类小说往往源自市井故事或者八卦，更符合市民的欣赏品位，内容上更追求传奇性、娱乐性，故事情节非常曲折离奇。在清末民初的报刊小说中，这类事实小说的数量非常多。

这类小说类似于社会新闻，因其能够满足读者的猎奇心理，适合市民阶层的欣赏品位，更能吸引读者，如剑胆《传奇之夜》《前世冤》《齐大头》，时感生《卖妻恨》，文实权《奇杀案》、《女阎王》、《毒饼案》、《母女同碟录》（又称《绣花针》）、《恶婚姻》等，都是这类小说。这类小说以社会上真实发生的、引起轰动的案件或者社会新闻作为蓝本，以报人的视角，写市民关注的家庭和社会问题。《奇杀案》写的是由男女奸情而引起的凶杀案件，开药铺、做讼棍的邱振生试图霸占弟媳宋氏而被杀。《母女同碟录》则是京城中著名的案件，作者将其敷衍成小说，写母女二人伙同情夫杀死自己的丈夫与父亲，最后被绳之以法的故事。这样的故事由于涉及了家庭关系、伦理关系、夫妻关系等多重家庭问题，因而非常吸引读者。各种错综复杂的家庭关系本就是社会小说关注的重点内容，而这种杀夫、弑父的情节，颇有些狗血现代剧的味道，很能吸引市井读者。小说的结尾真相大白，恶人受到惩罚，对读者又有一定的教育意义。这类现实题材的小说非常符合白话小报的宗旨和小说传播的需要，因而成为白话小说的重要主题。

3. 警世小说

除了有助于报纸的销售，清末民初白话报纸上的通俗小说还具有辅翼教化、劝善惩恶、裨补世道之作用。金辅臣总结白话报刊发行的经验时指出：

> 要说我们这份报来，不敢居于有功，敢说无过。办的既然是白话报，就抱定了白话的宗旨，不敢天上一脚，地上一脚。大意不外乎开通民智，矫正社会风俗。至于白话说书以及戏评等类，无非引人入胜，所以"北京新报"四个字，才存立到如今。[①]

说明了报纸开启民智的宗旨。这些报纸上的小说秉持着传统的价值观念，劝人为善，具有矫正社会风气之作用，因而这一时期警世小说颇多。

王冷佛最著名的小说《春阿氏》是根据清光绪年间发生在北京城镶黄旗驻防区内著名案件写成，反映了清末民初北京的社会生活和旗人的生活状况。

《春阿氏》写一个旗人女子春阿氏的人生经历。她嫁入夫家，备受丈夫与公婆折辱。初恋情人玉吉替她出头，将其丈夫杀掉，春阿氏深陷牢狱，玉吉逃走。后侦探多方探察，真相大白。而此时春阿氏已在狱中去世，玉吉殉情而死。这部小说完全按照传奇小说的套路，故事情节一波三折，引人入胜。小说中充满了婚恋、奇情、市井、探案等多种元素，故事的结局让玉吉在春阿

---

① 金辅臣：《本报一千号诉苦》，《北京新报》1911年10月31日。

氏的坟前自杀殉情,而家中那些虐待欺负春阿氏的人也都受到了应有的惩罚。小说的主旨就是告诉读者善恶到头终有报,每个人都要为自己的行为负责任。

蔡友梅的长篇小说《小额》也是对旗人生活的反映。小说的主人公八旗子弟小额是库兵出身的地痞,因吃了官司而幡然悔悟。小说通过小额个人生活的改变,反映了清末民初旗人百姓生活的变迁。小额手下的青皮打了旗人领催(旗人中负责钱粮的官员)伊老者。伊老者的儿子是文举人,在王府中教书。在王府的干预下,小额被抓,他的家人为了救他也被骗了很多钱。小额在狱中对自己的行为有所反思,出狱之后又大病一场险些死掉,病愈后洗心革面成了一个好人。小说中塑造的小额是当时北京旗人中较有代表性的人物,他称霸乡里,为非作歹,但是现实教育了他,使他幡然悔悟。作者通过小额的故事来教育和警示读者。

当然,这部小说也从侧面反映了当时旗人的尴尬处境。旗人本以旗粮为生。在清朝走向没落之时,旗粮越来越少,又被中间过手的官吏层层盘剥,导致他们的生活每况愈下。小说借书中人之口,表达了对旗人命运的担忧:

> 咱们旗人算是结啦!(谁说不是呢!)关这豆儿大的钱粮,简直的不够喝凉水的。人家左翼倒多关点儿呀(也不尽然。按现在说,还有不到一两六的呢),咱们算丧透啦。一少比人家少一二钱。他们老爷们也太饿啦,耗一个月,关这点儿银子,还不痛痛快快儿的给你,又过平啦,过八儿的。这横又是月事没说好(月事是句行话,就是每月给堂官的钱,照例由兵饷里头克扣),弄这个假招子冤谁呢!旗人到了这步天地,他们真忍心哪。[①]

由于小说的创作目的及其受众的原因,这类警世小说非常多,如损公《红颜薄命》《贾克理》、市隐《奇杀案》、剑胆《同恶报》《祸国奴》、哑铃

---

① 蔡友梅:《小额》,载张菊玲、李红雨编《清末民初旗人京话小说集萃》第二册,作家出版社,2019,第20页。

《煤筐奇案》等。这些小说在发表的时候就标为"警世小说",其目的就是通过小说来教育民众,影响社会,重建社会道德伦理。

(三)爱情小说

这一时期,男女婚姻爱情也是小说所反映的重要主题。这类小说写男女之间的爱情纠葛,充满了曲折和奇情的色彩,有些也加入家庭伦理的内容,从而使小说反映出更多的市井气息。

穆儒丐的中篇小说《同命鸳鸯》是当时较为著名的婚姻爱情小说。《同命鸳鸯》写了两个男孩同时爱上了一个女孩的故事,其间穿插着两个曾经是小伙伴的男孩追求爱情过程中的复杂心理以及二人从军当兵的经历等,具有传奇色彩。小说的背景是北京健锐营镶蓝旗的兵营,主人公景福、荫德是生在旗营中的小伙伴,他们与旗营中的女孩琴姑娘青梅竹马,两个人都喜欢琴姑娘。景福与荫德同时考上武备学堂,临行之际,景福与琴姑娘彼此互通心意,并成婚。景福新婚第二天即上前线,被连长荫德派去探敌,陷入敌军包围,情势危急。荫德并未救援景福,而是跑回家中,说景福已死,并欲娶琴姑娘。琴姑娘的舅舅和舅母贪图钱财,将她再嫁荫德。琴姑娘在花轿中自杀,荫德因此发了疯。景福归来,听说琴姑娘已死,在其墓前自杀殉情。小说写的是京城八旗营的故事,反映了清末民初战乱给恋人们带来的痛苦和无助,也描绘了另一个男孩荫德在追求爱情过程中的疯狂与绝望。在写旗营中男女爱恨情仇的同时,小说也从侧面反映了清末民初之际,战乱频仍,旗营的衰落,营中百姓生活的艰苦。从小说所描写的旗营环境和旗营生活可以看出,清朝建立起来的八旗制度已经破产了,旗人的生活已经走向没落。

穆儒丐的《香粉夜叉》也是这类婚恋故事。小说写魏静文与夏佩文青梅竹马,早有婚约。夏氏夫妇忘恩负义,贪图小利,背弃前约将女儿夏佩文嫁给军阀武大人,致使魏静文被军阀所杀,佩文发疯,夏氏夫妇的房子被烧,得到了应有的报应。小说批判了当时一些女学生受家庭和社会的影响,贪慕富贵,宁可嫁给军阀做妾,也不愿嫁给读书的年轻人的社会不良风气,为读书人鸣不平。小说的结局也反映了作者因果报应的观念。

受市民文化的影响,这一时期婚姻恋爱的小说非常多,如啸庐《双碑烈》、绿园《闻琴园》、冷佛《金镪水》等。这类小说深受《红楼梦》等古典小说的影响，但小说背景、人物身份、小说架构出现了新内容和新形式。比如，小说中旗营的描写、军阀的出现等，都是新的社会生活的反映。这些小说在写婚恋故事的同时，又增加了传奇性和曲折性，因而很能吸引读者。

（四）侠义小说

中国文学中"侠"的观念最早源自司马迁《史记·游侠列传》：

> 今游侠，其行虽不轨于正义，然其言必信，其行必果，已诺必诚，不爱其躯，赴士之厄困，既已存亡死生矣，而不矜其能。羞伐其德。盖亦有足多者焉。①

司马迁对侠的行为进行了界定，从而形成了中国文学传统之中"重然诺，轻生死"的侠士精神。唐人李德裕《豪侠论》认为"义"与"侠"之间的关系非常密切：

> 夫侠者，盖非常人也，虽以然诺许人，必以节气为本。义非侠不立，侠非义不成，难兼之矣。②

将"侠"与"义"并举，二者互相支撑，从而"侠义"成为一个固定的概念。鲁迅的《中国小说史略》中专有一篇"清之侠义小说及公案"，将侠义和公案小说确定为基本的小说类型。

清末民初是中国文化的重大转型期，就小说而言，也处于大的转变期。韩云波认为"从19世纪末到20世纪20年代，是从古典范畴的旧小说（晚清的侠义公案小说和儿女英雄小说）到新小说（民国年间以'南向北赵'和'北派五大家'为代表的旧武侠小说）的过渡"③。旧小说阶段基本上以

---

① 司马迁：《史记》卷一二四《游侠列传》，中华书局，2006，第722页。
② 李德裕：《豪侠论》，载董诰《全唐文》第三册，上海古籍出版社，1990，第3224页。
③ 韩云波：《论清末民初的武侠小说》，《四川大学学报（哲学社会科学版）》1999年第4期。

侠义和公案小说为主。鲁迅《中国小说史略》中提到了这一时期比较有代表性的《儿女英雄传》《三侠五义》等小说。《儿女英雄传》定稿于道光时期，作者为满族人文康，《儿女英雄传》的主人公何玉凤之父被纪献唐所害，她化名十三妹，浪迹江湖，学得一身武艺，欲为父亲报仇。在江湖之中遇到落难公子安骥及村女张金凤。后纪献唐被处死，母亲去世，何玉凤无家可归，在张金凤等人劝说下嫁给安骥。最后安骥考中科举，做了高官，夫妻团圆。这部小说完全采用北京话，成为北京话的典范作品。《三侠五义》出现于光绪五年（1879年），原名《忠义侠烈传》，共一百二十回，作者石玉昆，主要写侠义之士围绕在包公周围除暴安良、为国尽忠的故事。后来又在北京出现了《小五义》和《续五义》等续书，基本上延续着旧小说的传统，宣扬忠孝节义的传统价值观念。

清末民初，报刊的兴起和"小说界革命"带来了小说的繁荣，这一时期的侠义小说也呈现出多样的态势。侠义类小说的类别增多了，包括侠义、侠情、武侠、游侠等多种。这一时期以北京为中心的《燕都报》《顺天时报》《北京白话报》《白话强国报》等报纸都纷纷刊载侠义小说，如《顺天时报》清公梦可《归云碑》、《北京白话报》李涵秋《侠凤奇缘》、《燕都报》市隐《贞娘传》被标注为"侠情小说"；刘家琦《侠义奇观》、貐痴《巧配双侠女》、江貐痴《三十二侠》、赵正升《剑仙野史》等则被标注为"武侠小说"；《燕都报》寄蜉《锦程侠》、《白话强国报》王一《女中侠》、《实事白话报》浮鸥《三官保》被标注为"侠义小说"等。这些小说不是传统的旧小说，增加了奇情和武侠的内容，有些篇幅不长。

刘鹏年《大刀王五》写了侠士王子宾号为"大刀王五"，长期生活于北京。他武功高强，各种兵刃都得心应手。他还倾心办学，意图使武学发扬光大。他急侠好义，戊戌变法失败后，他积极帮助遇难者处理后事。庚子事变很多人逃遁，将财物寄于他处，他为保护他人财物而死。他身上体现出了侠士的精神和人格。这篇小说比较短，更像是人物传记，其中增添了一些武事的记录，应该算作武侠小说。后来市隐也写了小说《大刀王五》。

王度庐的《卧虎藏龙》也是当时比较著名的侠义奇情小说。王度庐满族人，他与还珠楼主、宫白羽、郑证因、朱贞木并称为"北派五大家"。他的《卧虎藏龙》故事背景设定为清朝，九门提督之女玉蛟龙与江湖大盗罗小虎私定终身，但因身份悬殊，玉蛟龙听从父母之命，答应嫁给翰林鲁君佩。后设计逃脱，远走江湖。玉蛟龙在江湖上横行无忌、多行不义，遭到李慕白的惩戒。玉蛟龙无意间听到母亲病重，赶回北京，不意中了鲁翰林的圈套被捉，为罗小虎所救。此时玉蛟龙父亲辞官，母亲病重，家道中落。玉蛟龙以去妙峰山还愿为借口，准备跳崖，又与小虎相见，最终再度远走江湖。小说在玉蛟龙身上反映出了贵族文化与江湖文化的矛盾冲突，这部小说不是简单写江湖故事和恩怨纠葛，而是反映当时社会现实与矛盾。

（五）理想小说

梁启超提出"小说界革命"之后，很多小说家开始创作反映社会现实和理想世界的新小说。这类小说中要求社会变革，追求社会理想的内容，是旧小说所没有的。梁启超不仅提出了新小说的主张，而且进行了创作实践。他于1902年发表了小说《新中国未来记》，在小说的序言中他说创作此书的目的：

> 顾确信此类之书，于中国前途，大有裨助，凤夜志此不衰。既念欲俟全书卒业，始公诸世，恐更阅数年，杀青无日，不如限以报章，用自鞭策，得寸得尺，聊胜于无。《新小说》之出，其发愿专为此编也。[1]

这部小说设定主人公孔觉民在1962年登台讲演世界史，其中夹杂黄克强、李去病二人对中国历史的辩论。小说幻想中国在1962年建立了宪政国家，从而走向富强的道路。国家百废俱兴，繁荣富强，出现了万国来朝的景象。整部小说体现了梁启超大胆的改革意识和革新精神，对中华民族伟大复兴寄予了希望。

文实权也有一部被标记为理想小说的《火星游记》。这部小说在《实事白话报》上连载并未完成。小说的第一回标注作者为"希夷道人"，第二回

---

[1] 梁启超：《新中国未来记》"绪言"，广西师范大学出版社，2008，第3页。

开始作者标注为"市隐",后来《交通丛报》又出版了两期的合集,著者为"市隐",可能这个"希夷道人"也是文实权的笔名。这部小说是以想象的手法,幻想慧耀居士带领四个地球人到火星,畅游火星。小说中把火星作为自己的理想世界,作者借小说人物之口畅谈理想的社会、理想的道德、理想的人生,从而反映自己的社会改良思想。这部小说与梁启超的早期小说《新中国未来记》有些相像。此类小说的特点是以对话和说理来表现作者的理想社会,但整体上故事性较差,艺术性稍欠,这也是《火星游记》未能连载完成的原因。

(六)侦探小说

晚清出现了侦探,当时的侦探是依附于官府的。民国时期,侦探成为独立的职业,对当时探案起了重要的作用。徐剑胆的《阔太监》谈到了侦探这个职业:

> 惟时是在民国八年,北京尚是政府,并枝机关均未裁撤。每一机关皆有侦探一项人才,如步军统领衙门(即明之九门提督大金吾,故又曰提督衙门也)、京兆尹(即顺天府),又卫戍司令部、宪兵司令部,以及驻军各军署,无一处不有侦探。当时闻得出此弃凶重案,所有各处侦探皆往参加。惟时警察厅侦缉队,系国家所立机关,为北京人所公认。该队在内城外城,又分为左右二组,是案所出地点,为内城二队应负缉捕之责。①

随着这个职业的发展,加上这一时期一些外国翻译小说的影响,中国也出现了侦探小说。徐剑胆在小说里记述了中国侦探的由来:

> 中国侦探二字,系由前清五大臣出洋时,火车上霹雳一声之爆炸案

---

① 徐剑胆:《阔太监》,载张菊玲、李红雨编《清末民初旗人京话小说集萃》第二册,作家出版社,2019,第563页。

第三章 文献与记忆：北京文化民间叙事的样本分析

而始。原因南省革命党人，欲于咫尺间，以颈血溅五大臣出洋考察政治之迷梦。事发群相奔逃，乱后只见一西装少年学者，尸身横卧车内，左腿已炸断，血渍模糊，惨不忍睹。负地方责任之官吏，遇此重大奇变，万难敷衍了事，乃一面派差多方搜查，一面将该尸装入木匣，灌以药水防其腐烂，上盖透明玻璃一方，陈于东车站，出入必经路口，任人参观。匣上并贴一说明书云，有识此人为谁者，路局立奖大洋一万元。但陈尸多日毫无效果，后由警察厅某办事员，探出此尸为广东志士吴樾也，由是内务部令某君为侦探长，另立机关，专司缉捕访查之责任，迄初至今将及三十年余。①

可见，侦探是晚清出现的新职业，是与革命党人反抗清政府的活动相伴而生的。因为长期以来官府衙门及其手下的衙役在民众心目中留下负面形象，所以对于侦探这个职业，社会民众也颇多负面评价。徐剑胆创作侦探小说的缘起也是为侦探正名：

著者今为此段侦探小说之意义，实因北平社会人民，对于侦探，向不重视，甚而造作蜚语，信口雌黄，不曰侦缉队为阎罗殿，即曰侦缉员是蛇蝎，此等污秽之词，实令善良者难堪。究其蜚语之来，厥有二因，一因彼时侦缉机关众多，彼一团体，此一团体，人数既繁，难免良莠不齐，害群之马，在所难免；一因先时缉捕责任，皆委于下差快班捕役之手，以往昔捕快之恶习，而疑今之侦探，此皆不明个中真像所致，故尔时造蜚语，颠倒黑白。②

可见，这时出现的侦探小说不是传统公案小说，它是新的小说形式，这

---

① 徐剑胆：《阉太监》，载张菊玲、李红雨编《清末民初旗人京话小说集萃》第二册，作家出版社，2019，第535~536页。
② 徐剑胆：《阉太监》，载张菊玲、李红雨编《清末民初旗人京话小说集萃》第二册，作家出版社，2019，第536页。

种新的小说形式吸收了传统公案小说的元素，但更多的是受到清末民初国外翻译小说中探案小说的影响而形成的。这类小说中的侦探与传统小说中的捕快不同，他们中很多人受过良好的文化教育，有些还是留洋出身。他们探案依靠的是细致的侦查和在当时比较先进的技术手段，采用多方的证据，最终破案。这些侦探对当时很多大案、奇案的侦破功不可没，也表明了中国在探案方面的进步。侦探小说也成为清末民初新型白话小说的一类，比如柏庐《惨杀案》、损《新侦探》等都是侦探小说。但是，因为侦探小说在当时还是比较新的小说类型，很多小说并未标注为侦探类小说。比如王冷佛《春阿氏》中的杀人案件是依靠侦探张瑞珊探察寻访最终破案的，由于小说的核心是写春阿氏的悲惨命运，因而并未将其划入侦探小说。

总之，清末民初时期白话小说的内容和形式都非常丰富，这些以北京白话报纸为阵地创作的白话小说，在继承传统小说特点的同时，有了创新和发展，从而满足了不同读者的需求，为广大读者所接受。而这类小说在反映北京风土人情、市民生活、社会变迁和历史进程等方面，也做出了重要的贡献，从而成为研究这一时期北京社会生活和北京文化的重要资料。

第三节 北京歌谣：北京生活的多元镜像

民间歌谣是城市最初、最原始、最生动的记忆，它体现着城市最本真的生活状态和最朴实的人情、人性。透过这些歌谣，我们不仅可以了解一座城市的历史、一座城市的生活百态，更能感受到熔铸于这座城市血脉之中、万古流传、生生不息的生命力。这种生命力包含着普通民众对生活的不屈和执着，也透露着他们的从容和优雅，因而民间歌谣所蕴含的民族精神是北京文化历久弥新的根本之所在。

中国诗歌发展一直有两条脉络。一条是文人诗歌的传统，秦汉、唐宋以来的诗人可谓众星云集，其中以唐诗、宋词为代表，李白、杜甫、苏轼为其标志和高峰；另一条脉络是民间歌谣，这条脉络从古至今绵延不绝。从上古歌谣开始，《诗经》《汉乐府》一直到明清的民间歌谣，绵延流传，代代不绝。明代著名诗人李梦阳提出了"今真诗乃在民间"之观念，明代戏曲家卓人月也说："我明诗让唐，词让宋，曲让元，庶几《吴歌》、《挂枝儿》、《罗江怨》、《打枣干》、《银绞丝》之类，为我明一绝。"① 正因为有这样的认知，冯梦龙辑录了《挂枝儿》《山歌》等多种民歌。清人沈德潜收集整理了古代民歌，编辑成了《古诗源》。一直以来，民间歌谣作为民间文化的潜流，保持了活跃的生命力。作为地域民歌的代表，北京歌谣在反映北京社会面貌、体现老北京生活特色方面，具有重要的价值。

一 北京民歌的收集

作为地域性民歌，北京歌谣在明清时期开始受到重视。清嘉庆年间抄本《北京小曲钞》"原书所收民歌，凡六十首"②，道光年间抄本《京都小曲钞》"所收都是北京民间歌曲"③，这两个抄本是比较早的北京民歌抄本。它们辑录的基本是小曲，其内容以情歌为主，比如《京都小曲钞》就有"黄鹂调、西调、边关调、呀呀哟、叠落金钱、倒搬桨、满江红、叠断桥等曲调"④。

北京歌谣真正引起外界关注和重视是在晚清时期。当时一些西方传教士、外交人员进入中国，在北京长期居住，对中国文化产生了极大的兴趣，尤其是对北京民间文化的关注度更高。1896年意大利外交官韦大列收集了北京的民歌，编辑成了《北京的歌谣》（*Chinese Folklore-Pekinese Rhymes*），该书共辑录了北京地区的歌谣170首，以中英文对照的形式由北堂印书馆印行。这本歌谣集是第一本西方人收集和对外传播的北京儿歌，对后来的歌谣运动等产生了巨大的影响。1900年美国传教士何德兰收集了儿歌150首，编辑成了《孺子歌图》（原名 *Chinese Mother Goose Rhymes*），以歌配图的形式在纽约出版。中国儿歌从此进入了国际视野，引起了欧美学界的关注。欧

---

① 冯梦龙等编《明清民歌时调集》，上海古籍出版社，1987，第6页。
② 蒲泉、群明编《明清民歌选》乙集，上海古典文学出版社，1956，第8页。
③ 蒲泉、群明编《明清民歌选》乙集，上海古典文学出版社，1956，第43页。
④ 蒲泉、群明编《明清民歌选》乙集，上海古典文学出版社，1956，第43页。

美人开始对中国的民间歌谣进行审视，进而关注到了中国的民间文学。

除了他们二位，这一时期注意到北京生活和民歌的西方人还有不少。法国汉学家考狄（Henr Cordier）《西人论中国书目》中收了司登德的《中国歌谣》等歌谣类的著述，英国的汉学家波乃耶在其书中引用了何德兰《孺子歌图》中的5首儿歌，讨论中国诗歌的韵律问题。这些西方人对中国歌谣的辑录和收集，不仅从他者的视角审视中国歌谣，对其价值进行全新的评价，更为重要的是促发了中国学界对民间文学尤其是民间歌谣的关注。

1899年梁启超提出了"诗界革命"的口号，掀起了白话诗运动。胡适等人在创作与实践中，进一步发现了民间文学的价值。他们认识到民间歌谣是白话诗的创作源泉，从语言、形式、结构、修辞等各个方面为白话诗提供了创作材料。同时，新文化运动的重地北京大学也开启了"歌谣运动"，民间歌谣正式进入了学界的视野。从1918年到1920年，刘半农、沈尹默、周作人、钱玄同等人对民间歌谣进行收集、整理、发表以及研究，改变了学界对民间歌谣的认识，极大地提升了民间歌谣的地位，从而使民间歌谣从"没价值的东西"[①]变成了"创作表现民族性音乐的底素"[②]。北京大学对民歌的收集和整理也可以看作民国初年知识界对民间文化价值的肯定。

二 北京民歌的特殊性

在清代嘉庆年间的《北京小曲钞》和道光年间的《京都小曲钞》中收录了较多的北京民间歌谣，其中很大一部分是民间小曲，语言质朴，感情真挚，但这类情歌并非北京民谣最具特色的部分，北京歌谣中最为真挚、脍炙人口的是儿歌。《北京的歌谣》编者韦大列在该书的序言中总结北京歌谣的价值说："第一，得到别处不易见的字或短语。第二，明白懂得中国人日常

---

① 〔意〕韦大列：《北京的歌谣序》，常惠译，载钟敬文编《歌谣论集》，上海文艺出版社，1989，第426页。
② 嘉白：《童谣底艺术的价值》，载钟敬文编《歌谣论集》，上海文艺出版社，1989，第37页。

生活的状况和详情。第三，觉得真的诗歌可以从中国平民的歌谣中找出。"①

（一）北京儿歌中保留了北京方言

在北京民谣中，儿歌所占的比重很大。《明清民歌选》中辑录北京儿歌74首，韦大列的《北京的歌谣》辑录北京儿歌170首，何德兰的《孺子歌图》以儿歌配图画的形式收录了150首。

北京歌谣保留了很多北京口语，体现了北京话的语言习惯。北京城特殊之处在于满汉杂居，因而北京口语有其独特的方言和表达方式，这些语言形式在北京歌谣中保留了下来，成为研究北京话的重要内容。比如《北京的歌谣》里有"麻楞"一词，韦大列注释说"麻楞 is the dragon fly, it ought to be correctly written 蚂螂"②。"麻楞"其实就是"蜻蜓"，口语中称作"麻楞"或者"蚂螂"，北京大学《歌谣》周刊中有《蚂蛉》一首，说的也是蜻蜓。"蚂虎子"指的是坏人，是吓唬小孩儿的话。"押虎子"指的是北京的守夜人。比较特殊的"猴儿头"指的是钱。还有虼蚤、蝎子、老西儿、吉了儿等。还有指人体部位的，比如"波棱盖儿"指的是膝盖；说人的长相是"窝抠眼"。吃的东西称为"达子饽饽"，"达子"应写作"鞑子"，"饽饽"是满语，点心的意思，鞑子饽饽就是满族的点心；还有窝儿薄脆，也是当时的一种点心。北京民谣中还保存了北京特殊的语言动词，比如"一聘聘到山东克"，这里"克"是早期的北京方言，是"去"的意思。

（二）北京儿歌的独特性

在中国历史书写者的眼中，儿歌是非常独特的民间文化形式。"中国视童谣不以为孺子歌，而以为鬼神凭托，如乱卜之吉，其来远矣。"③ 因而《晋书·天文志》说："凡五星盈缩失位，其精降于地为人，荧惑降为儿童，歌谣游戏，吉凶之应，随其众告。"④ 古人往往以儿歌作为鬼神的启示或者

---

① 〔意〕韦大列：《北京的歌谣序》，常惠译，载钟敬文编《歌谣论集》，上海文艺出版社，1989，第425页。
② 〔意〕韦大列：《北京的歌谣》，北堂书局，1896，第4~5页。
③ 周作人：《儿歌之研究》，载钟敬文编《歌谣论集》，上海文艺出版社，1989，第85~86页。
④ 房玄龄等撰《晋书》，中华书局，1974，第320页。

卜筮吉凶的重要依据。因此，史书中往往将儿歌作为历史兴亡的预兆来记录。

在现代人看来，儿歌与儿童教育和生活密切相关。常惠的《谈北京的歌谣》认为，儿歌分为两类。一类是"母歌"转化而来的。"母歌者，儿未能言，母与儿戏，歌以侑之，与儿之自戏自歌弄，其最初者即为抚儿使睡之歌，以呓嗳之音为歌词，反复重言，闻者身体舒解，自然入睡……此类虽视为母歌，及儿童能言，渐亦歌之，则流为儿童之歌。"① 这类儿歌最多，比如《紫不紫，大海茄》：

> 紫不紫，大海茄，八月里供的是兔儿爷。自来白，自来红，月光马儿，供当中。毛豆枝儿乱哄哄，鸡冠花儿红里个红，圆月儿的西瓜皮儿青。月亮爷爷吃的哈哈哈笑，今夜的光儿分外明。②

这首儿歌出自韦大列采编的《北京的歌谣》，讲的是八月节给月亮上供的事。贡品包括大海茄、兔儿爷、毛豆枝儿、鸡冠花儿、大西瓜儿，儿歌潜移默化地传递着这些民间习俗。在中国文化中祭月的习俗古已有之，《周礼·典瑞》记载"圭璧以祀日月星辰"③，《礼记·祭义》也说"祭日于坛，供月于坎"④。祭月活动在唐宋时期于民间流行，到了明清更是形成了基本的祭月仪程。儿歌中所唱的就是祭月仪式中所使用的祭品，其中提到很多颜色词——紫、白、红、青。这些颜色词出现在儿歌中，不仅能使儿童对祭月活动有了深刻印象，而且客观上也起到教会儿童认识这些颜色的作用。加之儿歌朗朗上口、生动活泼，易学易记，对提升儿童语言能力和心智有很大帮助，因而这类儿歌具有教育功用。再比如《小耗子》：

---

① 常惠：《谈北京的歌谣》，载钟敬文编《歌谣论集》，上海文艺出版社，1989，第343页。
② 〔意〕韦大列：《北京的歌谣》，北堂书局，1896，第159页。
③ 郑玄注，贾公彦疏《周礼注疏》卷二十《典瑞》，载阮元校刻《十三经注疏》，中华书局，1998，第1677页。
④ 郑玄注，孔颖达疏《礼记正义》卷四十七《祭义》第二十四，载阮元校刻《十三经注疏》，中华书局，1998，第3460页。

| 第三章　文献与记忆：北京文化民间叙事的样本分析 |

小耗子，上灯台，偷油吃，下不来。叽里咕噜滚下来，叽里哇啦叫奶奶。①

这首儿歌在何德兰《孺子歌图》里没有最后一句"叽里哇啦叫奶奶"，在后来的儿歌集里，如《北京歌谣集释》，增加了最后一句。这首儿歌生动有趣，非常符合儿童心理，"叽里咕噜""叽里哇啦"也很符合儿童的语言习惯，朗朗上口，易记易读。有人认为这首儿歌也有教育意义，告诉小孩不要像小老鼠一样偷东西。《北京歌谣集释》中还有一首《小小孩儿》，也是选自韦大列《北京的歌谣》：

小小孩儿，上南洼，刨个坑儿种西瓜。先长叶儿，后开花，结个西瓜给爹妈。爹吃了好，妈吃了好，乐的孩子噔噔跳。②

这首儿歌是教育孩子从小要勤劳，要孝敬父母。虽以教育儿童为目的，但是儿歌的语言非常符合儿童心理。孩子比较熟悉西瓜这种水果，而且"噔噔跳"这种拟声词的使用，也符合儿童的语言习惯，易读易记。

儿童最喜欢过年，因为只有过年才能吃上好吃的食物。《小孩儿》表现了在食物匮乏的条件下儿童对过年的向往，同时也传达出北京过年的风俗：

小孩儿，小孩儿你别馋！过了腊八儿就是年。腊八儿粥，喝几天，哩哩啦啦二十三。二十三，糖瓜儿粘；二十四，扫房子；二十五，磨豆腐；二十六，去割肉；二十七，宰公鸡；二十八，把面儿发；二十九，蒸馒首；三十夜里熬一宿；大年初一扭一扭。③

这首儿歌在北方地区流传得非常广泛。北京小孩儿过年不仅有好吃的东

---

① 〔美〕何德兰：《孺子歌图》，徐晓东译，浙江人民美术出版社，2017，第38页。
② 董树人编著《北京歌谣集释》，语文出版社，2017，第264页。
③ 董树人编著《北京歌谣集释》，语文出版社，2017，第247页。

· 133 ·

西，也有一些有趣的活动。这时父母不再忙于生计，也有时间陪孩子了，因而北京的小孩儿对于过年非常期待。过了腊八，年味儿渐浓，每天都有新的事情可干，每天都有好吃的、好玩儿的，在孩子们热切的目光中，在鼎沸的人声与升腾的热气中，年渐渐向人们走来了，这样的生活谁不热爱呢？现今人们经常提到"年味"这个词，其实"年味"来自这样热气腾腾的普通人的生活，来自日常生活仪式感，更来自人们对于未来生活的憧憬和热爱。

北京歌谣中还有一类儿歌是儿童游戏之歌，被称为"儿戏"。"儿戏者，儿童自戏自歌之词，……如游戏、谜语、叙事，儿童游戏有歌以先之，或和之者，与前弄儿之歌相似，但一为能动，一为所动为差耳。"[①] 一般是儿童做游戏时自发所唱的歌谣。1915年杂志《余兴》第5期记录北京这类儿歌：

（1）童子数人骈坐一凳，两手后背，一童在前坐，一人手执瓦片，绕行诸童子后，以瓦潜置某童之手，令前坐之童猜之，如猜着，则与置瓦之童互易，其置瓦时且作歌，歌曰：递递砖，拿拿瓦，爱猜那哈猜那哈。及将瓦置毕，则又歌曰：公鸡头，母鸡头，爱猜那头猜那头。

（2）北京童子作鹰捉小鸡之戏，以捉人者为王妈妈，引导者为卖布者，卖布者身后诸人为针线之属，此戏至可发笑。卖布者先歌，歌毕方许捕取，其歌曰：

搭蓬蓬，卖大布，也有针，也有线，也有王妈妈红腿带（北京土音读带如蛋）。

（3）北京童子捉迷藏之戏，诸童以次列坐，任令一童子作歌，每歌一句，则指一人，逮至末句，则以帕蒙其首，其歌曰：

初一初二初三四，三郎不依数着鸡，油鸡下了一窠燕，燕不理，数老李，李不全，蒙老咱。

既蒙帕之后，以两人扶而送之，又歌曰：

送！送！送瞎子，送到河里摸鸭子。

[①] 周作人：《儿歌之研究》，载钟敬文编《歌谣论集》，上海文艺出版社，1989，第89页。

第三章 文献与记忆：北京文化民间叙事的样本分析

歌毕，又问被蒙者曰要风要雨？曰要风，则以气吹之。要雨，则以唾唾之，然后跑开令其摸捉。①

歌谣（1）中的游戏在今天叫"找朋友"，歌谣（2）中的游戏叫"老鹰捉小鸡"，歌谣（3）中的游戏叫"摸瞎子"。这类活动是儿歌与游戏相结合，在游戏中唱儿歌。这些儿歌貌似没有什么意义，但这些简单的复唱正是儿童学习语言的开始。"盖儿童学话，先音节而后词意，此儿歌之所由发生，其在幼儿教育上所以重要，亦正在此。"②而且整个活动与游戏相结合，更为符合儿童的认知心理。儿童在游戏中学习语言，同时也学习与人相处之道。在这些童稚的活动中，儿童学会了团队合作，彼此竞争，以及接受失败的挫折教育等。因而这样的活动不仅是语言的学习，更是儿童心理的培养。

在今天，虽然这些游戏的名字改变了，但这些儿歌和游戏的形式被一代一代传承下来。这种集体无意识的民族文化以儿歌的形式潜移默化地存在于我们的基因中，其影响非常之深远。

三 北京歌谣的价值

周作人认为歌谣的价值体现于两个方面，"一是文艺的，一是历史的"③。从文艺的角度来看民间歌谣具有审美性。歌谣的审美性在哪里？早期歌谣的研究者认为，民间歌谣的审美特色在其"真"。韦大列说他收集北京民歌的原因在于"觉得真的诗歌可以从中国平民的歌谣中找出"④。北京大学的歌谣收集者在征集歌谣的启示中也曾提出"不加以润色"的主张，就是取意于歌谣的"真"，重视其淳朴性和民间性。民间歌谣真诚淳朴，语言简洁，不加雕饰，情感真挚，不加讳饰，体现了民间文学的审

---

① 薄迂：《北京的儿歌》，《余兴》1915年第5期。
② 周作人：《儿歌之研究》，载钟敬文编《歌谣论集》，上海文艺出版社，1989，第86~87页。
③ 周作人：《歌谣》，载钟敬文编《歌谣论集》，上海文艺出版社，1989，第34页。
④ 〔意〕韦大列：《北京的歌谣序》，常惠译，载钟敬文编《歌谣论集》，上海文艺出版社，1989，第426页。

美特色。

北京歌谣的审美特点是质朴通俗、活泼生动，体现了民间文化鲜活的生命特质。歌谣中很多地理意象与地理空间的出现，反映的是活泼佻达的民间生趣。比如，《平则门》：

> 平则门，拉硬弓，隔壁儿就是朝天宫。朝天宫，写大字，隔壁儿就是白塔寺。白塔寺，挂红袍，隔壁儿就是马市桥。马市桥，跳三跳，隔壁儿就是帝王庙。帝王庙，换葫芦，隔壁儿就是四牌楼，四牌楼东，四牌楼西，四牌楼底下卖估衣。我问估衣怎么卖？挑花裙子二两一。老太太打个火、抽袋烟，隔壁儿就是毛家湾。毛家湾，找老四，隔壁儿就是护国寺。护国寺，卖巴狗儿，隔壁儿就是新街口。新街口儿，道儿长，隔壁儿就是蒋养房。蒋养房，按袋烟，隔壁儿就是王奶奶。王奶奶，啃瓜皮，隔壁儿就是火药局。火药局，丢花针，隔壁儿就是北城根。北城根，卖破盆，隔壁儿就是德胜门。德胜门，两头儿缩，当间儿有个王八窝。晴天出来晒盖子，阴天出来把头缩。①

平则门、朝天宫、白塔寺、马市桥等各个场景的转换，展现出了充满市民气息的风物和景观，体现出了民间文化所独有的单纯质朴，活泼清新。

北京歌谣的风格是异于宫廷文学和文人创作的。即使是香山、万寿山、颐和园这样的皇家园林，在北京歌谣中的视角也不同于文人诗歌：

> 蓝靛厂，四角儿方，宫门紧对着六郎庄。罗锅儿桥怎么那么高？香山跑马好热闹，金山银山万寿山，皇上求雨黑龙潭。②

说香山的时候，提的是跑马场，而非宫殿和庙墙，显然是从市民生活的

---

① 〔美〕何德兰：《孺子歌图》，徐晓东译，浙江人民美术出版社，2017，第155页。
② 〔意〕韦大列：《北京的歌谣》，北堂书局，1896，第101~102页。

视角切入的。虽然北京的民间歌谣一直被正统文学无视，但是不能阻挡京城百姓对歌谣的喜爱，歌谣里吟唱的是他们乐观包容的生活态度，反映的是京城百姓活泼的生命力和苦中作乐的执着精神。

从历史的视角来看，北京歌谣是作为集体记忆而存在的。西德奎克在《民谣》中说："民谣是最早出现的文学样式之一，它的产生不仅早于史诗、悲剧，也早于作家文学和语言文字。它是民众的，是属于没有文化的阶层的人民的。"[①] 民间歌谣最重要的特性是集体性，它是集体创作的产物，它承载着京城百姓的集体记忆。研究北京歌谣就是对北京文化集体记忆的"回忆"和"召唤"。这些歌谣所吟唱的景物和意象，不仅让我们想起那些地点和场景，也不仅让我们回忆起曾经的热闹和繁华，更重要的是它的"召唤"功能，唤醒存在于这些景观背后的、渗入我们骨髓的文化基因。因而，当我们听到"前门""长城""蓝靛厂""钟鼓楼""护国寺"这些北京地名的时候，那种亲切、熟悉之感刹那间就出现了，那些附着于地名上的民间传说、历史故事、文化场景也呼之欲出，成为北京人的共同记忆，其所形成的文化场不仅成为老北京人的精神家园，也吸引着一代代的新北京人走进北京，接纳它的文化。

民间歌谣的特点在于它是俗文化，这种俗文化是鲜活的，有着无穷生命力的，是文化形成和发展的基础与动力。"一种文化的发展，往往是起于俗而成于雅、雅因俗而大、俗因雅而精，在雅俗互动中，产生一种大俗大雅的精典。"[②] 北京歌谣作为俗文学的代表，也是北京文学的基础和源泉，在其滋养下，一批批代表北京文化精神的艺术精品源源不断地产生。

第四节　海外北京话教科书

陈寅恪先生在《敦煌劫余录》中说："一时代之学术，必有其新材料与

[①] Sidgwick, F. *The Ballad* (Hard Press Publishing, 1922), 8. 转引自〔美〕洪长泰《到民间去——1918~1937年的中国知识分子与民间文学运动》，董晓萍译，上海文艺出版社，1993，第7页。

[②] 杨义：《重绘中国文学地图通释》，当代中国出版社，2007，第96页。

新问题。取用此材料，以研求问题，则为此时代学术之新潮流。"① 清末民初的北京话已经相当成熟，以往对这一时期北京话的研究基本选用小说作为研究材料，比如蔡友梅的《小额》、穆儒丐的《北京》等。这些小说所反映的语言现象只是当时语言状况的一部分，要了解北京话的全貌，需要对更多语言资料进行分析和研究。清末民初日本编纂的汉语教材中保存了大量北京语言资料，可以成为研究北京话的重要材料。

日本明治维新之后，社会的主导思想变成了脱亚入欧，对中国的态度也发生了转变。但是日本与中国的邻邦关系和密切的商业往来，尤其是日本长期对中国领土的觊觎，使得社会不同层面的人依然有学习汉语的需求，因而这一时期日本编写了很多汉语教材像《官话指南》《燕京妇语》《急就篇》《官话续急就篇》《华语问答》《生意筋络》《中等官话谈论新篇》《虎头蛇尾》《北京话》等，都是北京话的会话教材，《北京风土编》《北京事情》《北京风俗问答》则是侧重于北京风土人情的文化教材。这些教材保留了当时北京话的基本特色，成为研究北京话的重要资料。

一　清末日本北京话教科书的基本状况

日本自 1876 年开始教授北京官话②，进而编写了一大批北京官话教材。六角恒广《日本中国语教学书志》中记载了从明治初年（1876 年）到昭和二十年（1945 年）期间的汉语教材、工具书目录 1437 种，对其中 156 种书籍的出版时间、版本、馆藏状况等诸多信息进行了细致的记录。清末民初较有代表性的北京话教材，比如《亚细亚言语集》《官话指南》《华语跬步》《燕京妇语》《京华事略》《北京风土编》等都被认为是"会话主义"的教材。"教科书的内容，多是清朝末期的中国人物出场，进行身边有关杂事的

---

① 陈寅恪：《敦煌劫余录序》，载陈垣编《敦煌劫余录》，"中研院"历史语言研究所，1931，第1页。
② 此前汉语教学采用的是南京官话，张卫东的《北京音何时成为汉语官话的标准音》认为"官话标准音由南京音转变为北京音有个漫长的量变过程。根据现有的文献资料可以肯定这一质变过程应发生于1859年之前"。

会话。……以清末中国世相为内容的教科书仍然被长期使用。"① 这些汉语教材是为不同需要的日本人学习汉语所编写的,虽然由于各自编写目的不同而表现出不同的特色,但在使用北京话和反映北京文化方面有着一致性。

《亚细亚言语集》为广部精编译,是日本人编著的第一部北京官话教科书,也是日本明治时期影响范围非常广泛的一部教材。该教材1877年开始编写,1879年出版,该书以狄考文《语言自迩集》为底本,但是删除了第一章的语音和第二章的部首,全书共有七卷,内容十分丰富。

《官话指南》是在日本汉语教学史上占有重要地位的一部教材,由吴启泰、郑永邦编著,金国璞、黄裕寿校对。这部教材出版于1882年,出版之后成为日本汉语教学的重要参考书目,并被翻译成英语、法语、韩语等多种语言。这本教材从清末民初的口语中选取素材,全面地呈现了当时北京官话的面貌,不仅是研究日本汉语教学的重要资料,也是研究北京话的重要资料。

《华语跬步》的编者是御幡雅文,该书于1886年出版发行。御幡雅文是日本著名的汉语教师,本书从1886年至1907年连续发行了7版。1908年开始发行增补版,对书中内容进行了较大的修改和增删,在原有的"官话平仄编""家常问答""续散语类"的基础上增加了"通姓捷诀""部首俗称"。"增补第九版的主体内容为日常使用会话的分类汇编,卷首为'官话音谱便览'和'官话平仄编',主要以音节表的形式介绍汉语音系;随之有'百家姓续'和'部首'以便熟悉声韵字形,其后是主体部分,分'数目''天文''时令'等19个事务类,每类之下,先列单词,后列单句或散语;接下来的'家常问答''续散语类''接见问答'等部分均属日常会话汇编;'常言类'是中国民间谚语汇编;最后附'通姓捷诀'和'部首俗称'两部分。"② 六角恒广认为"(天文类、数目类)这种形式,与汉语学所初期中国语教学使用的《汉语跬步》是一样的。此书起名为《华语跬步》,也

---

① 〔日〕六角恒广:《日本中国语教育史研究》"中文版前言",王顺洪译,北京语言文化大学出版社,1992,第Ⅲ页。
② 〔日〕御幡雅文编著《华语跬步》"解题",徐毅发校注,北京大学出版社,2018,第1页。

民间叙事中的北京文化（1840-1928）

许是因该缘由。"① 这部书也成为明治时期重要的汉语教材。

除了上面提到的一些教材，还有《燕京妇语》（1906）、《北京官话谈论新篇》（1936）、《官话续急就篇》（1935）、《华言问答》（1903）、《生意筋络》（1903）、《中等官话谈论新编》（1926）、《虎头蛇尾》（1906）、《中国话》（1894）等教材，也为不同需要的汉语学习者所采用。

从上面简单的梳理可见，这些日本的汉语教材依托大量北京文化的内容进行北京话的教学，其所采用的是最能代表北京历史文化特征的材料，因而在进行语言教学的过程中，文化的传播也潜移默化地实现了。

二 清末日本北京话教科书的特点

蒋绍愚在《近代汉语研究概要》中指出："特别是清初到19世纪末这一段的汉语，虽然按分期来说是属于现代汉语而不属于近代汉语，但这段的语言（语法，尤其是词汇）和'五四'以后的语言（通常所说的'现代汉语'就是指'五四'以后的语言）还有若干不同，研究这一段语言对于研究近代汉语如何发展到'五四'以后的语言是很有价值的。"② 这段话从侧面证明了研究清末民初日本北京话汉语教科书的价值。

当然，清末这一时期留下的语料是非常丰富的，有小说、报刊、笔记等，前人的研究也往往集中于此。这里之所以将清末的日本北京话教科书作为研究对象，是因为它不仅语料的数量众多，而且具有不同于小说、报刊的独特性。

（一）这类教材的语料丰富，形式多样，视角广泛

这些北京话教科书基本是初级、中级的汉语教材，主要采用对话或者短篇文章的形式进行教学，其中汉语读音和汉字教得并不多，从结构到形式都还不是现代意义上的汉语教材。但这些教材以北京官话为基本语言素材，从当时北京生活中选取材料，以对话和短文的形式，介绍北京的风俗习惯、生

---

① 〔日〕六角恒广：《日本中国语教学书志》，王顺洪译，北京语言文化大学出版社，2000，第23页。
② 蒋绍愚：《近代汉语研究概要》，北京大学出版社，2005，第6页。

活方式、交际活动等,反映了当时北京的风土人情。

由于这些教材基本使用北京素材,教材中尽量保留了原汁原味的北京话,因而这些材料可以成为研究清末民初北京话的重要资料。这些会话材料涵盖了不同职业、不同阶层的口语,包括师生之间、商人之间以及京城妇女之间的对话。比如《燕京妇语》的主要内容是北京女性的对话,尤其是旗人女性之间打招呼、宴会、游玩等交流方式,其中日常口语非常丰富;《生意筋络》则主要是商人之间的对话,商业用语较多。这些材料是研究北京话的重要语料。

(二)这类语料中包含了丰富的北京语言和文化信息

这一时期的教材非常丰富,除了有日本汉语教科书,还有韩国及欧美使用的汉语教材,像《语言自迩集》之类。这些教材基本采用对话形式,侧重于口语的记录,因而在作为教科书的同时,也保留了当时大量的口语,成为研究北京话的重要资料。同时,这类教科书也设定了多种教学背景,为学习者提供了丰富的语境,不仅对于学习和掌握北京话有很大帮助,而且对于了解北京文化也有潜移默化的作用。比如"多咱"一词,又写作"多喒""多儹","咱""喒""儹"都是"早晚"的合音,是什么时候的意思。在这些汉语教科书中,对时间进行提问基本上用"多咱"一词,是非常口语化的词语。除了表达疑问,"多咱"也可以表明一种时间状态。"多咱咱们也叫他瞧瞧去。"[①]"把我的八字儿叫他瞧瞧,父母属什么,兄弟几个,女人姓什么,多咱得的官,件件都算的正对,丝毫不错。"[②] 有时"多咱"也写作"多早晚儿"或者"多宗晚儿"。"老爷打算多宗晚儿起身呢?"[③]

同时,这类教科书的编者在编写教材的时候也秉持着"教汉语,学文化"的理念。这类书中除介绍北京的风土人情之外,还包括北京女性生活、商人活动、日常生活、主仆关系、婚丧嫁娶、打官司等多个层面的生活。

---

① 〔日〕广部精编著《亚细亚言语集》,翟赟校注,北京大学出版社,2018,第155页。
② 〔日〕广部精编著《亚细亚言语集》,翟赟校注,北京大学出版社,2018,第156页。
③ 〔日〕吴启太、郑永邦编著《官话指南·改订官话指南》,孙文访校注,北京大学出版社,2018,第125页。

这些汉语教材编写时,现代汉语的语法体系尚未形成,编者完全根据自己对语言的了解以及自身的语言习惯来编写教材。虽然有些词语形式和语法结构不太符合语言的规范,但是保留了大量的当时的口语和表达形式,为研究当时北京话提供了丰富的语言素材。

三 清末日本北京话教科书词汇的特点

陈晓的《基于清后期至民国初期北京话文献语料的个案研究》中对这一时期北京话研究状况进行了基本的概述,分析了这时的一些基本词语和语法现象及其成因。通过对日本汉语教科书的认真整理可以发现,清末民初北京话教材中保留了当时的语言特点,有其独特性,非常值得研究。本书选取了具有代表性的语气词、疑问代词、副词、介词等几类较为特殊的词语进行整理和分析。

(一)语气词

陈晓在谈到"清后期至民国初期北京话的语法现象"时,提到了这一时期较为常用的语气词分别为:罢、么、嘛、吗、哪、呢、咧、咯、啰、啦、阿、啊、呀、呦、哇等。本书查阅了这一时期的日本汉语教材,整理了这些语气词出现的状况及频次(见表3-1)。

通过表3-1可以看出,这一时期语气词使用频次较高的是罢、么、呢、哪、啊、呀等,这些语气词都是句末语气词。由于这些教材基本采用对话形式,因而通过研究可以发现这一时期语气词使用的特点。同时,这一时期正处于近代北京话向现代北京话的过渡时期,通过语气词使用的变化,也可以发现清末北京话与现代北京话之间的不同。

在语气词中,罢与吧、么与吗、阿与啊这些词使用的转变,基本反映了这一时期的语言变化。齐沪扬《语气词与语气系统》认为"同一个语气词会有不同的字形……例如啊也可以写作呵,吗写成么、嘛,呢写成呐,罢了写成吧了,等等。这与方言的影响有关,与使用者的使用习惯也有关"[①]。

---

① 齐沪扬:《语气词与语气系统》,安徽教育出版社,2002,第61页。

表 3-1　语气词使用频次

	四声联珠	亚细亚言语集	官话指南	改订官话指南	华语跬步	燕京妇语	官话急就篇	华言问答	生意筋络	中等官话谈论新编	虎头蛇尾	中国话	京华事略	北京纪闻	北京风土编	北京事情	北京风俗问答
时间	1886	1877	1882	1903	1886	1906	1935	1903	1903	1936	1906	1894	民国初年	1904	1898	1906	1924
罢	254	145	195	209	42	742	0	115	0	61	26	26	142	11	18	90	73
么	786	323	192	201	74	82	50	112	17	1	24	58	241	10	12	218	131
呢	790	340	166	199	66	103	86	60	24	167	9	1	578	22	7	359	2
哪	113	22	74	87	25	146	29	69	0	0	20	114	344	42	22	23	272
啊	173	87	21	31	25	139	13	22	6	49	14	0	37	3	6	78	59
阿	1	10	0	0	0	1	0	0	0	0	4	0	0	0	0	0	0
呀	31	26	32	29	30	109	5	27	0	16	10	6	108	3	0	17	27
咧	12	31	1	1	4	0	1	0	0	0	0	0	0	1	1	2	0
吗	1	3	3	1	0	0	3	2	0	85	0	1	60	1	0	11	0
嘛	6	0	0	0	0	0	0	0	0	0	0	0	0	0	0	0	0
哦	0	0	0	0	0	72	0	0	0	0	0	0	0	0	0	0	0
咯	0	50	0	0	44	0	0	0	0	0	0	0	0	0	0	0	0
纳	0	60	19	17	11	18	1	11	0	0	1	13	18	0	2	0	0
吧	0	0	0	0	0	73	0	0	0	0	0	0	28	0	0	0	0
啦	0	0	0	0	0	0	3	0	0	0	0	0	0	0	0	0	0

1."罢"与"吧"

在统计的 17 部教材中,"罢"共使用了 2149 次,这在所有语气词中使用的频次是较高的。可见,19 世纪末 20 世纪初的北京口语中还是使用"罢"作为句末语气词的,从《亚细亚言语集》《四声联珠》到《改订官话指南》《华言问答》《燕京妇语》,基本上没有出现"吧"这个语气词。在民国初期的教材中才出现"吧"作为句末语气词的情况,比如《京华事略》中"吧"使用了 28 次,"罢"使用了 142 次。到了 1935 年的《官话急就篇》中"吧"出现了 78 次,"罢"则没有出现。

从汉语发展史的角度来看,"罢"最早是作为实词使用的,是由"罢休、罢了"演化而来的。因而"罢"有结束、完结之意,这类语料在南宋时期《古尊宿语录》《五灯会元》中就出现了:

(1) 开堂日。表白宣疏罢。乃云。请和尚不老谦让。(《古尊宿语录》卷19)

(2) 日朝罢,帝擎钵问丞相王随曰:"既是大庾岭头提不起,为甚么却在朕手里?"(《五灯会元》卷6)

齐沪扬《语气词与语气系统》认为,到了元明之后,"罢"作为语气词才逐渐增多,开始是在句尾表决定、决断的语气,后来逐渐增加了商量的语气、委婉的语气,再后来又有了要求、催促、命令的语气。冯春田的《近代汉语语法研究》认为"罢"也表明一种揣测的语气,尤其是到了清代,揣测的语气更多了。在本书所考察的教科书中,"罢"的使用频率非常高,这些用法都可以看到:

(3) 那么咱们就初三见罢。(商量)(《华语跬步》,225页)

(4) 你看这种瓷器,又薄又细,画篇儿多精致啊!我给你十块钱罢。(商量)(《中等官话谈论新篇》,313页)

(5) 您可怜可怜罢,给您请安了。(请求)(《燕京妇语》,54页)

(6) 得了,给他一个叫他去罢。(命令)(《燕京妇语》,54页)

(7) 就那么着罢。(决定)(《燕京妇语》,81页)

(8) 我想明天晌午您就上船罢,早些儿上去,为的是消停。(催促)(《华言问答》,195页)

太田辰夫认为,清代之后"罢"出现了表达疑问语气的用法,这类用法在《红楼梦》《儿女英雄传》中都出现过。在我们考察的语料中,这类用法也有很多:

（9）阁下在都中久住了罢？（疑问）（《北京事情》，43页）

（10）一切风土人情，必都熟悉了罢？（疑问）（《北京事情》，43页）

蔡瑱则发现"罢"多用于反问句中，和"不"或"没有"构成句式，以否定的形式表达肯定的意义。这类的情况在教科书中亦不少见：

（11）也不能叫鬼迷了罢。（反问）（《四声联珠》，48页）

（12）那拉弓射的兵，软弱了不行罢？（《四声联珠》，65页）

此外，"罢"在句末中还可以表达谦让、客气的语气，这是北京话中比较独特的类型：

（13）劳您驾罢。（《华言问答》，194页）

（14）姥姥您吃烟呢。姑娘吃罢。（《燕京妇语》，15页）

关于"吧"的出现有不同的说法，太田辰夫认为"吧"出现于民国时期，冯春田认为"吧"出现于明末，孙锡信考察了清代的语料，发现18世纪乾隆时期的剧作家杨潮观的剧作中出现了语气词"吧"：

（15）我只得咬破指尖写血书求救吧！（《吟风阁杂剧·荀灌娘围城救父》）

（16）茶不现成，我去取壶酒来吧！（《吟风阁杂剧·偷桃捉住东方朔》）

而在我们所考察的语料中，"吧"在清末民初使用得并不多，民国初年的《京华事略》中出现了"罢"与"吧"混用的情况：

（17）师范学校的赵先生来了，请吧。（《京华事略·北京纪闻》，7页）

· 145 ·

（18）请您先说天时节气吧。(《京华事略·北京纪闻》，7页)

在1935年出版的《官话续急就篇》中，基本使用的是"吧"，而没有出现"罢"这个语气词：

（19）请您到我们栈里住去吧。(《官话续急就篇》，145页)
（20）可是我想贵国的樱花目下总开了吧？(《官话续急就篇》，154页)

而在1936年的《中等官话谈论新篇》中则又基本上使用"罢"作为语气词：

（21）我给你十块钱罢。(《中等官话谈论新篇》，313页)
（22）这大约是注重生命的关系罢。(《中等官话谈论新篇》，326页)

从这些语料可以看出，清末时，大多数人还是使用"罢"作为语气词，"吧"的使用还较少，这应该与教科书编写者的语言习惯有关，同时也说明了在这一时期"罢""吧"表达同一种语气，不同的编写者根据自己的语言习惯使用自己所熟悉的语气词。

2."么"与"吗"

"么"也是这一时期的汉语教材中使用频次较高的语气词，在这17部教材中"么"共出现了2532次。"吗"的使用频次则相对较少，在17部教材中出现了171次。

"么"用在句末，表示疑问或者揣测。根据孙锡信的研究，"么"从"无"出，到了明代才出现了以"吗"替换"么"的情况，而这一时期"么"的使用仍占优势。清代中期的小说《红楼梦》《歧路灯》等都相继出现了"吗"的用例：

（23）狗咬的怪紧，有什么歹人吗？（《歧路灯》二十九回）
（24）那不是紫娟姐姐来了吗？（《红楼梦》九十七回）

在本书的 17 本教材中"么"的使用较多，"吗"的使用相对较少，但是"么""吗"混用的情况较为普遍。比如《四声联珠》中"么"出现了 786 次，而"吗"只出现了 1 次；《亚细亚言语集》中"么"出现了 323 次，"吗"仅出现了 3 次；《官话指南》中"么"出现了 192 次，"吗"仅出现了 3 次。也就是说在 19 世纪末 20 世纪初的这段时间，"么"的使用还是占绝对优势的：

（25）使唤谁去的，至今还没来么？（《亚细亚言语集》，139 页）
（26）那狼说："我没害你，那还不是重报吗？"（《亚细亚言语集》，243 页）

从这些语料中可以发现，清末民初"吗"的使用还不多，但是"么""吗"混用的状况已经出现了。

3. "阿"与"啊"

作为句末语气词，孙锡信认为"阿"从元代就开始使用了，"啊"则是在明代才开始出现。而在这些汉语教材中"啊"的使用频率要远远高于"阿"的使用，"啊"使用了 580 次，而"阿"仅使用了 16 次。从这些教材中还可以发现，至少在明末清初，"啊"与"阿"还有通用的情况，但是"阿"基本上已被"啊"替代了。《官话指南》《华言问答》《生意筋络》《虎头蛇尾》等全用"啊"，没有使用"阿"的情况，20 世纪 30 年代的两本教材《官话急就章》和《中等官话谈论新编》也没有出现"阿"作为语气词的情况，说明 19 世纪末 20 世纪初"啊"已经替代"阿"作为语气词了。

从数据统计来看，语气词"啊"的数量虽然不少，但这一时期"啊"的音变已经出现了。很多研究者已经提出了"呀""哪""哇"等均为

"啊"的语音变体。从教材中可见,作为语气词的"哪""呀"数量也很多,分别为"哪"699个,"呀"321个,"哪"的数量甚至超过了"啊",说明了语音变体情况已经很成熟了,大多数的音已经发生了变化。

4. 纳

"纳"作为语气词较为特殊,很多方言词典中没有收入"纳"的这种用法。作为特殊的语气词,它一般放在代词"你"或者"您"的后边,表示尊重,在北京方言中特定使用。除了用在"您"的后面,也用在"您"的后面。清代中期的《儿女英雄传》中就已经出现"你那"的用法了,在稍晚的《语言自迩集》中,"你纳"的用法已经不少见了,并且出现了"您纳"的用法。江蓝生认为"您纳"较为常用的是作为后置的呼语,比如"好哇,您纳";也可以作为宾语用在句末,比如"我谢谢您纳";还可以用在句中,"我给您纳担(掸)干净了"。刘云认为,"你纳"这种说法是"你老"的音变之后的新形式。[1]

清末民初,"您纳""你纳"使用很多,在本次考察的17本教材中"纳"共出现了170余次,一般是对长辈、上级或者顾客表示尊重时使用,这是非常具有北京口语特征的用法:

(27)我早要瞧您纳去,老没得工夫。(《华语跬步》,217页)

(28)你纳说的是那儿的话呢?(《亚细亚言语集》,142页)

(29)唉,可是真难为您纳呀。(《燕京妇语》,17页)

(30)大哥,你纳看我射的,比以前出息了没有?(《亚细亚言语集》,140页)

但是1935年出版的《官话急就篇》中"纳"只出现了1次,1936年出版的《中等官话谈论新编》则没有使用"纳",由此可以看出"纳"这个语气词的使用基本上是在清末民初时期,到了20世纪30年代之后就较少使用了。

---

[1] 刘云:《北京话敬称代词"您"考源》,《北京社会科学》2009年第3期。

（二）代词

本书考察的清末的 17 部教材中口语教材较多，多采用对话的形式，因而疑问代词的使用频率较高。通过考察发现，这些教材中较多地使用了疑问代词"甚么、怎么、什么、多少"和指示代词"这么、那么"，具体情况如表 3-2 所示。

表 3-2 代词使用频率

	四声联珠	亚细亚言语集	官话指南	改订官话指南	华语跬步	燕京妇语	官话急就篇	华言问答	生意筋络	中等官话谈论新编	虎头蛇尾	中国话	京华事略	北京纪闻	北京风土编	北京事情	北京风俗问答
时间	1886	1877	1882	1903	1886	1906	1935	1903	1903	1936	1906	1894	民国初年	1904	1898	1906	1924
甚么	960	382	190	202	5	98	70	189	2	3	35	79	584	38	33	173	142
什么	0	0	0	0	0	0	0	0	36	135	0	0	56	0	0	0	0
怎么	585	172	131	148	23	34	38	78	15	70	17	27	160	32	3	175	89
多少	25	22	11	18	10	7	5	17	2	19	7	1	7	/	/	/	/
多儿	0	0	0	0	0	8	1	0	0	0	/	/	/	/	/	/	/

从表 3-2 中可以看出，这一时期北京话疑问代词使用频次较高的是"甚么"和"怎么"两个词，在问及数量的时候常使用代词"多少"。

1．"甚么"与"什么"

王海棻的《古汉语范畴词典（疑问卷）》认为"甚么"是一个古汉语词，是附加式复合疑问词，是由疑问词"甚"加上词缀"么"构成的，相当于"什么"。冯春田和吕叔湘都认为"甚么"和"什么"是可以混用的。"主要用在名词前或者作宾语（包括兼语），而一般不作主语。什（甚）么又可以分为表示询问、反问和疑问 3 类。"[①]

在唐宋时期的语料中就出现了"什么"和"甚么"两种用法，元明时期"甚么"使用得比较多：

[①] 冯春田：《近代汉语语法研究》，山东教育出版社，2000，第 182 页。

（31）一个独卧房儿，窄窄别别，有甚铺陈？燕燕已身有甚么孝顺？（《诈妮子调风月》，105 页）

（32）您孩儿每识个甚么？（《新编五代史平话》，205 页）

清代"什（甚）么"使用得比较广泛。在目前考察的 17 部日本汉语教材中，15 部出版于清末，仅有 2 部出版于 20 世纪 30 年代，可以作为参照物进行观察。这 17 部教材中"甚么"有 3185 例，"什么"有 227 例。可以看出，在清末时，"甚么"与"什么"混用的情况是存在的，但是"甚么"的使用明显更多。"甚么"在这里兼有指示和称代两种用法，用于询问、反诘、感叹、虚指和任指等。

（i）用于询问，既可用于名词前，询问事物及其属性，也可以询问事物的原因和目的：

（33）念甚么官话书哪？（《四声联珠》，2 页）

（34）您跟前都有甚么呀？（《燕京妇语》，13 页）

（ii）反诘或感叹，表示否定、不满或不屑，在句中可作定语、状语或宾语：

（35）小孩子家，竟贪玩儿，有甚么好处！没什么可干的么？（《四声联珠》，9 页）

（36）至于看小说儿、古词儿，都是人编的没影儿的瞎说，就是整千儿本看了，有甚么益处呢？（《亚细亚言语集》，139 页）

（iii）虚指，指称不确定的人或者事物，用作定语或宾语：

（37）他们说是一副对字，也不是甚么字。（《燕京妇语》，21 页）

（38）卖的东西也不少了，像家用的铜铁、木器、瓷器、各样儿粗细的家伙，还有衣服、绸缎、铺盖和一切铺垫甚么的……（《改订官话

指南》，191页）

"甚么"和"没"构成否定句，"没甚么"起到了缓和否定力量的作用：

（39）我看那吹糖人的，没甚么大利息罢？（《四声联珠》，144页）
（40）也没甚么别的，就是山鸡，又叫野鸡，和风鸡，就是杀了的鸡，冻起来的。（《四声联珠》，370页）

（iv）任指，表示在所知的范围内没有例外：

（41）我有一个朋友，他的孩子三岁，小嘴儿甚么都说。（《四声联珠》，2页）
（42）这么料估着，不论甚么糖，大约总是白颜色儿的多。（《四声联珠》，147页）
（43）那么不论甚么衣裳，到了冷天就是皮的就是了？（《北京事情》，95页）

总的来讲，清末民初，"甚么"的使用频率还是非常高的。无论使用数量，还是使用范围上都可见其重要价值。

2. 多少

多少是个复合疑问词，由反义形容词构成，表示对数量进行提问。这一词在古汉语中较为常用，在现代汉语中依然使用。在这一时期的日本汉语教材中"多少"使用的频率也很高，总计144次。除了使用"多少"一词，还出现了"多儿"的用法。《北京土语辞典》中说："多儿，犹言多少，少因清读而弱化，讹变为儿尾，再儿化。"①《燕京妇语》中"多少"出现了7次，而"多儿"出现了8次，说明这种变化在口语中较为常见，而且在口

---

① 徐世荣编《北京土语辞典》，北京出版社，1990，第119页。

语中"多儿"的使用有增加的趋势：

（44）啊，有那么远呢！得走多少天呢？（《燕京妇语》，50页）
（45）您得用多少尺啊？（《燕京妇语》，56页）
（46）是一送儿是来回儿啊？一送儿你要多儿钱呢？（《燕京妇语》，53页）
（47）您按着一两银子合多儿钱？（《燕京妇语》，58页）
（48）那个多儿钱手工啊？（《燕京妇语》，75页）
（49）手工你要多儿钱呢？（《燕京妇语》，76页）
（50）富二奶奶要多儿钱房钱呢？（《燕京妇语》，85页）

从这些例子可见，这一时期的口语中对钱数进行提问时多用"多儿"，对其他事物提问常用"多少"。

3. 多喒、多咱、多早晚儿

这一类词是时间疑问词，王海棻认为是组合式复合疑问词，咱、喒等词都是"早晚"的合音，表示什么时候。顾学颉《元曲释词》中提到元代就有"多咱"一词，是大概或者恐怕之意。明代的《金瓶梅词话》中已经有了合音的现象。清代这种现象更多，《满汉成语对待》《满语易言》《清文指要》中都有这种用法。但这种用法只保留在北京的口语中，在南京官话中没有，说明了这个词是比较地道的北京方言。《北京土语辞典》《北京口语词典》《北京方言词典》中都提到了这个词的这种用法。本次考察了12部教材，对于这几个词的使用频率见表3-3。

在这些教材的北京话的记录中，"多喒"与"多咱"可能是不同人根据语音记录采用不同字而形成的。"多喒"与"多咱"在北京话中一般是对时间进行询问：

（51）他得多喒才能明白呢？（《燕京妇语》，16页）
（52）多喒是个了手啊？（《亚细亚言语集》，138页）

表 3-3 多咱等疑问词使用频率

	教科书	多喒(喒)	这咱晚儿	多咱	多会	多早(宗)晚儿
1	四声联珠	6	0	2	1	1
2	亚细亚言语集	18	0	0	0	0
3	官话指南	14	0	6	0	1
4	改订官话指南	19	0	4	0	1
5	华语跬步	2	0	1	0	0
6	燕京妇语	10	2	0	1	0
7	华言问答	9	0	1	0	0
8	华语跬步	5	0	29	0	0
9	京华事略	6	0	0	0	0
10	北京事情	2	0	0	0	1
11	北京风俗问答	14	0	0	0	0
12	中国话	4	0	0	0	0

(53) 打算多喒到省里去呀？（《官话指南》,39 页）

(54) 那么叫他解多咱来伺候您哪？（《官话指南》,101 页）

"多喒"与"多咱"还可以表示对时间进行推测：

(55) 多咱暖和了，多咱再出门。（《四声联珠》,392 页）

(56) 多咱把大年初一日煮饽饽忙到嘴，才算是忙完了。（《北京风土编》,22 页）

除了使用"多喒"和"多咱"，有时也会用"多早晚儿"或者"多宗晚儿"，偶尔也有用"多会"对时间进行提问的，但是并不多：

(57) 等着多早晚儿，咱们发一注大财，咱们也阔一阔，没甚么不可的。（《北京事情》,123 页）

(58) 那么，我这一扁方儿得多会儿得呀！（《燕京妇语》,76 页）

清末对于时间进行提问或者询问，口语中基本用"多喒"或"多咱"，反映了当时北京口语的基本语言样态。

4. 怹

在代词中有一个比较特殊的词"怹"，是与"您"平行的第三人称敬称。陈刚《北京方言词典》认为"怹"有两个意思，其一是敬称的他，其二是表示复数的他们。《北京土语辞典》中说"怹"只是第三人称敬称。齐如山《北京土话》说："怹，音摊，或特恩切，他也。两人说话，对第三者，除下人外绝对不肯直呼他字，皆呼曰怹。若第三者为长辈，更无论矣。"① 在《燕京妇语》中"怹"出现了32次：

(59) 得给怹预备着，不定那一会回来就吃。(《燕京妇语》，11页)
(60) 怹荣任是甚么呀？(《燕京妇语》，12页)
(61) 老爷怹这一程子倒硬朗啊？(《燕京妇语》，17页)

在《中国话》中也出现了8次，都是第三人称敬称：

(62) 请怹纳头荡来开的药位［太/过］重。(《中国话》，412页)
(63) 目下怹纳跟前几位令郎？(《中国话》，417页)

清末，"怹"作为第三人称敬称在北京口语中使用得比较普遍，在所见的语料中尚未见到有复数"他们"使用的例证。

（三）副词

清末北京话中的副词也是比较独特的。在这些教科书中出现了像狠、竟、挨、倒、顶、敢情、敢自、敢则、简直、偏巧、好歹、回头、冷孤丁、怪不得这些副词。这些副词有的目前还在使用，比如倒、简直、怪不得；有些只在北京口语中还在使用，比如敢情、敢自、顶、挨之类；有一些则消失

---

① 齐如山：《北京土话》，北京燕山出版社，1991，第173页。

了或者发生了变化。

1. 狠

《古代汉语词典》"狠"作为副词有两个意思：一是非常；二是相当。这时的"狠"应该就是现代汉语中的"很"。我们梳理了这一时期几本教科书中"狠"和"很"的使用状况（见表3-4）。

表3-4 狠与很的使用

	狠	很
四声联珠	64	9
官话指南	1	2
亚细亚言语集	3	11
华语跬步	0	21
燕京妇语	0	6
北京事情	0	4
北京纪闻	0	5
北京风俗问答	2	4

清末民初，"狠"与"很"都是表示程度的副词。比如鲁迅的书信中说："起孟说过想译一篇小说，篇幅是狠短的，可是现在还未寄来。"[1] 胡适给青木正儿的信中说他的《金冬心之艺术》"是狠有价值的研究"[2]。这里都用了"狠"，说明在清末"狠"的使用还是较为普遍的。在目前考察的教科书中，"狠"与"很"基本上是混用的，具体的使用频率应该与编写者的写作习惯有关：

（64）这雅得狠哪。（《官话指南》，160页）

（65）这每月作会的日子狠多呀，共总有几位朋友呢？（《官话指

---

[1] 《鲁迅书信集》，人民文学出版社，1976，第17页。
[2] 张小钢编注《青木正儿家藏中国近代名人尺牍》，大象出版社，2011，第16页。

南》，160页）

在清末北京话教材中，"狠"与"很"二者在用法上的区分还不是非常清楚：

（66）我心理受不得，动了气，很很的打了他一顿。（《亚细亚言语集》，157页）

（67）自今以后，叫他很很心戒了酒罢。（《亚细亚言语集》，158页）

这两句中"很很"在现代汉语中应该是"狠狠"，显然当时人对于"狠"与"很"使用的区分还不是很清楚。

2. 竟

"竟"在现在汉语中是副词，表示出乎意料、居然的意思。在清末日本北京话教科书中，"竟"作为副词在口语中与"净"的意思相当。在这些语料中"竟"使用了200多次，而"净"基本没有出现。"竟"在此时口语中的具体用法有如下几种。

（i）有光、只的意思，这里"竟"一般与动词短语搭配：

（68）你弄，竟他们爷几个的鞋袜子就老没完。（《燕京妇语》，17页）

（69）小孩子家，竟贪玩儿，有甚么好处！（《四声联珠》，8页）

（70）我估摸着竟音没有那么些个。（《亚细亚言语集》，131页）

（ii）总是、老是的意思，这里"竟"也与动词短语搭配：

（71）树上竟往下掉虫子甚么的。（《燕京妇语》，65页）

（72）现在竟自整夜宴会，大小官员出来进去的，直不知道有多少人。（《北京纪闻》，176页）

（73）说我交朋友走亲戚竟假招子。（《华言问答》，214页）

(iii) 全、都的意思：

(74) 如今的大夫，明白的少，竟讲究车马穿戴的体面。(《四声联珠》，63页)

(75) 竟是洋广杂货。(《官话指南》，36页)

(76) 然而竟是男人、小孩儿的。(《北京风土编》，100页)

在《北京方言词典》《北京土语词典》等词典中没有"竟"的这类用法。爱新觉罗·瀛生说："竟现代北京话已不用了，这是幽燕语的说法，意思相当于现代北京话的就、索性。"① "竟"在口语使用中消失，也可能是为"净"所替代，从"竟"到"净"的变化反映出北京语言的发展和变迁。

3. 白

"白"本是表颜色的形容词。在现代汉语中，"白"作副词使用有徒然、无效和无代价、无报偿两个意义。在清代的北京官话中"白"还有"不过、仅仅、只"的意义。祖生利、爱新觉罗·瀛生以及《汉语外来词典》等都认为"白"的这个意思来自满语"bai"，在《红楼梦》《儿女英雄传》《七侠五义》中都出现过这类用法，《清文启蒙》和《清文指要》中也出现过这样的例子：

(77) 我合他白平常相友，没甚相厚处。(《清文启蒙》)

(78) 阿哥，你白想着瞧，父母的恩，为人子的岂能报答万一？(《清文指要·为学要紧》)

在日本的北京话教科书中，"白"这类用法的语料也有一些：

(79) 我白来问一问，像这对瓶得多少块钱？(《官话指南》，43页)

---

① 爱新觉罗·瀛生：《北京土话中的满语》，北京燕山出版社，1993，第201页。

（80）这都不像话，与其在这儿叉着手儿白站着，念一念书，好不好？（《四声联珠》，8页）

（81）多少银子买的？你白猜一猜。（《亚细亚言语集》，152页）

（82）我那个算甚么，白有个褂子的名儿就是咯。（《亚细亚言语集》，153页）

清末，"白"可以作为特殊副词，表示"仅仅、随便"等意思，但随着时代的发展，"白"的这个用法已经消失了。

（四）介词

这一时期日本北京话教科书中介词的使用也不少，且多用于口语中。这里从教科书中选择几个较有代表性的介词进行研究。

1. 打、起、解

《新编北京方言词典》《北京口语词典》《北京话词语》等书中都收入了起、解、打这几个介词，它们都用在口语中，都有"从"的意义。清末日本北京话教材中，打、解、起这几个介词也都有"从"的意思，而且使用的频率较高。

"打"作为介词在唐代就出现了，但是使用并不多。元明之后的小说、戏曲中"打"字很常见。冯春田《近代汉语语法研究》认为"打"是近代汉语新兴的介词。根据冯春田的总结，作为介词的"打"主要引出动作行为的处所和时间，具体有三种用法，这三种用法在当前考察的日本北京话教科书中都出现了。

（i）"打"用在动词前，表示动作行为经由的处所，与介词"从"有替代关系：

（83）打花园子里后围墙那么来的。（《四声联珠》，26页）

（84）打通州那么走。（《亚细亚言语集》，125页）

（ii）"打"用在动词前，表示动作行为所由或起始点：

第三章 文献与记忆：北京文化民间叙事的样本分析

(85) 打衙门到您这儿给您送行。(《燕京妇语》,26页)

(86) 太太这照相是打本国来的。(《燕京妇语》,28页)

(87) 您知道他是打那儿来的?(《华语跬步》,172页)

(iii)"打"字结构表示动作行为起始时的情状或时间：

(88) 我打那儿说起哪？咱们打春天说起。(《北京风土编》,7页)

从上面的例子可以看出，作为介词"打"在当时的北京口语中是比较常用的。

另一个介词，"起"也比较常用，《现代汉语虚词例释》中说："起表示空间起点，有从、自的意思，只用于口语。"① 在日本的北京话教科书中，"起"这类用法也不少：

(89) 怎么我起你手里租房，还得给茶钱呢?(《官话指南》,34页)

(90) 起这儿起，我敬惜字纸了。(《四声联珠》,11页)

(91) 起开市到如今，他把买卖治料的倒是很好。(《华言问答》,202页)

(92) 起到了我手里，还没擦过了。(《华语跬步》,140页)

"解"作为介词，与"接"同义，有从、经由之意。《北京方言词典》《新编北京方言词典》《北京口语词典》等都收入"解"的这个意义，"解"也基本是用于口语之中。日本北京话教材中，"解"这类用法也很常见：

(93) 老弟是解家里来么？喳，是解家里来。(《官话指南》,59页)

---

① 北京大学中文系1955、1957级语言班编《现代汉语虚词例释》，商务印书馆，1982，第355页。

(94) 您解这儿上那儿啊？（《官话急就篇》，146页）

(95) 押着蓝贵到保局里去，解楼新手里把那三百两银子要出来了。（《华言问答》，263页）

(96) 先到他家里起出那两锭银子来，解那么带着他到流水村去。（《华言问答》，256页）

(97) 解多咱才设立的？（《华语跬步》，165页）

由于起、解、打这三个词的意义基本相同，因而在口语中，不同的说话人往往根据自己的语言习惯使用不同的词。

2. 望

作为介词的"望"与"往"同义，有"向"或"跟"的意思。一般表示动作的方向，用在动词前，跟方位、处所词组合。在日本汉语教科书中，也有用"望"表示动作的方位和处所的，很有北京话的特色，比如：

(98) 他们先是一惊讶，后来心定了一定儿，就望他要赔补的钱。（《亚细亚言语集》，114页）

(99) 就是这个房钱可以望我要多少钱？那倒难说，老爷会说我们的话，可以先望他商量。（《亚细亚言语集》，124页）

(100) 这些人倘若恼羞变成怒了，望咱们不依，动起手脚儿来，得了甚么便宜了么？（《亚细亚言语集》，170页）

3. 赶

冯春田《近代汉语语法研究》认为，"赶"在口语中作介词是由动词"追赶"义转化来的。"赶"作为介词使用始于元代，明清时"赶"作为介词很常用。根据冯春田的总结，"赶"作为介词的语法在明清时期有四种，而在我们考察的日本北京话教科书中"赶"有如下两种用法。

（i）"赶"表示实施某种动作、行为所需要的因素或者条件，这里"赶"与"趁"有替换关系：

（101）赶他学满了之后，就在泰华楼当伙计，那个时候我就知道他能作买卖。（《华言问答》，202页）

（102）赶定规之后，我可以写个取钱的执照给你。（《官话指南》，130页）

（103）咱们赶明天再见吧。（《官话续急就篇》，151页）

（ii）"赶"的介词结构表示动作、行为的时间，"赶"与"到"或"在"有替换关系：

（104）赶到年下，清理清理账目，我也要收了这个买卖。（《四声联珠》，14页）

（105）赶到了上月，我上西城一个朋友家行人情去了。（《华言问答》，214页）

（106）赶明天你们给送到店里去瞧吧。（《华语跬步》，129页）

（107）赶您走的前两天告诉我一声，我把信写得了，交给您纳。（《华言问答》，201页）

在日本北京话教科书中，"赶"在谈话或者叙述事件的时候用得比较多，而且几乎每本书中作者都使用了"赶"作介词，说明在清末"赶"作为介词使用在口语中是比较普遍的。

四　清末北京话独特样态

通过对清末民初日本汉语教科书北京话的语料进行分析，可以看出这一时期的北京话属于北京官话，它既不同于元明和清代初期的白话，也与后来的北京普通话有所不同，应该是处于由中古语言向现代汉语转变期，它既保留了古汉语的语言和词汇特点，也有了一些新的变化。

（一）北京话保留了前代的语言形式

清末处于北京话的转变期，这时的北京官话虽然是白话，但是保留了大量元明清时期的汉语表达方式，这是毋庸置疑的。比如一些疑问代词甚么、怎么、多少、多咱等词就是古汉语的疑问代词。在考察的 17 部书中，疑问代词"甚么"的使用频次最高，达到了 3185 例，而在大量使用"甚么"作为疑问词的北京话中，"什么"一词也出现了，使用"什么"作疑问代词的有 227 例。

从教科书来看，在《四声联珠》《亚细亚言语集》《华语跬步》《官话急就篇》《华言问答》等基本上使用"甚么"进行提问，很少使用"什么"，即使在《燕京妇语》这种口语化非常明显的教材中也依然使用"甚么"作为疑问代词。而 1903 年出版的《生意筋络》中"什么"作为疑问词的有 36 个，"甚么"仅有 2 个。从而可以看出，清末，"什么"作为疑问代词也出现了，并且与"甚么"同时使用。1936 年出版的《中等官话谈论新编》中用"什么"作疑问词的已经有 135 个，而这时的"甚么"只有 3 个，说明"甚么"的使用正在逐渐减少，直至后来"什么"完全替代了"甚么"成为疑问代词。

再比如，语气词"罢"出现在明代后期，清代使用更为频繁。句子中"罢"作为语气词起到"吧"的作用。孙锡信认为句末语气词"罢"写作"吧"出现于 18 世纪后期。但从这些教科书来看，在清末民初这一时段，北京话还基本上使用"罢"作为句末语气词，而非"吧"。比如《四声联珠》《亚细亚言语集》等这些出现于 19 世纪晚期的北京话教材基本上还是使用"罢"作为语气词，尚未有"吧"的出现。即使在 20 世纪初的教材中，也是有大量"罢"的使用。这种情况在 1935 年出版的《官话急就篇》中发生了改变，整本书中"吧"出现了 73 次，而"罢"则一次都未出现。而同是 20 世纪 30 年代的教科书《中等官话谈论新编》中"罢"出现了 61 次，"吧"基本上没有出现。结合这一时期的白话小说来看，出版于 1908 年的《小额》已经出现"罢"与"吧"混用的现象，说明 20 世纪 30 年代"罢"与"吧"还处于混用阶段，并且逐步由"吧"替代了"罢"。但在清末，作为语气词的"罢"比"吧"更为常用一些。

再比如语气词"么"，根据孙锡信的研究，"么"在晚唐五代时期已经出现了，在明代就出现了"吗"替代"么"的情况。而这种情况在 1936 年出版的《中等官话谈论新编》中发生了变化,这本教材中"吗"出现了85次,而"么"仅出现了1次,而几乎是同一时期的《官话急就篇》"么"则使用了50次,而"吗"则仅有3次。由此可见,在清末,"么"和"吗"的使用还基本上是以"么"为主。到了20世纪30年代,"么"和"吗"可以互相替代了,不同的人根据自己的书写习惯使用"么"或者"吗"。再如介词"打",爱新觉罗·瀛生认为现代北京话谓"从"为"打",这是来自清代中期的北京话,"从哪儿来"说"打哪儿来"。

从这些资料可以看出,清末北京官话保存了元明清时期古汉语的用词方式,而这些用法和词汇在民国时期发生了改变,并进一步影响到了今天的北京话。

(二)北京话中保留了满语特征

清后期满汉杂居,加之乾隆时期开始的"出旗为民"的政策,旗人与汉民杂居,满族人的满语、满文水平下降,汉化水平不断加深,一些旗人甚至放弃了满语,改用汉语,汉语成为主要的交际语言。但是满族人长期统治北京城,满语的留存和影响在北京话中并不少。从清末日本北京话教科书中的北京话可以看出满语影响的痕迹。

1. 教科书中北京话的满语留存

爱新觉罗·瀛生《北京土话中的满语》中归纳了一些满语演变过来的北京话,比如"挺"源自满语"ten"为很、甚、极、非常。还有喇忽、沙琪玛、咋呼、咯吱、嘞嘞、哈喇、巴不得、呵斥、瞎迗吧咧、勒特、拉拉胯、饸饹、麻利、蟑塞、妈虎儿、狼胡、(穷得)叮当、各色、挎赤、栽歪、捆打、撞客、豁洛、嬷嬷、翻着、奀拉、海龙、喝呼、嘟噜(着脸)、倒腾、格连半片、疴疴巴巴、挤挤顾顾、晃常、依搡、打把式、抽冷子、牙碜、碜磣等。

在日本的汉语教科书中,同样也有很多类似的满语保留下来,比如:

(1)您阿妈上衙门克么?(《燕京妇语》,8页)

(2)刚觉着齁咸的不敢喝,不敢吃,碗没离嘴,就咳嗽起来了。

(《四声联珠》,91页)

(3) 朝廷赏他们的,或是肉,或是馒头不定,叫克食。(《四声联珠》,105页)

(4) 人面疮就是波棱盖儿上长疮,无药可医,不知道现在的大夫有治法没有。(《华语跬步》,90页)

(5) 一个不凑手,任凭你百般的央求,也是白饶。(《四声联珠》,41页)

(1)句中的"阿妈"指的是父亲,这是明显的满语保留下来。(2)句中的"齁咸"是很咸的意思,也是满语中留存下来的。(3)句中"克食"是皇上恩赐之食,这个词应该来源于满语"kesi"。[①](4)句中的"波棱盖儿"是膝盖的意思,这个词也应该源自满语。(5)"白"来源于满语"baibi",意为"徒然、空"。[②] 其他的还有"打哈哈""瞎诌胡咧""颠顶""哈什马""福晋""马虎子""牛录"等。北京话教科书中保留的满语词汇很多,有些词语在今天的北京话中还在使用。通过这些教科书的记录,我们可以看到满语对当时北京话的影响还是比较大的。

2. 受满语影响的特殊结构

除词汇的留存以外,北京话中的一些特殊结构也是受满语影响而形成的。

(1) V1着(O)V2结构

清代中期,旗人会话语料中经常用"V1着(O)V2结构"表示两个动作连续发生。在满族人的汉语教材《清文指要》中有"只是大凡遇见的就赶着他说"[③],"估量着你走了好几次"[④]。《清文启蒙》中也有"还等着你让么"[⑤] 这类用法。清末日本北京话教材中这样的结构也不少,其中《四声联

[①] 爱新觉罗·瀛生:《北京土话中的满语》,北京燕山出版社,1993,第212页。
[②] 爱新觉罗·瀛生:《北京土话中的满语》,北京燕山出版社,1993,第188页。
[③] 〔日〕竹越孝、陈晓校注《清文指要》,北京大学出版社,2018,第376页。
[④] 〔日〕竹越孝、陈晓校校《清文指要》,北京大学出版社,2018,第388页。
[⑤] 舞格编著《清文启蒙》,竹越孝、陈晓校注,北京大学出版社,2018,第870页。

珠》用例较多，有83例：

①你干甚么？在这儿又着手站着。（《四声联珠》，8页）
②我是说着玩儿，称得起是勤了。（《四声联珠》，11页）
③我在家躺着瞧书来着。（《四声联珠》，65页）

同样在其他的教材中也有这类的例子：

④我必定想着法儿各处寻了来给你。（《亚细亚言语集》，155页）
⑤况且娶的日子又很近了，掐着指头儿算，刚刚儿的十天。（《亚细亚言语集》，180页）
⑥昨晚上在院子纳着凉睡着了。（《华语跬步》，192页）
⑦侧着身子躺着瞧闲书哪。（《华语跬步》，200页）
⑧等着吃了饭再走罢。（《燕京妇语》，83页）
⑨若等着起完了货再去，就迟了。（《华言问答》，211页）

这个结构中前一个动词是修饰后一个动词的，在现代汉语中这样的用法也被保留下来了。

（2）句末语气助词"来着"

《清文启蒙》中有很多"……来着"用法，比如"说了来着""欲要来着""曾有来着"，《清文指要》中也有"我往这里一个亲戚家去来着"[①]这样的句子，可见满语中"……来着"是比较常用的结构。爱新觉罗·瀛生指出："'……来着'仍然用于现代北京话中。满语动词的过去完成进行时态有 bihe、bihebi 等说法，表示动作和状态曾经进行，及于现在。现代北京话与此相同，过去时用'了'，带有进行时的则用'来着'。这是与满语语

[①]〔日〕竹越孝、陈晓校注《清文指要》，北京大学出版社，2018，第377页。

法影响有关的。"①

清末民初日本北京话教科书中这种结构也不少,《四声联珠》中有13例,《亚细亚言语集》中有30例,《燕京妇语》中有6例,《华言问答》中有9例,《京华事略》中有5例,《华语跬步》中有8例,其他的书中也有一些个例:

①我拿他打狗来着。(《四声联珠》,10页)
②这几天竟在家里来着么?(《四声联珠》,37页)
③我看见昨儿晚上,月亮又圆又好,您也赏月来着没有?(《四声联珠》,40页)
④小人竟在他屋里看他配丸药来着。(《华言问答》,252页)
⑤我听见您阿妈提来着。(《燕京妇语》,16页)
⑥昨天我上坟来着。(《北京风俗问答》,288页)
⑦本来是当奴才,当小做活的来着。(《北京事情》,160页)

从书中的这些语料可以看出,在这一时期,"来着"的使用非常广泛,可以明显看出满语的影响。

(3) 句末表示领有、存在的"有"

现代汉语中一般的结构是"有"加上宾语,而在清末日本北京话教科书中常常出现宾语加上"有"的结构,这样的句式显然是受到满语的影响而形成的句法结构,爱新觉罗·瀛生认为:"这是谓语动词放在句末的例子,是满式汉语,是《清文启蒙》的遗迹。"② 教科书中有这样的例子:

①不定,十两银子一间的还有呢!(《四声联珠》,42页)
②有钱的人租十来间,带厨子、跟人,狼阔。若是狼窘迫的举子,

---

① 爱新觉罗·瀛生:《北京土话中的满语》,北京燕山出版社,1993,第201~202页。
② 爱新觉罗·瀛生:《北京土话中的满语》,北京燕山出版社,1993,第198页。

几个人租一间的也有。(《四声联珠》,42页)

③有钱有势的人家,大殡出来走到街上,真是两边的人,填街塞巷,甚至上房,把瓦陇儿踹坏了的都有。(《四声联珠》,190页)

④这种样儿的滑东西也有么?(《亚细亚言语集》,140页)

⑤他米也没有,钱也没有,办不了。(《官话指南》,83页)

⑥是起多咱有的?(《北京风俗问答》,208页)

这些句子都带有满语的特色,满语的特点就是将"有"放在后面,构成"XX有"的结构,而现代汉语基本上会说"还有十两一间的呢","若是狠窘迫的举子也有几个人租一间的","他没有米,没有钱,办不了",这个句式可以看出当时口语与现代北京话的区别。

(4) 句末语气词"罢了""罢咧"

爱新觉罗·瀛生发现"罢了""罢咧"作句末语气词在《红楼梦》中使用得很多,他认为"罢了"和"罢咧"译自满语词dabala,用于句末,相当于北京话"……而已"。他指出:凡"不过……而已""只是""仅仅"之意,满语皆用"……dabala"。① 祖生利则认为"罢咧""罢了"有三种用法:一表示积极肯定的判断,有勤勉鼓励之意;二带有不满、不屑之意,相当于"而已";三表容忍、商榷之意,相当于"算了","吧"。在《清文启蒙》和《清文指要》中,这几种用法都出现过。《清文指要》中"罢咧""罢了"出现了71例,《四声联珠》出现了9例,《亚细亚言语集》有27例,《华语跬步》有6例,《北京事情》有2例,其他的教材中也各有一些例子。从这些例子可见"罢咧""罢了"的用法:

(i) 表示不满或不屑的:

①说着玩儿罢咧!(《四声联珠》,80页)

②今儿饶了他,就改不成,至多一两天不合罢咧。(《亚细亚言语

---

① 爱新觉罗·瀛生:《北京土话中的满语》,北京燕山出版社,1993,第197~198页。

集》，158 页）

③不过是怕人笑话假的罢咧。（《亚细亚言语集》，143 页）

（ii）表示容忍、商榷的意思：

①不过晚上睡觉罢咧。（《四声联珠》，221 页）
②也不过逢场作戏的应酬朋友们罢咧。（《华语跬步》，198 页）
③听不听随你们罢咧。（《亚细亚言语集》，138 页）

（iii）表示积极肯定的判断，有勤勉鼓励之意。

①大哥要念书好事罢咧。（《亚细亚言语集》，137 页）
②自然是婚姻、嫁娶、生儿养女这些个事罢咧。（《北京事情》，127 页）

"罢咧""罢了"的这些用法，在清末北京话中使用还是比较多的，从而可以看出满语的表达方式在北京话中的遗存。这与这些教材的编者多为满族人也有一定关系。

（5）固定短语"这么着""那么着""怎么着"

"这么着""那么着""怎么着"是最具有满文特征的固定短语。在满语或旗人文学中，这类短语表示条件、假设、因果关系，一般出现在复句中。在清末的日本北京话教材中，这类的用法也很多，其中《华言问答》有 135 例，《四声联珠》有 115 例，《官话指南》有 59 例，《北京事情》有 36 例，《亚细亚言语集》有 32 例，《燕京妇语》有 26 例，《北京纪闻》有 17 例，《华语跬步》有 8 例，这些例子反映了这几个固定短语的用法。

（i）表示条件关系：

①既是这么着，我就不买他的了。（《华语跬步》，159 页）

②要是那么着,您少喝点就好。(《燕京妇语》,18 页)

③这么着,我当了两箱子衣服,才把赌账还了。(《官话指南》,78 页)

(ii) 表示假设关系:

①交了怎么着?交了之后,那个官就送到省城布政司的衙门去。(《四声联珠》,29 页)

②这么着也不好,那么着也不好,必定怎么样才好哪?(《华语跬步》,187 页)

③若是这么着,他若是天天儿来打听呢?(《亚细亚言语集》,117 页)

(iii) 表示因果关系:

①这么着,我就进那个客人屋里去了。(《官话指南》,70 页)

②这么着,他就到南门外头流水村去。(《华言问答》,255 页)

③按照那么着,我就坐装行李的那辆车么?(《亚细亚言语集》,125 页)

从这些用例中可见,"这么着""那么着""怎么着"作为固定结构,在当时的语言中使用得较为普遍。从而说明清末北京话是深受满语影响的,这种影响延续至今天的北京话。

从上面的语料可以看出,不论是词汇还是语法上,清末日本汉语教材中的北京话受满语的影响很大,满语的特色比较突出。首先,这一时期的北京话保留了很多满语的词汇和基本的用法,这类教科书对当时的语言状况进行了真实的记录,因而反映了北京话的真实样态。其次,这些教材的编写者或是满族人,或是跟满族人学习汉语的日本人,他们的学习背景决定了他们的语言习惯受满语的影响也非常自然。最后,这些教材受《清文指要》《清文启蒙》等满族人汉语教材的影响很多,在《四声联珠》中有些文章和句子就直接出自这两部教材，因而满语的特征就更为明显。

通过对清末民初口语词汇、结构发展变化的考察，我们基本上可以确认，这一时期还处于近代北京话向现代北京话的转化期，很多北京口语保留了明清时期北京官话的语言特点，有些还可以看到满语的影响和遗留。

第四章

叙事视角：
北京文化民间叙事的特征

第一节 民间叙事的多元化

社会巨变触发了新文学和新思想的产生，清末民初的叙事出现了一些新形式。对北京生活的记述不仅有原始的歌谣、传统的笔记，还出现了小说、游记等，甚至当时的汉语教科书对北京文化的记录也很有特色。对北京文化的叙事不仅有历史掌故、奇闻逸事，也有北京语言的发展变迁，这是前代没有出现的。

一 叙事内容的丰富性

中国的叙事传统由来已久，《史记》奠定了中国历史叙事的传统，其主要内容"本纪""世家""列传"基本上是对帝王将相的记述，而对于社会底层生活和人物所记甚少。后代的野史笔记中，日常生活和虚构想象的成分不断增加，《世说新语》增加了对当时贵族人物的生活、品行、言语的记录，《搜神记》则增加了对神怪世界的想象，但对普通民众的生活记述也并不太多。明清笔记对日常生活的记录不断增加，比如沈德符的《万历野获编》、谢肇淛的《五杂俎》等，对当时社会生活的记录非常丰富，不仅有贵族生活的记述，也有社会底层百姓生活的记述。清末民初社会的变迁带来了社会阶层的改变，很多人的人生际遇也发生了巨大的变化，因而在对北京社会生活进行记述的时候，无论是内容还是形式，都变得更为丰富，对于历史、政治、人物、风土人情、社会生活、日常生活等的记述更为全面、具体和生动，而且视角更为多样。清末民初的笔记对于普通百姓日常生活的记述大幅增加了。徐珂《清稗类钞》中专门分出婚姻类、风俗类、饮食类、物品类、舟车类、服饰类等与百姓日常生活息息相关的内容进行记述；震钧《天咫偶闻》专门记述北京的城市风貌，北京各区域的基本构成、街巷以及寺庙等内容；夏仁虎《旧京琐记》有对北京语言特点的记录；而清末的汉语教科书对于当时北京话的记录更为丰富。

（一）对北京话的记述

在北京文化的记录中，对风景名胜、宫室建筑和百姓日常生活的记述比较多，而对北京话的记述相对较少。清末民初，北京话成为笔记中所关注的对象。

1. 记录了北京口语

就语言本身而言，北京口语是在吸收满语及北方语言的基础上形成的，其特点非常突出。夏仁虎《旧京琐记》中，从语音、表达等方面总结了北京语言的特色：

> 北京音无入声，凡入声之字皆转入平、上、去三音，此人所习知也。然有一音而变数字者，如六、禄、陆、绿，均为入声，南人读之一音也。京音则数目之"六"读如"溜"，姓氏之"陆"、爵禄之"禄"均读如"路"，颜色之"绿"读如"虑"。凡如此类，不可枚举，初学京音，往往而误。
>
> 有一字而分两意者，如你我之"你"，遇平行以下可直呼"你"，尔、汝意也。然遇尊长则必曰"您"，读如"邻"，非是则不敬。"他"字亦分两意，呼平辈可直曰"他"，即彼意也。然述及尊长，则"他"字必读如"坦"，非是亦不敬。[1]

---

[1] 夏仁虎：《旧京琐记》，载《旧京遗事 旧京琐记 燕京杂记》，北京古籍出版社，1986，第43页。

第四章 叙事视角：北京文化民间叙事的特征

夏仁虎发现了北京话的独特之处。他认为北京话中既掺杂了满蒙语的特色，也保留了唐宋雅言的特点。比如看叫"把合"，仆役称为"苏拉"都是满语的遗存；而北京话中"可一街"是满街的意思，"可一院"是满院的意思，这与唐人诗的表达方式较为一致。虽然这些总结并非严谨的学术研究，但是他较早地从语言发展和演变的角度来分析北京话的特点，不仅指出了北京口语的特点，也直观地反映了北京话与南方官话的不同。

夏仁虎还记录了很多北京口语，并进行了分类和考订：

有最合古义者，如谓短矮人曰"矬"。按通鉴音义：矬，七禾切。《唐书·王伾传》"形容矬鄙"。至于呼车轮曰"较"，物被污曰"染"，节用曰"撙"（读如存），客曰"耆克"，适曰"舒坦"，含羞曰"腼腆"，巧曰"机伶"，增添曰"续"（叶序），失意曰"鏖糟"，忍受曰"鏖"，惊曰"发怵"，无声曰"悄默"，潜藏曰"隐欺"，匿曰"眛"，物重曰"沉"，轻浮曰"飘"，梦语曰"发呓"，半眠曰"迷胡"（即模糊）。微热曰"乌突"（温暾转音），南音曰"蛮"，老曰"龙东"，舒物曰"伸"，称量物曰"较"，皆与古义相合，前人诗文中亦恒见之。

有虽为俗语而有意义可寻者，如大言曰"吹"，视曰"瞅（目丑）"，偷觑曰"睃"，佯示以物曰"晃"，性急曰"毛躁"、曰"发毛"，私曰"体（去声）恤"，私财曰"体己"，错误曰"拧"（上声），执拗曰"撒扭"，亦曰"拧"，中空曰"草包"，闲谈曰"撩"，闲游曰"逛"，饮曰"喝"，吸烟曰"抽"，乱曰"麻烦"，热闹曰"火炽"，亦曰"火爆"，不热闹曰"温"，欺骗曰"笼统"，美曰"俊"，亦曰"俏式"，又曰"边式"、曰"得样"，性傲曰"苗"，柔曰"温存"，发怒曰"火劲"，刚曰"标"，缠足曰"蛮子"，天足曰"旗下"，乞物曰"寻（读如形）物"，光致曰"抹丽"，予人曰"给"，不老曰"少形"，说明曰"告"（读如稿），借宿曰"寻宿"（读如形休），大声曰"嚷"，群作曰"哄"，驱逐曰"轰"，接近曰"拉拢"，劳曰"累"，亦曰"乏"，不强曰"乏"，物过熟曰"大乏"，脱空曰"漂"（去声），美曰"漂亮",刻薄曰"损",讥人亦曰"损",初起曰"底根",终了曰"压根",或以形象,或以意会,皆不失字之正义者也。

有并无意义或并无其字者,如醉曰"喇嘛",从旁插语曰"得哑",向人私语曰"嘀咕",则仅为一种流俗方言,无可深考矣。①

北京口语中有一些源自古语,有一些是俗语,基本可以找到字与其相对应。少数的只有读音,而无其字。从夏仁虎的记录中可以知道,现在北京话中的很多口语词是从明清时传下来的,比如瞅、瞜、逛、轰等,这些对于我们研究北京话有很大的帮助。

2. 记录了北京话的词汇

除了《旧京琐记》对北京话的记录,清末民初的北京话教科书对于北京词汇的记录也是非常丰富的。《华语跬步》前面的单句、散语部分统计了北京话中包括数目、天文、地舆、时令、水火、饮食、衣冠、家伙、昆虫、草木、禽兽、身体、伦常、称呼、疾病、药材、房屋、铺店、颜色等19类常用词语和短语。《亚细亚言语集》前部分的散语也有很多反映日常生活的词语。这些词语都与百姓日常生活息息相关,比如关于饮食的,饽饽、老米、炉肉、关东糖等;关于蔬菜的,王瓜、茄倭瓜、冬瓜、扁豆;关于日常生活的,洋火儿、木炭、停床、米季、钱粮;反映交通的,起旱、火轮、水路;反映行业的,杠房、饭庄、裁缝、翠花匠、苦力、车夫;还有反映人体部位的,如踝子骨、下巴颏儿、波棱盖儿、迎面骨等;有动物,也有植物,还有北京婚丧嫁娶的词语。这些语料反映了北京生活的方方面面,从中可以发现这一时期普通民众的生活状态、吃穿用度、节日活动以及官府的税收活动、百姓的婚丧嫁娶等,可以说是了解当时社会生活的百科全书。

3. 记录京民谚、俗语和对联

笔记的重要内容就是记录当时人的语言,早期的笔记小说《世说新语》

---

① 夏仁虎:《旧京琐记》,载《旧京遗事 旧京琐记 燕京杂记》,北京古籍出版社,1986,第45~46页。

就有"言语"一章。北京语言非常丰富,尤其是一些民间谚语、俗语,对北京生活的记录准确生动,体现了北京民众幽默风趣的性格,以及对统治阶层和社会不良现象的批判。笔记中的民谚、俗语和对联一般存在于故事之中,这些民谚、俗语朗朗上口,幽默风趣,形象生动,读之令人解颐;仔细思之,又有捷才与智慧,让人感觉讽刺得准确生动,批评得切中要害;又因其语言简短,容易记忆,而流传甚广。《清稗类钞》中对这类民谚、俗语的记录非常多。

(1) 讽刺以慈禧太后为代表的皇亲贵族

晚清之际,国家动荡,民不聊生,但以慈禧太后为代表的皇亲贵胄依然过着奢靡的生活,甚至动用购买军舰的钱来整修颐和园,为慈禧太后祝寿。这种行径激起了广大民众的不满和强烈反对。当时流传着一些对联、民谚讽刺慈禧太后,表明民众对她反感与愤恨的态度。比如"万寿无疆,百姓遭殃"这句俗语在民间流传极广,《清稗类钞》记录其产生的过程:

> 光绪壬寅,张文襄(张之洞),督鄂,时方举行孝钦(慈禧太后)万寿,各衙署悬灯结彩,费巨万,柬请各国领筵宴,并奏西乐,唱新乐国歌。酒阑,某忽语梁某某曰:"满街都唱爱国歌,未闻有人唱爱民歌者。"梁曰:"君胡不试编之。"辜鸿铭略一仵思曰:"余已得佳句四,君愿闻之否?"曰:"愿闻。"曰:"天子万年,百姓花钱。万寿无疆,百姓遭殃。"坐客哗然。①

晚清之际国家处于外敌入侵、四处割让土地的局面,作为统治者的慈禧太后,却罔顾国家与民族的利益,不管百姓的死活,只顾自己庆寿,于是又有人作一副对联,表达对集天下之财富、博一人之欢心的独裁统治的不满:

> 孝钦后七旬寿诞,有人为撰一联,其上联云:"今日幸颐园,明日

---

① 徐珂编撰《清稗类钞》第四册,中华书局,2010,第1658页。

幸南海，何时再幸古长安？亿兆民膏血全枯，只为一人歌有庆。"下联云："五十割交趾，六十割台湾，而今又割富朝鲜。四万里封圻日蹙，欣逢圣寿祝无疆。"①

这副对联也流传极广，影响力极大，直接对以慈禧太后为首的晚清朝廷进行批判，非常有力量。

众所周知，晚清之际，慈禧太后独揽大权，光绪皇帝只是受其控制的傀儡和木偶，朝臣的任免仅凭慈禧太后之好恶，皇帝也没有任何办法。《清稗类钞》"曲靖曲全"条记载：

> 光绪时，关榕祚以劾某大僚失欢于孝钦后，遂外简。德宗语王大臣曰："使彼至曲靖府，是曲全彼之意。"时人摭余寿屏事成一联云："余成格无思恩思想，关榕祚以曲靖曲全。"余名成格，时方简思恩府知府而不愿赴任也。②

此对联写出了光绪皇帝不敢违逆慈禧太后，对敢于直谏的大臣无法保护的无奈。

晚清时期，中国屡受外敌侵扰。1883年至1885年的中法战争以中法议和而结束，当时督师者为张佩纶，晚清笔记中对他的记录不少。他是光绪朝清流代表，瞿兑之《杶庐所闻录》记载：

> 张佩纶本为光绪初年清流领袖，作直喜大言，尝屡劾鸿章，而晚年反附鸿章为门婿，翁婿交相称誉。辛丑和议，且随鸿章为幕客。是清流与洋务二党有兼之者矣。盖清流多疏于才，而佩纶以经世才自负，故与鸿章合，又鸿章亦欲收人望也。③

---

① 徐珂编撰《清稗类钞》第四册，中华书局，2010，第1665页。
② 徐珂编撰《清稗类钞》第四册，中华书局，2010，第1827页。
③ 瞿兑之：《杶庐所闻录》，山西古籍出版社，1995，第87页。

第四章　叙事视角：北京文化民间叙事的特征

虽然他在朝中屡次弹劾李鸿章，但是李鸿章欣赏其才华，还将女儿嫁给了他。《清稗类钞》中"三品功名丢马尾"条记录的就是民间对张佩纶的嘲讽：

> 光绪甲申，张佩纶督师马江，与法人战，败绩，郁郁不乐。后入李文忠幕，适丧偶，文忠妻以老女，遂晏居白下以终。或作联嘲之云："三品功名丢马尾，一生艳福仗蛾眉。"①

张佩纶为民国才女张爱玲的祖父，说他仰仗蛾眉倒未必，但他与法军作战失败是事实。两件事情放在一起，的确给人一种作战无能、升官有术的既视感，可见张佩纶在当时的风评并不佳，晚清官员整体形象大概如此。

无独有偶，1894年甲午海战中国失败。这场失败给晚清王朝和普通民众以极大的震撼。而彼时朝廷的高官却并未将精力集中于战事，或耽于娱乐，或一味轻敌，从而为民众所不齿。《清稗类钞》"访鹤吹牛"条记载：

> 翁叔平相国同龢喜豢鹤。光绪甲午，其园中所豢之鹤有飞去不返者，乃自书赏格并"访鹤"二字榜于京师正阳门瓮城中。慕其书者见之，辄揭之去，三易而三揭。时吴清卿中丞大澂方以湘抚督师，御日人而无功，或撰联语以纪之云："翁同龢三次访鹤，吴大澂一味吹牛。"实亦言之过甚也。②

甲午战事吃紧，而身为相国的翁同龢却为找丢失的鹤三写榜文，吴大澂指挥湘军与日人作战，因为轻敌，加之此时湘军战斗力减弱，最终失败。此联将发生于同一年的两件事放在一起，一为访鹤多发榜文，一为作战屡次失败，当时高官对中日之战的态度可见一斑，这也是战争失败的原因之一。这

---

① 徐珂编撰《清稗类钞》第四册，中华书局，2010，第1624页。
② 徐珂编撰《清稗类钞》第四册，中华书局，2010，第1637页。

· 177 ·

些朝廷重臣在民间话语中变成被嘲讽的对象,同是《清稗类钞》"愿贵人勿效常人"条提及:

> 光绪戊戌春,德国皇弟亨利亲王来华觐见德宗。时适恭亲王奕訢薨逝、贵州夏同龢以第一甲第一人殿试及第、协办大学士军机大臣常熟翁同龢适奉开缺回籍之旨。翁,咸丰丙辰状元也。好事者为联云:"德亲王至,恭亲王薨,对活鬼宜思死鬼;夏同龢来,翁同龢去,愿贵人勿效常人。"夏,贵州人。翁,常熟人也。①

对联用了谐音的方式,将两个同为皇帝弟弟的人放在一起,一生一死,两相映照;一人已成真鬼(奕訢绰号"鬼子六"),一为洋人(亦被称为"洋鬼子");下联两个同名的大臣一来一去,互相映衬,希望新人勿效旧人,对恭亲王与翁同龢评价显然都不高。

除了用对联和谐音的形式对贵戚重臣进行讽刺,京城的梨园中也经常借演剧表演讽刺他们。晚清之际京城梨园表演非常流行,这种讽刺形式也传播得很快。同为《清稗类钞》记载了艺人刘赶三在戏台上嘲戏皇亲贵胄之事,这些皇亲贵胄因而成为大众口中的笑料:

> 光绪时,京师梨园丑角首推刘赶三。赶三演剧以善诙谐得孝钦后欢,谑浪笑傲,无所不至。一日,演《秦淮河》一剧,高声呼曰:"排五的排六的排七的都出来见客呀。"盖指惇王、恭王、醇王也。都中妓院,其妓以次行而无名字,故赶三以是相谑,宫人莫不掩口胡卢,即孝钦亦乐闻之。惇王闻之怒,立叱侍者擒下,杖四十。②
>
> 刘赶三赴湖广会馆堂会,所演为《探亲相骂》。赶三每演是剧,辄乘其所秦黑卫(驴名),以博欢笑。是日登场,又牵卫而出,以鞭指之

---

① 徐珂编撰《清稗类钞》第四册,中华书局,2010,第1819页。
② 徐珂编撰《清稗类钞》第四册,中华书局,2010,第1823页。

第四章 叙事视角：北京文化民间叙事的特征

曰："尔勿动，否则即剥尔之黄马褂，拔尔之三眼花翎。"一堂为之哄然，盖指李文忠也。李方督两广，其时李之长子伯行兄弟俱在座，闻之，怒不可遏，因属家丁数十人，伺于湖广馆门首。须臾，赵三演毕出，及门，李之家人蜂拥而上，拳足交加，几毙，众和解之，始释。其徒舁之归，比至家，已不省人事，一夕而死。①

刘赶三在舞台上公然嘲讽惇亲王、恭亲王、醇亲王，将他们与妓女相提并论；又将李鸿章比之于他所豢养的驴，这样的嘲戏是非常大胆的。虽然听众觉得好笑，但是他公然嘲讽贵人，必然遭到报复。即使如此，他嘲弄贵戚的语言像长了翅膀，流传于民间市井，听者也无不心领神会，为之莞尔。

京城流行赠人对联，对联往往具有戏谑的特征。这些对联针对某类官员的特点，用对仗的语言形象生动地写出来。由于语言精致，对仗工整，朗朗上口，很容易流传，比如：

满人多工于应对，某有戏赠四品宗室某联云：胸中乌黑口明白，腰际鹅黄顶暗蓝。②

文宗御书"清正良臣"四字赐陈某某，时某大臣适为上面责，玉音有"卑鄙无耻"语。京中传一联云："卑鄙无耻，人不可以无耻；清正良臣，今之所谓良臣。"③

内阁中书有名吴鋆者，以堂官宝文靖公名鋆，因改己名为均金。后其婿某得内阁中书，有人撰联云："女婿头衔新内阁，丈人腰斩老中堂。"④

这些对联针对某类人的特点，不仅生动形象，而且有故事性，因而会流

---

① 徐珂编撰《清稗类钞》第四册，中华书局，2010，第1823页。
② 徐珂编撰《清稗类钞》第四册，中华书局，2010，第1560页。
③ 徐珂编撰《清稗类钞》第四册，中华书局，2010，第1586页。
④ 徐珂编撰《清稗类钞》第四册，中华书局，2010，第1811页。

传得久远。

(2) 对京城各衙门官吏的讽刺

京城不仅是皇亲贵胄的居住地，也是各大衙门的所在地，京城百姓将各官署形象地进行比喻：

> 京谚云："翰林院文章，太医院药方，光禄寺茶汤，銮仪卫轿扛。"又云："吏科官，户科饭，兵科纸，工科炭，刑科皂隶，礼科看。"盖各言其职守也。又巡城御史谚云："中城珠玉锦绣，东城市帛菽粟，南城禽鱼花鸟，西城牛羊柴炭，北城衣冠盗贼。"盖各言其所巡之地，华朴喧寂，迥不同也。又称翰林院讲读学士云："无事日有事，有事日无事。"詹事府衙门云："开印日封印，封印日开印。"盖遇翰林院直日，讲读学士递无事折，如有应奏事件，则由掌院学士具折而学士弗与也。至于东宫官属，则政务清闲，用印日少故也。①

京城的衙门各有其职，谚语把各衙门的工作讲得通俗易懂。当然各部在百姓眼中形象也各有不同。"或以富贵威武贫贱拟六部，吏曰贵，户曰富，礼曰贫，兵曰武，刑曰威，工曰贱。"② 吏部管官员升迁，是清贵的部门；户部管理全国财富，是富庶的部门；刑部管理各种案件，是需要威严和震慑的部门；工部主要处理的是建设、水利等比较辛苦的工作，与其他部门相比有些低贱。每个部门也都有不同的俗语：

> 刑部四无：谚曰刑部四无，谓门无扁、堂无点、官无钱、吏无脸也。③

> 吏部有公宴，司员咸集，或语之曰："公等一举手间而人之喜怒哀乐随之矣。"众愕然，叩其故，则曰："文选司掌选补、推升及班秩、

---

① 徐珂编撰《清稗类钞》第四册，中华书局，2010，第1769~1770页。
② 徐珂编撰《清稗类钞》第四册，中华书局，2010，第1593页。
③ 徐珂编撰《清稗类钞》第四册，中华书局，2010，第1656页。

第四章 叙事视角：北京文化民间叙事的特征

品级诸典，故曰喜。考功司掌考察、降罚及引年、称疾、给假诸例，故曰怒。稽勋司掌丧制、终养、复姓、更名诸事，故曰哀。验封司掌封爵、诰命、赠荫、叙功、吏员考职等事及真人、土司承袭，故曰乐。"①

刑部与吏部承担不同的职责，其重要性则有所不同。吏部掌管官员的赏罚、升降、封爵、死丧等事宜，故有"喜怒哀乐"之称，其评价也是非常准确的。而刑部貌似很重要，但有"四无"之称，可见其地位之尴尬。

在京城做官表面风光，实际上却要应对各种各样的问题。上有皇室贵族的欺压，中有同僚的倾轧，下有无数繁杂事务的干扰，因而京城人以轿夫比京官：

京谚以轿夫喻四种京官，前一为军机，扬眉吐气；前二为御史，不敢放屁；后一为翰林，昏天黑地；后二为部曹，全无主意。②

京官之尴尬处境可见一斑。因而有人说做官如做戏：

谚云"官场如戏场"，证以某优之言，良信。其言曰："吾党中如净末外老生，除休业外，无日不冠带登场，仪从煊赫，顾盼自喜，可十余年，而无风尘奔走之苦，患得患失之虑，忧谗畏讥之情，恐官场尚不如也。"③

做戏之人只在舞台上带着冠带和面具表演，而做官之人则要几十年如一日地表演，还经常患得患失，担心自己的位置和生命，其处境尚不如优人。因而有人总结做官之法："京都向有'小官大做、热官冷做、俗官雅做、闲官忙做、男官女做'之谣。"④

在京城官史中最常遭到诟病的是章京。章京为军机处的司员，他们一无

---

① 徐珂编撰《清稗类钞》第四册，中华书局，2010，第1770页。
② 徐珂编撰《清稗类钞》第四册，中华书局，2010，第1592页。
③ 徐珂编撰《清稗类钞》第四册，中华书局，2010，第1731页。
④ 徐珂编撰《清稗类钞》第四册，中华书局，2010，第1792页。

所长，整天无所事事，是尸位素餐的典型代表。《清稗类钞》中"嘲军机章京"条：

> 有作八股二比，状军机章京者，颇切合，盖嘉、道时此中人作也。其文云："辰初入如意之门，流水桥边，换去衣包于厨子。解渴则清茶一碗，消闲则画烛三条。两班公鹄立枢堂，犹得于八荒无事之时，捧银毫而共商起草。未正发归心之箭，斜阳窗外，频催抄摺于先生。封皮则两道齐飞，垂手则双行并写，八章京蚁旋值屋，相与循四日该班之例，交金牌而齐约看花。"①

这篇嘲弄嘉、道时期军机章京的文章放在晚清时期也同样适用。军机处章京主要的工作是抄写摺子，封好发出去，他们也常被称为"面糊军机"：

> 军机处章京一职，必以下笔千言倚马可待者承充。凡面奉谕旨发下之摺，俱由大臣折角以为暗记，如何则议奏，如何则照请。章京一一分别拟稿，经王大臣过目，合格者，用笔加一圈于纸背，交原人誊正，然后黏诸摺面。其自揣庸陋者，惟持面糊罐以俟，一一黏之。事毕，乃相率退出，时人遂有面糊军机之号。②

可见这些军机章京没有什么重要的价值，也不能提出任何建设性的意见，只是持浆糊罐，做粘贴工作。而这些人还有红黑之分，《清稗类钞》"红黑章京"条：

> 军机处之司员曰章京，而俗谚于人之负时名者目之曰红，反是则为黑，有好事者尝作红章京口号曰："流水是车龙是马，主人如虎仆如

---

① 徐珂编撰《清稗类钞》第四册，中华书局，2010，第1793页。
② 徐珂编撰《清稗类钞》第四册，中华书局，2010，第1561页。

第四章　叙事视角：北京文化民间叙事的特征

狐。昂然直到军机处，笑问中堂到也无。"黑章京口号曰："簏篓作车驴作马，主人如鼠仆如猪。悄然溜到军机处，低问中堂到也无。"①

章京之红黑取决于是否得到中堂的赏识，得到赏识者器宇轩昂、狐假虎威；未得到赏识者灰头土脸、噤若寒蝉。二者差距之大，肉眼可见。但是无论红黑，章京们的升迁沉浮在京城百姓的口中都是笑柄。

（3）对晚清之政事的讽刺

晚清之际，清政府内政、外交一败涂地。各种外战失败，纷纷以赔款纳降而告终；对内则采取残酷镇压的手段，压制打击反对势力和民众。他们的种种作为遭到了上下的一致反对，民间纷纷讽刺政府和官吏的行为：

光绪甲午中日一役，有人以其事实为对联曰："王文韶王文锦天津办防务，李鸿章李鸿藻地狱打官司。"又曰："弃丰台翁孙双割地，使日本父子两全权。"又曰："卫达三衔冤呼菜市，刘坤一拼命出榆关。""旅顺口已归日本，颐和园又搭天棚。（指将演剧也。）"②

甲午一役，中国损失惨重，这几副对联真实记录了当时发生的事件，可谓信史。王文韶曾任直隶总督、北洋大臣。他办理海防，主张加强北洋海军，提高海军力量，整顿水师，建立了天津水师学堂。王文锦，直隶天津人，同治年间进士，光绪十九年任兵部左侍郎，后转吏部右侍郎。因二人都在天津办水师防务，名字又相似，因而放在一起说。李鸿章与李鸿藻同为晚清大臣，但二人属于不同派系，李鸿藻属于清流派，而李鸿章属于洋务派，二人虽名字相近，但实为死对头。这里将两个人对举，说他们只能去地狱打官司了。第二幅对联中虽未点出人名，但在当时，对联所涉及的事件和人物并不陌生。"弃丰台翁孙双割地"，指的是翁同龢与孙毓汶，这两位朝廷重

---

① 徐珂编撰《清稗类钞》第四册，中华书局，2010，第1596页。
② 徐珂编撰《清稗类钞》第四册，中华书局，2010，第1637页。

·183·

臣都主张割让台湾给日本;"使日本父子两全权",指的是1895年李鸿章作为全权大臣,带着自己的儿子李经方到日本,与日本首相伊藤博文和谈,并签订了《马关条约》之事。上下联对举,写的都是对日本割地赔款之事。第三幅对联据说原来应为"卫达三呼冤赴菜市,刘坤一托病卧榆关"。北洋水师在威海卫失败后,清政府派刘坤一指挥湘军出关抵抗日军,但此时湘军的战斗力衰弱,抵挡不住日军,因而在辽河东岸全线溃退。刘坤一上书提出对日持久战的主张,遭到了主和派和速胜派的一致反对,认为他是消极抵抗,并将他与入朝作战、不战而逃的卫达三相提并论。对联将刘坤一与卫达三对举,卫达三被斩首于菜市口,而刘坤一卧病则有消极抵抗之嫌疑,这显然对刘坤一的名声和政治前途不利。据说刘坤一的门人将对联改为"卫达三衔冤呼菜市,刘坤一拼命出榆关",并连夜刊印数千份,派人驰赴京师,四处散发,为其消除影响。这种说法很有民间传奇色彩。第四幅对联更为直接。甲午战争失败,《马关条约》签订,清政府将辽东半岛割给了日本,而在此时颐和园又搭起天棚,准备给慈禧太后庆寿了,这是多么大的讽刺呀!国家主权丧失,割地赔款,百姓备受蹂躏,这所有的一切,都没有激起统治者自强的决心。以慈禧太后为首的统治者依然躲在宫殿里,纸醉金迷、醉生梦死,沉溺于享乐,不能自拔。这是清王朝必然走向灭亡的根本原因。

甲午战争的失败惊醒了清朝统治者中的一部分人,以光绪皇帝为代表的改革派痛感国家的衰亡,认为中国必须走变法革新的道路,才能摆脱灭亡的命运,因而出现了戊戌变法。众所周知,他们的这种努力失败了,说明晚清之际仅依靠统治者内部的变革是不能使国家崛起和走向富强的。当时京城流传着"光绪戊戌谐联":

"金銮宝殿唐天子(指景崧),锡蜡胡同张大人。"又曰:"四品京堂,查无下落(指王照)。三人会办,别出心裁。(指吴懋鼎等所办农桑局)"又曰:"昭信股票有千万,经济特科无一人。(是年保而未试)"[①]

---

① 徐珂编撰《清稗类钞》第四册,中华书局,2010,第1649页。

第四章　叙事视角：北京文化民间叙事的特征

　　第一幅对联中"金銮宝殿唐天子"指的是唐景崧。唐景崧曾率军参加抗法作战，后又被派往台湾任台湾布政使。甲午战争后，《马关条约》签订。清政府割让台湾，唐景崧坚决反对，曾带领台湾民众抵抗日军，但由于实力悬殊而失败。战败后唐景崧逃回国内，被清政府电令致仕回籍。他回到了桂林，组建了桂林春班，改良桂剧。他在桂林期间与康有为、岑春煊过从甚密。"锡蜡胡同张大人"指的是张之洞。张之洞为晚清四大中兴名臣之一，中法战争中他主张抗法，并积极参与抗击法军。他还积极兴办洋务，建立汉阳铁厂，兴办新式书院。甲午战争时期，他反对签订不平等条约，组织台湾民众奋起反抗日本人的侵略。在戊戌变法的过程中，他又积极支持变法，加入了康有为的强学会。对联中之所以将唐景崧与张之洞对举，与他们在台湾问题以及戊戌变法态度上的一致性有关。第二幅对联中提到的王照，在戊戌变法期间，曾上书光绪皇帝，建议皇帝和慈禧太后应该出去了解国内外的事情。他的上书一开始遭到礼部尚书怀塔布的阻挠，后被递给了光绪皇帝。光绪皇帝认为有人阻挠变法，将礼部的六位官员革职，以王照敢言直谏赏三品顶戴，并任命为四品京堂后补，这就是所谓"四品京堂"。戊戌变法失败后，王照也遭到通缉，逃到日本，因而是"查无下落"。吴懋鼎是晚清著名的买办商人，曾被朝廷任命为关内外铁路总局总办。他上书光绪皇帝建议在各城市建立商会。戊戌变法期间，被任命为京师农工商总局三督理之一，因而是"三人会办，别出心裁"。第三副对联中提到的"昭信股票"，是清政府1898年发行的国内债券。当时清政府为了偿付甲午战争赔款向民众借款，实际上就是早期的国债。为了显示政府的信用，命名为"昭信股票"。朝廷发行昭信股票，地方官员强令指派、恶意勒索，导致民间怨声载道，朝臣也不断上书光绪皇帝。昭信股票执行了九个月后，被光绪皇帝下诏停止，但是一些地方仍在执行。昭信股票是近代中西文化碰撞的结果，清政府试图借鉴西方的财政制度，以债券的形式缓解财政危机。但是受到诸多因素的影响，这次尝试失败了。下联中"经济特科"是戊戌变法时期光绪新政特设的新的科举考试科目，其目的是选拔了解内外实务的人才，但由于戊戌变法失败，该科设而未试就被废除了。

从这几副对联可以看出，戊戌变法之时，许多改革举措被提出来了，但是并没有真正深入人心，也没有真正地推行下去。因而这场变法活动只是统治阶层中的一部分人试图通过变法，使清政府摆脱内外交困局面的尝试。然而此时国家已经病入膏肓，种种革新的努力都只能是徒劳。

从清末民初北京城俗语的使用也可以看出当时政治生活的倾向性。《清稗类钞》记载"满饭吃得，满话说弗得"这句俗语是宣统时期的避讳：

> 俗有"满饭吃得，满话说弗得"之谚，盖戒人说大话也。宣统时，革命势盛，竞唱排满，固以在野党为多，然亦间有随声附和之官吏。盖若辈狡黠性成，知革命潮流大涨，必有推翻政府之一日。故虽食朝廷之禄，不敢获咎党人，谈论所及，绝无帝德君恩字样，殆于"满饭吃得，满话说弗得"二语而偶尔误会也。[①]

众所周知，"满饭吃得，满话说弗得"这句俗语本是告诫人不可以说大话。但在宣统时期，由于革命浪潮汹涌，排满倾向明显，很多官员做清朝之官，也就是"吃满饭"，却不再效忠于清政府。他们的口中也不再说"帝德君恩"这类话了，而对于革命党人的言论也不敢禁止了。这说明宣统时期，清王朝已经名存实亡了，那些官员也已经意识到了这一点，从他们的行径就可以看出清王朝必然灭亡的命运。

这些民间流传的对联、俗语，较为真实地记录了当时的社会状况和人物活动，对于晚清的政治生活、社会生活以及官场颇多讽刺，反映出民间对政治事件的态度及参与意识。对联、俗语、歌谣等形式最能反映民间社会对政治和社会生活的认知和态度，能够真正起到观民心、知厚薄的作用。

此外，日本的汉语教科书中也保存了丰富的俗语，比如《亚细亚言语集》中"两好并一好""老虎不吃回头面""远水难救近火""大鱼吃小鱼，小鱼吃虾米""夜猫子进宅，无事不来"等，这类的俗语非常多，通俗易

---

① 徐珂编撰《清稗类钞》第四册，中华书局，2010，第1846页。

懂，反映了北京人长期积累的生活经验和社会认知。

(二) 对百姓日常生活的叙事

这一时期笔记中对北京社会生活的记述较为常见。潘荣陛的《帝京岁时纪胜》、富察敦崇的《燕京岁时记》、陈夔龙的《梦蕉亭杂记》、杨米人等的《清代北京竹枝词》、夏仁虎的《旧京琐记》、何刚德的《春明梦录》、待馀生的《燕市积弊》，以及《都市丛谈》《日下尊闻录》等，都客观地描绘了北京人的日常生活，对北京的风俗习惯、北京人的日常起居均有翔实的记录，对于北京的生活问题也多有反思。徐珂编撰的《清稗类钞》有92大类，13000余条，其中涉及北京生活的占三分之一强。该书对北京的时令、宫苑、地理、园林、宅地等都有记录，其中婚姻、风俗、姓名、称谓、方言等类中对北京的婚姻习俗、服饰变迁、姓氏演化等都进行了记录。

除皇室、贵族以外，京城百姓从事着各种各样的生计，其生活方式也各有不同，但是典型的北京土著还是有共同特点的：

> 都中土著在士族工商而外有数种人皆食于官者，曰书吏，世世相袭，以长子孙。其原贯以浙绍为多，率拥厚资，起居甚侈。夏必凉棚，院必列磁缸以养文鱼，排巨盆以栽石榴。无子弟读书亦必延一西席，以示阔绰。讥者为之联云：天棚鱼缸石榴树；先生肥狗胖丫头。其习然也。曰库丁，役于户部，侵盗多致巨富。每岁挑库丁时，行贿之数可惊，然恒为匪徒抢绑，勒赎巨资，谓之抢库丁。故出入恒以多人护焉，此辈谓之保库丁。曰吃仓，又谓之仓匪，或谓之仓老鼠，一役身后往往百数十人，鼠雀之耗可知矣。曰长班，有二类：曰科分，曰会馆，亦子孙相袭。自各部裁书吏，银行代金库，南漕绝迹，科举既停，此辈皆失所，惟会馆之长班犹在。①

---

① 夏仁虎：《旧京琐记》，载《旧京遗事　旧京琐记　燕京杂记》，北京古籍出版社，1986，第41页。

民间叙事中的北京文化（1840-1928）

虽然京城各色人等的生存方式不同，但是他们又有共同的生活模式，正如"天棚鱼缸石榴树；先生肥狗胖丫头"是典型的北京人追求的生活方式一样，这就是所谓集体无意识吧。那么，北京人共同的生活方式有哪些呢？

1. 节日活动

京城百姓的生活特别有仪式感，对于节日非常重视。《帝京岁时纪胜》《燕京岁时记》《郎潜纪闻》等对北京节日习俗所记甚详，其中对于节日时间、饮食习惯和娱乐习惯都有详细的记录。陈康祺《郎潜纪闻初笔　二笔　三笔》"京师四时之景物"条记载：

> 京师正月朔日后，游白塔寺。望，西苑旃檀寺看跳喇嘛、打莽式、打秋千。元宵节前门灯市，琉璃厂灯市，正阳门摸钉，五龙亭看灯火，唱秧歌，跳饱老，买粉团。十六夜，女子出游，谓之走百病：烧金鳌玉蛛石狮牙，以疗牙疼。十九日，集邱长春庙，谓之燕九。二十五日，谓之填仓日，大小之家，俱治具饱食。二三月，高粱桥踏青，万柳堂听莺，弄箜篌，涿州岳庙进香迎驾。四月，西山看李花，海棠院看海棠，丰台看芍药，煮豆子结缘，送春赛会。五月，游金鱼池，中顶进香，药王庙进香。六月，宣武门看洗象，西湖赏荷。七月中元夜，街市放焰口，点蒿子香，燃荷叶灯。八月中秋夜，踏月买兔儿王。九月登高，花儿市访菊，城墙下观八旗操演，妇女簪挂金灯，九日归宁。十月，上坟烧纸，弄叫由子。十一月跳神。十二月卖像生花供佛，打太平鼓。①

京城一年四季，都有节日和娱乐活动。在这些节日中，去固定的场所游玩是京城百姓重要的节庆活动。而在京城百姓比较重视的元旦、上元、清明、中元、中秋、乱岁等节日中，更要有特殊的仪式，吃特别的东西，还要进行特别的活动。比如元旦就是非常重要的日子，《帝京岁时纪胜》中记：

---

① 陈康祺：《郎潜纪闻初笔　二笔　三笔》，中华书局，1984，第253页。

· 188 ·

第四章 叙事视角：北京文化民间叙事的特征

> 除夕之次，夜子初交，门外宝炬争辉，玉珂竞响。肩舆簇簇，车马辚辚。百官趋朝，贺元旦也。闻爆竹声如击浪轰雷，遍乎朝野，彻夜无停。更间有下庙之博浪鼓声，卖瓜子解闷声，卖江米白酒击冰盏声，卖桂花头油摇唤娇娘声，卖合菜细粉声，与爆竹之声，相为上下，良可听也。士民之家，新衣冠，肃佩带，祀神祀祖；焚楮帛毕，昧爽阖家团拜，献椒盘，斟柏酒，饫蒸糕，呷粉羹。出门迎喜，参药庙，谒影堂，具柬贺节。路遇亲友，则降舆长揖，而祝之曰新禧纳福。至于酬酢之具，则镂花绘果为茶，十锦火锅供馔。汤点则鹅油方补，猪肉馒首，江米糕，黄黍钝；酒肴则腌鸡腊肉，糟鹜风鱼，野鸡爪，鹿兔脯；果品则松榛莲庆，桃杏瓜仁，栗枣枝圆，楂糕耿饼，青枝葡萄，白子岗榴，秋波梨，苹婆果，狮柑凤橘，橙片杨梅。杂以海错山珍，家肴市点。纵非亲厚，亦必奉节酒三杯。若至咸忘情，何妨烂醉！俗说谓新正拜节，走千家不如坐一家。而车马喧阗，追欢竟日，可谓极一时之胜也矣。[1]

这里所说的元旦是旧历的初一，过了除夕，人们要出门拜年，路遇亲人要互相祝福。街上放鞭炮、卖东西的人很多。北京过节的时候，吃的东西很丰富。南北方的肉、酒、瓜果、蔬菜，各种饮食都集中在一处，到处都是纵情欢饮的情状。经过了一年的辛苦劳作，是该好好休息的时候了。即使并不富裕的人家，也一定要准备好东西，祭祀祖先，慰劳家人。

富察敦崇《燕京岁时记》中所描述的元旦的情况也差不多：

> 京师谓元旦为大年初一。每届初一，于子初后焚香接神，燃爆竹以致敬，连宵达巷，络绎不休。接神之后，自王公以及百官，均应入朝朝贺。朝贺已毕，走谒亲友，谓之道新喜。亲者登堂，疏者投刺而已。貂裘蟒服，道路纷驰，真有车如流水马如游龙之盛，诚太平之景象也。是

---

[1] 潘荣陛：《帝京岁时纪胜》，载潘荣陛、富察敦崇《帝京岁时纪胜 燕京岁时记》，北京古籍出版社，1981，第7页。

日，无论贫富贵贱，皆以白面作角而食之，谓之煮饽饽，举国皆然，无不同也。富贵之家暗以金银小锞及宝石等藏之饽饽中，以卜顺利。家人食得者，则终岁大吉。①

这里的"煮饽饽"就是今天的煮饺子，在饺子里面包金银等习俗也保留到了今天。

京城皇室和百姓都非常重视节日，尤其是端午、重阳、中秋、冬至等，被认为是非常重要的节日。京城自上至下地进行特殊的、具有仪式感的活动：

京师九月九：京师谓重阳为九月九，届日，都人士辄提壶携榼，出郭登高。南则在天宁寺、陶然亭、龙爪槐等处，北则在蓟门烟树，清净化城等处，远则在西山八大刹等处。②

民间京城的节日活动非常丰富，而且各有特色。对于普通的百姓而言，节日则为他们艰辛的生活增加些许的亮色，买卖人也可以在节日增加收入，改善生活。

2. 时令饮食

北京节日的饮食相当丰富，黄濬《花随人圣庵摭忆》"北京饮馔"记录北京吃元宵的习俗：

旧京呼汤圆为"元宵"，昔唯灯节常供，今则长年有之。中以果实蜜糖为馅。符诗所谓"桂花香馅裹胡桃"者是也。方海槎诗"元宵更糁糖"，此则指纯以白糖为馅者。《周礼》有糁食，调以米屑和肉煎为饵，正是馅意。③

---

① 富察敦崇：《燕京岁时记》，载潘荣陛、富察敦崇《帝京岁时纪胜　燕京岁时记》，北京古籍出版社，1981，第45页。
② 徐珂编撰《清稗类钞》第一册，中华书局，2010，第33~34页。
③ 黄濬：《花随人圣庵摭忆》，中华书局，2013，第815页。

第四章　叙事视角：北京文化民间叙事的特征

京城的果蔬也非常丰富，每年到了农历五六月，时令水果上市了：

> 小麦登场，玉米入市。蒜苗为菜，青草肥羊。麦青作撵转，麦仁煮肉粥。豇豆角、豌豆角、蚕豆角、扁豆角，尽为菜品；腌稍瓜、架冬瓜、绿丝瓜、白荬瓜，亦作羹汤。晚酌相宜。西瓜、甜瓜、云南瓜、白黄瓜、白樱桃、白桑椹。甜瓜之品最多，长大黄皮者为金皮香瓜，皮白瓤青为高丽香瓜，其白皮绿点者为脂麻粒，色青小尖者为琵琶轴，味极甘美。桃品亦多，五月结实者为麦熟桃，尖红者为鹰嘴桃，纯白者为银桃，纯红者为五节香，绿皮红点者为秋秸叶，小而白者为银桃奴，小而红绿相兼者为缸儿桃，扁而核可作念珠者为柿饼桃。更有外来色白而浆浓者为肃宁桃，色红而味甘者为深州桃。杏除香白、八达杏之外，有四道河、海棠红等杏，仁亦甘美。李柰则有御黄李、麝香红，又有黄皮红点者为梅杏。又杏质而李核者，为胡撕赖蜜淋噙。至若榴花似火，家人摘以簪头；凤草飞红，绣女敲而染指；江西腊五色芬芳，虞美人几枝娇艳，则又为端阳之佳卉也。①

瓜果成熟了，各种品类的香瓜、桃子、杏子，味道甘美，肉质肥厚，成为京城人口中的美味和馈赠的佳品。这些水果不仅是京城人的休闲食品，还被他们制成了各种饮料，其中最具代表性的时令饮料就是酸梅汤：

> 酸梅汤以酸梅合冰糖煮之，调以玫瑰木樨冰水，其凉振齿。以前门九龙斋及西单牌楼邱家者为京都第一。②

---

① 潘荣陛：《帝京岁时纪胜》，载潘荣陛、富察敦崇《帝京岁时纪胜　燕京岁时记》，北京古籍出版社，1981，第24页。
② 富察敦崇：《燕京岁时记》，载潘荣陛、富察敦崇《帝京岁时纪胜　燕京岁时记》，北京古籍出版社，1981，第74页。

盛夏之时，天气酷热，正是京城莲实成熟的季节。莲实、藕等食物不仅可以食用，也可以做成各种饮品，成为京城百姓喜爱的佳品：

> 盛暑食饮，最喜清新，是以公子调冰，佳人雪藕。京师莲实种二：内河者嫩而鲜，宜承露，食之益寿；外河坚而实，宜干用。河藕亦种二：御河者为果藕，外河者多菜藕。总以白莲为上，不但果菜皆宜，晒粉尤为佳品也。且有鲜菱、芡实、茨菇、桃仁，冰淬下酒，鲜美无比。其莲藕芡菱，凉水河最胜，有坊曰十里荷香。避暑山庄金莲映日处，广庭数亩，金莲万本，天下无二。茉莉花、福建兰，摘以熏茶；六月菊、白凤仙，俱堪浸酒；夜兰香、晚香玉，落日香浓；勤娘子、马缨花，平明蕊放。①

七八月间秋蟹正肥，也是正是各种秋天水果成熟的时候。苹果、梨子、枣、甜瓜等纷纷上市，琳琅满目。京城百姓不仅有口福吃到这些瓜果，而且有眼福看到争奇斗艳的各种鲜花：

> 禾黍登，秋蟹肥，苹婆果熟，虎〈口赖〉槟香。都门枣品极多，大而长圆者为缨络枣，尖如橄榄者为马牙枣，质小而松脆者为山枣，极小而圆者为酸枣。又有赛梨枣、无核枣、合儿枣、甜瓜枣、外来之密云枣、安平枣，博野、枣强等处之枣。其羊枣黑色，俗呼为软枣，即丁香柿也。红子石榴之外有白子石榴者，甘如蜜蔗，种出内苑。梨种亦多，有秋梨、雪梨、波梨、密梨、棠梨、罐梨、红绡梨，外来则有常山贡梨、大名梨、肉绵梨、瀛梨、洺梨。其能消渴解酲者，又莫如西苑之截梨，北山之酸梨也。山楂种二，京产者小而甜，外来者大而酸，可以捣糕，可糖食。又有蜜饯榅桲，质似山楂，而香美过之，出自辽东。楸叶

---

① 潘荣陛：《帝京岁时纪胜》，载潘荣陛、富察敦崇《帝京岁时纪胜 燕京岁时记》，北京古籍出版社，1981，第25页。

鸣秋，葵花向日，鸡冠分五色，高逾檐，多如林，秋日盛开，若百鸟朝凤，芬芳艳丽，乃秋色中之绝品也。至于剪秋罗、玉簪花、芙蓉花、雁来红，又不若秋海棠，虽西府铁梗木本之花，亦难比其娇媚也。老来少由青而碧，碧而黄，黄而红，如暮霞照紫，睹此则不必西山问霜叶矣。①

不得不感叹帝京得天独厚的地理和自然优势，能够产出这么多时令水果、蔬菜，京城百姓才能品尝这些四季鲜味。北京虽然是北方城市，但是它并不缺乏蔬菜水果和四季鲜花。各类的蔬菜水果不仅保证了京城百姓饮食品种的多样性，也为京城百姓的生活增添了丰富的色彩。

（三）对京城商业活动的叙事

城市的发展带来了商业的繁荣。曾经的庙市是百姓主要的购物场所，晚清之际，庙市仍然存在，同时京城也出现了商业中心。

1. 京城的庙市

寺庙与京城普通百姓最直接的联系是通过庙市产生的。很多寺庙有庙市，而且这些庙市往往延续了很多年。庙市不仅是京城百姓的购物场所，也是他们的娱乐场所。比如，隆福寺庙市就非常著名：

> 庙市之物，昔为诸市之最，今皆寻常日用，无复珍奇。余少时游之，尚多旧书古拓，字画亦多，价值不昂，今不复见。惟市左右唐花局中，日新月异。旧止春之海棠、迎春、碧桃，夏之荷、榴、夹竹桃，秋之菊，冬之牡丹、水仙、香橼、佛手、梅花之属。南花则山茶、腊梅，亦属寥寥。近则玉兰、杜鹃、天竹、虎刺、金丝桃、绣球、紫薇、芙蓉、枇杷、红蕉、佛桑、茉莉、夜来香、珠兰、建兰到处皆是。且各洋花，名目尤繁，此亦地气为之乎。②

---

① 潘荣陛：《帝京岁时纪胜》，载潘荣陛、富察敦崇《帝京岁时纪胜　燕京岁时记》，北京古籍出版社，1981，第28~29页。
② 震钧：《天咫偶闻》，北京古籍出版社，1982，第63页。

· 193 ·

隆福寺庙市原是图书、古玩、字画市场。到了晚清，已经没有从前的盛况了，主要以售卖花卉为主。

东城的隆善护国寺，俗称护国寺。这里的庙市也非常热闹，"月七、八日有庙市，与隆福寺埒，而宏敞过之"①，这里的市场比隆福寺的还大。

西城的都城隍庙在城隍庙街，始建于元代。曾经这里的庙市是最盛的，但庙因火灾被毁，庙市也没有那么繁荣了：

> 今城隍庙止五月上旬有市，亦不及两庙之盛。自同治十年庙灾，仅正殿及仪门修复，余则一片瓦砾场而已。后殿基存，元明碑或立或仆，换水碑则在左阶下，惟北平府三字无存。庙前街道宽宏，想见昔日繁盛。庙西有地名花园宫，尚有陂塘遗址。②

药王庙东有东小市和故衣市，主要卖日常生活用品和衣服等百货：

> 凡日用衣服、几筵箧笥、盘盂铜锡、琐屑之物，皆于此取办。盖外城士夫多居城西，商贾皆居城东。东城隙地正多，故为百货所萃。③

还有崇元观在新街口，"正月庙市半月，近已倾圮无余，而市依旧"④，这些庙市是百姓购买生活必需品的场所，也是他们放松和娱乐的重要地方：

> 太平宫，在东便门内，庙极小。岁上巳三日，庙市最盛。盖合修禊、踏青为一事也。地近河壖，了无市聒。春波泻绿，壖土铺红。百戏竞陈，大堤入曲。衣香人影，摇飏春风，凡三里余。⑤

---

① 震钧：《天咫偶闻》，北京古籍出版社，1982，第90页。
② 震钧：《天咫偶闻》，北京古籍出版社，1982，第103页。
③ 震钧：《天咫偶闻》，北京古籍出版社，1982，第135页。
④ 震钧：《天咫偶闻》，北京古籍出版社，1982，第90页。
⑤ 震钧：《天咫偶闻》，北京古籍出版社，1982，第153页。

尽管晚清时有些庙市没有之前那么热闹了，但是市民逛庙市的习惯仍然保留着。

2. 商业中心

晚清之际，北京出现了大量的商业中心，成为后来北京商业活动主要的场所，东单牌楼是典型的代表。"东单牌楼左近，百货麇集，其直则昂于平日十之三。负载往来者，至夜不息。当此时，人数骤增至数万。市侩行商，欣欣喜色。或有终年冷落，藉此数日补苴者。"① 反映了当时东单商业活动的发展和繁盛。城内的另一个商业中心是地安门外大街，这里也是非常繁华热闹的市场：

> 北至鼓楼，凡二里余，每日中为市，攘往熙来，无物不有。……其地西临海子，行所必经，门外有酒家，二三知己，小酌清言，直不知身在人海。②

> 天桥南北，地最宏敞。贾人趁墟之货，每日云集。更有金张少年，扶风豪士。夕阳未下，黄尘正繁。轮雷乍惊，驹电交掣。飘风一过，忽已远逝。洛阳青门之狭，不足斗其捷也。③

> 花儿市大街，在崇文门外大街东。每月逢四日有市，日用及农器为多，来者多乡人。其北四条胡同，则皆闺阁妆饰所须。翠羽明珰，假花义髻之属，累累肆间。④

各类市场中，书市是较有代表性的。上文提到琉璃厂是京城重要的书画市场，到了晚清，它依然是百姓所熟悉和认同的文化市场。瞿兑之《杶庐所闻录》"书贾"条记载了清代琉璃厂的状况：

> 琉璃厂之为骨董、书籍、字画、南纸各肆所萃，盖始于乾隆间。书

---

① 震钧：《天咫偶闻》，北京古籍出版社，1982，第53页。
② 震钧：《天咫偶闻》，北京古籍出版社，1982，第83~84页。
③ 震钧：《天咫偶闻》，北京古籍出版社，1982，第135页。
④ 震钧：《天咫偶闻》，北京古籍出版社，1982，第153页。

肆中有卖缙绅及在同年录者，则凡仕宦者无不趋之；纸店中有卖小楷笔、铜墨盒、墨汁者，则应试者无不趋之。朝士大夫退食余闲，欲怡情翰墨，则亦巾车野服，于此恣一日之游。至于积学之士，欲读异书而力不能购，则坐书肆中亦得恣眼福焉。故肆主多工应对，通书史，以便与名人往还。其在光绪中，有刘振卿者，山西太平人，佣于德宝斋古玩铺，昼则应酬交易，夜则手一编，专攻金石之学，尝著《化度寺碑图考》，洋洋数千言，几使翁北平无从置喙。德宝主人李诚甫，亦山西太平人，肆始于咸丰季年，资仅千金，后乃逾十万，诚甫能鉴别古彝器甚精，潘祖荫、王懿荣所蓄大半皆出其手。诚甫卒，其犹子德宣继其业。书肆则光绪初有宝森堂之李雨亭、善成堂之饶某。雨亭卒于光绪六年，《越缦堂日记》记之云："此人知书籍源流精恶，为厂中第一。"其后又有李兰甫、谈笃生诸人，言及各朝书板、书式、著者、刻者，历历如家珍。又有袁回子者，江宁人，亦精于鉴别，碑帖某拓本多字、某拓本少字，背诵如流。又有古泉刘者，父子皆以售古泉为业，其考据钱之种类有出乎诸家著录以外者，惜文理不通，不能著述。以上皆见于无锡某君之《清代野记》。①

胡思敬《国闻备乘》云："京师琉璃厂书贾凡三十余家，唯翰文斋韩氏席先世旧业，善结纳，赀本尚充，收藏较他商为富，其能辨古书贵贱者，推正文斋谭笃生、会文斋何厚甫。厚甫之甥韩左泉亦颇识书，唯贪欲过重……予初至京，潘祖荫、盛昱、王懿荣皆好蓄书。其时钱唐许氏、寿阳祁氏之书，已有鬻于市者。后数年，祖荫之书归翰文，懿荣之书归正文。"②

这时的琉璃厂依然是一个集商业与文化于一体的特殊市场，它的存在是老北京悠久历史的见证，同时也是历史文化保留和传承的重要场所。琉璃厂是读书人的天堂，更是文化集聚之地。大量的图书、字画通过琉璃厂售卖或

---

① 瞿兑之：《杶庐所闻录》，山西古籍出版社，1995，第64~66页。
② 胡思敬：《国闻备乘》，载陈夔龙、胡思敬《梦蕉亭杂记　国闻备乘》，中华书局，2018，第203页。

第四章　叙事视角：北京文化民间叙事的特征

者收藏起来，对于保存北京历史文化起了非常重要的作用。

总之，清末民初京城的商业活动是相当发达的，市场活跃，商品多样，百姓购物的场所也增加了，出现了大的商业中心。这些都反映出当时北京商业活动的活跃，也表明了北京这座城市正在向现代城市迈进。

（四）对京城娱乐生活的叙事

北京市民的构成包括贵族、旗人、手工业者、商人等多种成分。随着城市的发展，市民对娱乐的需求不断增加，娱乐场所也发生了变化。比如灯市是京城著名的观灯之处，明代这里非常繁盛：

> 《燕都游览志》所称，相对俱高楼，楼设氍毹帘幕，为燕饮地。夜则然灯于上，望如星衢者，今则无是。忆余髫年，尚见路南楼六楹，岿然无恙，今不可问矣。每上元五夕，西马市之东，东四牌楼下，有灯棚数架。又各店肆高悬五色灯球，如珠琲，如霞标，或间以各色纱灯。由灯市以东至四牌楼以北，相衔不断。每初月乍升，街尘不起，士女云集，童稚欢呼。店肆铙鼓之声，如雷如霆。好事者然水浇莲、一丈菊各火花于路，观者如云，九轨之衢，竟夕不能举步。香车宝马，参错其间。愈无出路，而愈进不已。盖举国若狂者数日，亦不亚明代灯市也。①

到了晚清，由于财力不足，灯市已经大不如前。但观灯依然是京城百姓重要的娱乐活动，《燕京岁时记》中记：

> 走马灯者，剪纸为轮，以烛嘘之，则车驰马骤，团团不休。烛灭则顿止矣。其物虽微，颇能具成败兴衰之理，上下千古，二十四史中无非一走马灯也。是物之外，又有车灯、羊灯、狮子灯、绣球灯之类。每届十月，则前门、后门、东四牌楼、西单牌楼等处在在有之。携幼而往，

---

① 震钧：《天咫偶闻》，北京古籍出版社，1982，第57~58页。

欢喜购买而还，亦闲中之乐事也。按，走马灯之制，亦系以火御轮，以轮运机，即今轮船、铁轨之一班。使推而广之，精益求精，数百年来，安知不成利器耶？惜中土以机巧为戒，即有自出心裁、精于制造者，莫不以儿戏视之。今日之际，人步亦步，人趋亦趋，诧为奇神，安于愚鲁，则天地生材之道，岂独厚于彼而薄于我耶？是亦不自愤耳！①

花灯的样式很多，其中最著名的就是走马灯。走马灯的设计新颖，结构轻巧，其运行采用"以火御轮，以轮运机"②的方式，现代火车、轮船采用的也是这种方式。

北京的彩灯由来已久，黄濬《花随人圣庵摭忆》"北京灯火"记录了京城彩灯——羊角风灯的发展：

前摭鲍辛圃《琉璃厂春游诗》，其"料丝羊角灿成行"句所谓羊角风灯者，乃宫中常用之灯，而为南京人在北京手工业之一。羊角灯，大者北人俗称"气死风灯"，言风不能灭烛，直当气死也。今此物已绝产，北京既不名京，南京业此者亦尽。夏蔚如《旧京琐记》云："南京人在北京执工商业者，曰缎庄，凡鞋帽之材皆聚于此，初仅三家，所居在打磨厂之三义店。曰扇庄，亦只二家，曰周全盛、曾万聚。曰羊角灯店，惟吴姓一家，昔日玻璃未盛行，宫中用之以防火患。曰刻字铺与眼镜铺，其工人皆籍金陵，聚处琉璃厂，今犹世其业。又有织工，昔内府设绮华馆，聚南方工人教织于中，江宁织造选送以为教习。又织绒毡者，亦南京人，能以金线夹绒织之，璀灿耀目。昔黄慎之创工艺局曾访得之，惜其工费太巨，不克推广，此艺遂成广陵散矣。今缎、扇、羊灯之业皆废，而一般工人亦于此长子孙，成土著矣。"语皆纪实。按羊角

---

① 富察敦崇：《燕京岁时记》，载潘荣陛、富察敦崇《帝京岁时纪胜　燕京岁时记》，北京古籍出版社，1981，第86页。
② 富察敦崇：《燕京岁时记》，载潘荣陛、富察敦崇《帝京岁时纪胜　燕京岁时记》，北京古籍出版社，1981，第86页。

灯制绝笨，宫中所用，外间灯市不尚之。辛圃虽为乾隆时人，然彼时已尚纱制之灯球。①

百姓的娱乐生活，除了观灯，还有看戏。完颜氏半亩园就是著名的戏园子，它坐落于弓弦胡同内的牛排子胡同，最初为李渔所建，后来改为会馆，最后变成戏园子：

> 道光初，麟见亭河帅得之，大为改葺，其名遂著。纯以结构曲折，铺陈古雅见长。富丽而有书卷气，故不易得。每处专陈一物，如永保尊彝之室专弄鼎彝；琅嬛妙境专藏书；退思斋专收古琴；拜石轩专陈怪石，供大理石屏，有极精者。端砚、印章累累，甚至楹联亦磨石为之。佛寮所供亦唐铜魏石。正室为"云荫堂"，中设"流云槎"，为康对山物，乃木根天然卧榻，宽长皆及丈，俨然一朵紫云垂地。左方有赵寒山草篆"流云"二字，思翁、眉公皆有题字。此物本在康山，阮文达以赠见亭先生者，信鸿宝也。云荫堂南，大池盈亩，池中水亭，双桥通之，是名"流波华馆"，又有近光楼、曝画廊、先月榭、知止轩、水木清华之馆、伽蓝瓶室诸名。先生故，已近六十年，完颜氏门庭日盛，此园亦堂构日新。②

半亩园戏园子的装修、装饰是经过主人的精心设计安排的，典雅而高贵，体现了原主人高超的艺术修养和高雅的品位，从而也成为京城非常著名的娱乐场所。除此之外，北京城的戏园子还有不少：

> 京师内城，旧亦有戏园。嘉庆初以言官之请，奉旨停止，今无知者矣。以余所及，如隆福寺之景泰园、四牌楼之泰华轩皆是，东安门外金

---

① 黄濬：《花随人圣庵摭忆》，中华书局，2013，第813~814页。
② 震钧：《天咫偶闻》，北京古籍出版社，1982，第63~64页。

鱼胡同、北城府学胡同皆有戏园。余髫年时，如泰华轩、景泰轩，地安门之乐春芳，皆有杂戱，京师俗称杂耍。其剧多鱼龙曼衍，吐火吞刀，及平话、嘌唱之类。内城士夫皆喜观览，其优人亦间通文墨，吐属近雅，有宋明遗风，今已成广陵散矣。诸园亦废。①

北京的内城原也有戏园子，表演形式也多种多样，在地安门等地还有杂耍等民间技艺的表演。嘉庆时期内城的戏园子被禁止了，内城的旗人想要看戏就必须到外城了。

当时北京城的娱乐活动非常繁盛，除了戏园子，还有其他一些娱乐场所：

明代勾栏，皆在东城，故有勾栏、本司之名。至本朝裁教坊，其地尽改民居。即迤南之泡子河一带，所谓昔之歌舞场者，亦不可问。而正阳门外以西，则改为花柳之窟矣。未几，西四牌楼左近，复变歌吹之林。始只砖塔胡同寥寥数家，继则方以类聚，日变逾多。今则闾阎扑地，歌吹沸天。金张少年，联骑结驷，挥金如土，殆不下汴京之瓦子勾栏也。②

天坛在外城东，每年亦有固定的娱乐活动：

自定鼎至今如一日，祭前期十日，部臣敬演郊事，青舆五路，日日到坛。正阳门左右列肆，皆悬灯彩。营军巡警，往来不断，游人蚁织。此十日间，各署官吏，亦时往来，上辛常雩皆如是。天坛之殿壝，皆用蓝瓦而朱柱，其坛上陈设帝幄，亦皆蓝色。执事者，衣青衣。坛旁有天灯竿三，高十丈。灯高七尺，内可容人，以为夜间骏奔助祭者准望。③

---

① 震钧：《天咫偶闻》，北京古籍出版社，1982，第174~175页。
② 震钧：《天咫偶闻》，北京古籍出版社，1982，第123页。
③ 震钧：《天咫偶闻》，北京古籍出版社，1982，第133页。

第四章 叙事视角：北京文化民间叙事的特征

天坛每年都有祭祀活动，在祭祀的同时也有一些戏剧表演活动，同时彩灯高悬，游人如织。

寺庙在每月固定的日期也举办娱乐活动，既有传统的戏曲表演，又有鼓词表演：

> 黄、黑寺皆有跳步札之举。每岁以正月，黄寺十三日；黑寺十□日。雍和宫二十一日；旃檀寺初六日，其法近古之大傩。至日，钦派王公听经，典至重也。而且绣衣、面具出自内制，诸大剌麻皆蟒衣貂服以临之，然实近儿戏。朝廷存此，亦不过因其故俗而已。①

鼓词俗称"子弟书"，是旗人子弟创制的讲唱文学，这种表演配以八角鼓，因而又称"鼓书"：

> 旧日鼓词，有所谓子弟书者。始创于八旗子弟，其词雅驯，其声和缓，有东城调、西城调之分，西调尤缓而低，一韵萦纡良久。此等艺内城士夫多擅场，而瞽人其次也。然瞽人擅此者，如王心远、赵德璧之属，声价极昂，今已顿绝。②

富察敦崇在《燕京岁时记》中总结晚清时期北京戏曲娱乐表演活动说：

> 京师戏剧，风尚不同。咸丰以前，最重昆腔、高腔（即弋腔）。高腔者，有金鼓而无丝竹，慷慨悲歌，乃燕土之旧俗也。咸丰以后，专重二簧，近则并重秦腔。秦腔者，即俗所谓梆子腔也。内城无戏园，外城乃有。盖恐八旗兵丁习于逸乐也。戏剧之外，又有托偶（读作吼）、影戏、八角鼓、什不闲、子弟书、杂耍把式、像声、大鼓、评书

---

① 震钧：《天咫偶闻》，北京古籍出版社，1982，第180~181页。
② 震钧：《天咫偶闻》，北京古籍出版社，1982，第175页。

之类。托偶即傀儡子，又名大台宫戏。影戏借灯取影，哀怨异常，老妪听之多能下泪。八角鼓乃青衣数辈，或弄弦索，或歌唱打诨，最足解颐。什不闲有旦有丑而无生，所唱歌词别有腔调，低徊婉转，冶荡不堪，咸同以前颇重之，近亦如《广陵散》矣。子弟书音调沉穆，词亦高雅。杂耍把式即变戏法儿武技之类。像声即口技，能学百鸟音，并能作南腔北调，嬉笑怒骂，以一人而兼之，听之历历也。大鼓、评书最能坏人心术。盖大鼓多采兰赠芍之事，闺阁演唱，已为不宜；评书抵掌而谈，别无帮衬，而豪侠亡命，跃跃如生，市儿听之，适易启其作乱为非之念。①

从富察敦崇的总结中可以看出，京城当时的戏剧多种多样，有昆腔、高腔、秦腔等。除戏剧之外，还有托偶、影戏、八角鼓、什不闲、子弟书、杂耍把式、像声、大鼓、评书等多种表演形式，可见当时京城娱乐活动的繁荣状况。

此外，京城百姓也有其特殊的游戏活动，比如放风筝、太平鼓、斗蟋蟀、溜冰等：

儿童玩好，亦有关于时令。京师十月以后，则有风筝、毽儿等物。风筝即纸鸢，缚竹为骨，以纸糊之，制成仙鹤、孔雀、沙雁、飞虎之类，绘画极工。儿童放之空中，最能清目。有带风琴、锣鼓者，更抑扬可听，故谓之风筝也。毽儿者，垫以皮钱，衬以铜钱，束以雕翎，缚以皮带，儿童踢弄之，足以活血御寒。琉璃喇叭者，口如酒盏，柄长二三尺。咘咘噔者，形如壶卢而长柄，大小不一，皆琉璃厂所制。儿童呼吸之，足以导引清气。太平鼓者，系铁圈之上蒙以驴皮，形如团扇，柄下缀以铁环，儿童三五成群，以藤杖击之，鼓声冬冬然，环声铮铮然，上

---

① 富察敦崇：《燕京岁时记》，载潘荣陛、富察敦崇《帝京岁时纪胜 燕京岁时记》，北京古籍出版社，1981，第94页。

下相应，即所谓迎年之鼓也。空钟者，形如车轮，中有短轴，儿童以双杖系棉线播弄之，俨如天外晨钟。①

冰鞋以铁为之，中有单条缚于鞋上，身起则行，不能暂止。技之巧者，如蜻蜓点水，紫燕穿波，殊可观也。②

总之，京城百姓的娱乐生活非常丰富，这些娱乐活动构成了京城市民娱乐生活的重要组成部分。京城的娱乐形式多种多样，表演形式也丰富多彩。虽然清末民初北京普通民众的生活处于动荡和艰辛之中，但是这些艺术表演和娱乐活动为他们艰难的生活增添很多的乐趣，为他们灰暗的生活增添一抹亮色，这也许就是艺术存在的重要价值。

（五）对市井风俗的记录

晚清社会发生了深刻的变化，旗人的地位也随之而变，加之大量外来人口进入北京，带来了外来文化，这些都深刻地影响着北京人的生活。然而几百年根深蒂固的文化不会在一朝一夕之间就发生变化。京城的市井生活丰富多样，其最明显的特征就是市民化和世俗化。与贵族仕宦的生活相比，市井生活多了些自由和随意，少了些繁文缛节和虚伪做作。在此期间，市井文化也发生着潜移默化的变化。

1. 社会风俗之变迁

《天咫偶闻》记载了京城上层社会习俗的变迁，其学术风尚亦是如此。至于晚清，人重西学，风气大变：

京师士大夫好尚，可以觇风气。如咸丰中，肃顺尚骄侈，士大夫化之，以奢华倨傲相尚。至同治初，恭邸性谦恭，文、倭二相性俭朴，士大夫遂易而谨饬，且多以布素相尚，至光绪初犹尔，后遂不然。未几诸

---

① 富察敦崇：《燕京岁时记》，载潘荣陛、富察敦崇《帝京岁时纪胜　燕京岁时记》，北京古籍出版社，1981，第85页。
② 富察敦崇：《燕京岁时记》，载潘荣陛、富察敦崇《帝京岁时纪胜　燕京岁时记》，北京古籍出版社，1981，第91页。

言臣蔚兴，人皆以名臣自期。及癸未张幼樵编修（佩纶）以庶子署副都御史知贡举，而清议益重。后生初学，争以清流自励。不数年，此风顿改。及潘文勤主持风雅，常熟翁尚书和之，皆尚小学，坊间《说文》盛行。戴东原、段玉裁文集至三十金。至丁酉、戊戌渐重西学，至己亥、庚子之交，徐相当国，理学书大重于时，向之《说文》皆束阁不观矣。庚子以后，又尚西学新译，旧板书无人问价，京师风气改变之速，至于如是。①

从咸丰至光绪朝，社会风气在奢侈与素朴之间几经变迁，学术风尚也几经变化，由清流到戊戌之后的重视西学，己亥、庚子之交的理学，再到庚子之后又尚西学，可以看出京师世风变化之速，从而反映出晚清之际社会整体的动荡与思想的混乱。思想观念的变迁也自然影响到了社会生活，晚清北京的社会生活也是相当的混乱和驳杂。贵族仕宦纵情声色，为其服务的娱乐阶层大量增加；知识阶层讲排场、好面子，趋炎附势；下层百姓则浑浑噩噩。当时社会的基本状况即是如此。这时的笔记资料等对晚清的社会现实进行了真实反映。《清稗类钞》提到当时酒席的靡费和纵情声色的状况：

光、宣间，则一筵之费至二三十金，一戏之费至六七百金。而寻常客至，仓猝作主人，亦非一金上下不办。人奢物贵，两兼之矣。故同年公会，官僚雅集，往往聚集数百金，以供一朝挥霍，犹苦不足也。生计日促，日用日奢，京师、上海之生活程度，駸駸乎追踪伦敦、巴黎，而外强中干捉襟现肘之内幕，曾不能稍减其穷奢极欲之肉欲也。且万方一概，相习成风，虽有贤者，不能自异，噫！②

"一筵之费二三十金，一戏之费六七百金"，这是寻常百姓难以想象的，

---

① 震钧：《天咫偶闻》，北京古籍出版社，1982，第177~178页。
② 徐珂编撰《清稗类钞》第五册，中华书局，2010，第2188页。

即使是经常参与这种聚会的官僚也难以承受,苦不堪言。在光宣时期,北京的生活成本直追伦敦、巴黎,其生活之靡费可想而知。《清稗类钞》"都人之酒食声色"条,也记了晚清之际京城上层纵情声色的状况:

> 晚近士大夫习于声色,群以酒食征逐为乐,而京师尤甚。有好事者赋诗以纪之曰:"六街如砥电灯红,彻夜轮蹄西复东。天乐听完听庆乐,惠丰吃罢吃同丰。衔头尽是郎员主,谈助无非白发中。除却早衙迟画到,闲来只是逛胡同。"盖天乐、庆乐为戏园名,惠丰、同丰京馆名,而胡同又为妓馆所在地也。①

晚清之际,国事动荡,强敌环伺,但京城士大夫依旧不改酒色之习,而且有愈演愈烈之势,逸乐之风着实令人心惊。不仅如此,光绪庚子之前,京城新贵好面子、讲排场也蔚然成风,《清稗类钞》中提到京城四大:

> 新进士既点庶吉士,谒客名刺,非常伟大,较普通所用者约加一倍,而所印姓名,恰如其纸之大小,四围不使留隙,盖体制然也。既散馆,即不复尔。其制自何而起,命意为何,老于词林者亦不能言,殆亦一种习惯而已。都人士成一联咏之云:"翰林名片棺材杠,袜店招牌窑子围。"谓之为京城四大。盖都中富人出殡,升棺夫有多至六十四或七十二人者,杠之巨,亦无伦比,盖以表示其阔也。袜店门首,往往悬一巨袜,以为招徕。窑子者,都人以呼妓院,盖妓女阅人既多,为广大教主也。②

这里讽刺了新进的进士以名刺相炫耀的恶习。在国事危急之时,京城的读书人依然养尊处优,将精力用在闲情逸致上,不能不令人感到痛心。《清

---

① 徐珂编撰《清稗类钞》第五册,中华书局,2010,第2196页。
② 徐珂编撰《清稗类钞》第五册,中华书局,2010,第2198页。

稗类钞》"京师之二好二丑"条也记：

> 光绪庚子以前，京师有二好二丑。二好者：字之好也，相公之好也。进士之朝考卷殿试策，专重楷法，点画匀净，墨色晶莹，分行布白，横竖错综，期无毫发之遗憾，策论诗次之，惟以字之工拙分甲乙，他试亦然。且纸墨笔砚，俱极精良，人争习之，此字之好也。都人所称相公者有二：一大学士，极贵也；一伶，极贱也，而称谓相垺。俗尚交游，如有庆吊事，以有大学士临门者为至荣；如有筵燕事，以有伶侑酒者为至荣，此相公之好也。①

重字体、重相公为二好，这充分暴露了时人好虚荣、不务实的特点；而将大学士与陪酒之优伶相提并论，则更具讽刺意味，此时的大学士在清廷帝后的眼中与宴会上的优伶并无二致，皆为装点门面、粉饰太平的工具。

2. 对社会问题之反映

社会变迁对人的影响巨大。晚清之际，旗人地位衰落，贵族没落，社会整体的道德水平、价值取向发生了变化，并因此带来了诸多的社会问题。这些社会问题危害人们的身体健康，破坏世道人心，在整个社会上产生极为恶劣的影响。《清稗类钞》中"四灵除尔凤龙麟"条记载：

> 京曹官公余宴集，辄于韩家潭伶家。有朵云者，寓斋尤精雅。一日，闽人置酒召客，酒阑，或为句曰："三鸟害人鸦雀鸨。"鸦，谓鸦片烟。雀，谓麻雀牌。鸨，则指妓院之鸨也。沈吟久之，方苦无可属对，王可庄太守即指案上绿毛龟而言曰："四灵除尔凤龙麟。"盖麟、凤、龟、龙为四灵也。②

---

① 徐珂编撰《清稗类钞》第五册，中华书局，2010，第2197页。
② 徐珂编撰《清稗类钞》第四册，中华书局，2010，第1815~1816页。

第四章 叙事视角：北京文化民间叙事的特征

"三鸟"指的是晚清之际三种严重的社会问题，鸦片烟、麻雀牌和妓院，也就是我们现在说的"黄、赌、毒"，这些东西严重危害世道人心，当时却如此盛行，公然宣之人口，可见整个社会的堕落。鸦片肆虐，政府和民间有识之士早已发现其危害，林则徐虎门销烟就是典型的代表。英法殖民者企图通过鸦片的贩卖，掠夺财富，进行殖民。失败后，他们转而发动鸦片战争，使用武力进行殖民。但是晚清之际，很多人却沉迷于鸦片不能自拔，《清稗类钞》的"烟枪铭"讽刺了吸鸦片者的丑态：

烟枪为烟具之一，吸鸦片烟者以装烟于斗者也。某尝为作铭，铭云："酒之余，饭之后，桂之馨，兰之臭，榻上一点灯如豆。短笛无腔信口吹，可怜人比黄花瘦。"[1]

《清稗类钞》中还记载了当时的"二丑"，揭露北京的社会问题：

大小遗之丑也，制艺之丑也。通衢大道，矢溺满地，当众而遗，裸体相示，首善之地，乃至现形若是，此大小遗之丑也。晚近制艺，名曰墨卷，专以色泽声调为事，绝无真理，此制艺之丑也。[2]

在当街大小便可谓当时北京城的一大社会问题，这与当时城市公共设施配套有关，但更多的是与当时人们的观念、生活习惯和文明素养有关。晚清之际，京城百姓尚未形成现代市民观念，此种情况并非鲜见。而制艺之丑，与当时人的审美心理有关，是当时人不务实际、追求形式而产生的必然结果。

晚清之际，京城市井中充斥着很多无所事事的闲人，《清稗类钞》记"嘲世歪诗"中讽刺这些人：

---

[1] 徐珂编撰《清稗类钞》第四册，中华书局，2010，第1724页。
[2] 徐珂编撰《清稗类钞》第五册，中华书局，2010，第2197页。

·207·

一云："狮子大开口，胡言不怕羞。一等大滑头，吹牛。"二云："到处乱唱喏，逢迎太肉麻。轻轻两手叉，拍马。"三云："遇事善营谋，削尖和尚头。运动称老手，钻狗。"①

批判了当时社会上吹牛、拍马、钻营的人。当时社会上还有一些老于世故的人被称为"琉璃蛋"：

某京卿遇事发言，多模棱，绝无偏倚，时人呼之曰琉璃蛋，形其圆滑也。②

琉璃蛋讽刺那些不敢得罪人、不敢承担责任的圆滑之人。清朝建立之后，旗人成了食利的阶层，他们靠着朝廷发给的食禄生活，成了游手好闲之人。由于不需要工作，京城出现了"顽鹞鹰"的：

京师游手好闲之辈，好以养鸟为消遣。养鹞子为尤无用，故俗名无所事事者曰顽鹞鹰。③

晚清之际，这样无所事事之人有很多，他们不单养鸟，还有斗鸡、走狗、听戏等消遣形式。这些人不关心国计民生，碌碌无为，成为一无用处的闲人。

清末民初，北京的商业活动非常繁荣，市场上随之出现了一些奸商和骗子。他们骗人的手段层出不穷，不是一天两天形成的，是他们长期从事商业活动而又缺乏必要的市场规范的结果。待馀生《燕市积弊》记载了清末民初北京市场种种骗人的行径。该书的前言说："《燕市积弊》原本是刊载于《北京新报》的，而我们现今所见此书的《爱国报》和《白话中国公报》

---

① 徐珂编撰《清稗类钞》第四册，中华书局，2010，第1724页。
② 徐珂编撰《清稗类钞》第四册，中华书局，2010，第1657页。
③ 徐珂编撰《清稗类钞》第四册，中华书局，2010，第1692页。

剪报本，应都是在原书陆续刊出后，又为转载的重印本。"① 其最早出版于1909年，是对清末民初北京商业活动的记录，书中对于当时各种生意活动及市井形形色色的流弊、恶习进行了批判，对于各种骗人的手段进行了揭露。比如书中提到：药铺要提防药品的真假和保质期的问题；估衣店多是骗外地人的；柩厂就是棺材铺，靠的是价格便宜，以次充好，最常用的就是"一是挵道板，一是东洋松"②，都是"哄人赚鬼"的把戏；"干菠菜"是北京人清明前后爱吃的小菜，卖菜的多是"四乡人"，这种小菜也有人从中牟利，"别看买卖不大，从中也有毛病，凡是带着黄土、全都打了绺儿的，才是地道'干菠菜'哪，要是干干净净挺支愣，就是泡过水的"③，可谓无商不奸；钟表铺往往故意给表弄个小毛病，让人修的时候换个大零件，从中牟利。其他的还有像翎子铺、玉器行、首饰楼、绸缎庄、当铺、瓷器店等，各有各的手段，都是抓住顾客贪便宜或者不懂行情的弱点，投机骗钱。此外，在琉璃厂、西河沿、前门外大街、掸子市、打磨厂一带有摆"老虎摊"的，几个人合伙，弄一些铜器、木器以次充好，专门坑骗外地人。其中嫁妆铺是独具北京生活特点的店铺：

> 凡是聘姑娘（即嫁女）的主儿，不论大家小户、贫富不等，但有一线之路，都得陪送点嫁妆。满礼是糊好了屋子就得，一切陈设，桌椅板凳，直到炕席、毡条，都归娘家这头儿陪送；汉人净管桌面儿上的摆设，不管桌椅木器，所以汉人的嫁妆比满洲省俩钱儿。买这些东西都得上嫁妆铺，城里头哪块儿都有，城外头是在东大市。以外城而论，这行买卖的正根就是镜子铺，其余铜、锡、瓷器全算外行。也搭着由来已久，凡是买办嫁妆的都绕不过这本账来，一来图省事，二来有图省钱的

---

① 待徐生：《燕市积弊》"序言"，载待徐生、逆旅过客《燕市积弊　都市丛谈》，北京古籍出版社，1995，第4页。
② 待徐生：《燕市积弊》"柩厂"，载待徐生、逆旅过客《燕市积弊　都市丛谈》，北京古籍出版社，1995，第4页。
③ 待徐生：《燕市积弊》"干菠菜"，载待徐生、逆旅过客《燕市积弊　都市丛谈》，北京古籍出版社，1995，第6页。

（含糊），也不管甚么铜旋子咧，铜盆、锡壶蜡扦（扦）儿、掸瓶帽筒、胰盒、粉妆（装）儿等等，全都买他的，甚至于马桶，全凑在一处。认起真来，除去箱、匣、盆景、帽镜儿、大小镜支儿之外，无不多花一层钱（还没好的，好的更贵）。①

这段文字不仅可以看出嫁妆铺的敛财手段，而且可以对北京当时的婚俗了解一二，女孩出嫁娘家要陪送很多东西，满族人尤其如此。

在北京城中还有专门坑人、害人的骗子，主要对赌钱的人下手：

要说赌之弊病，千奇百怪莫甚牌九，最容易做人者，亦是牌九的活儿多（调坎儿叫"人古文"）。牌九向分文、武两种，文的用白骨头面儿，武的用黑牌。文的讲究帽棚子，为桌面儿上的玩意儿，武的讲究穿儿拐儿统，门报蹲抬。要说腥的也是各分一路，黑牌不外乎"三十三天"，"蹭四五儿"（把四五点儿记住了，一分开决没有"闭十"）；文牌九大半用顶头花的居多（就是用针在摆拍两头儿做出记号，"空子"瞧着，仿佛骨头上的棕眼似的，万难留神）。假如"闭十"开门吧，骰子是三、四高庄（桩）儿，幺、六扁儿（别名叫"兔子"），您想，三、四既然站不住，那还能打"自手"吗？如用"对子"开门，可就不用"兔子"啦，得换"蹦豆子"才行哪！（就是灌铅的骰子，要甚么是甚么；加入"对子"在末手，"豆子"专打"过"，要是"对子"在二手，"豆子"必是打"对穿儿"）。还有甚么"夹棍报子"、"夹棍对儿"，是每条儿里两副，只要庄家抓着一个自然得让庄家赢。诸如此类，一言难尽。②

---

① 待馀生：《燕市积弊》"嫁妆铺"，载待馀生、逆旅过客《燕市积弊 都市丛谈》，北京古籍出版社，1995，第21页。
② 待馀生：《燕市积弊》"腥赌"，载待馀生、逆旅过客《燕市积弊 都市丛谈》，北京古籍出版社，1995，第39~40页。

在牌九上做手段叫作"腥赌",这只是骗钱的一种,其他的还有叫"反喜"的,也是哄人去赌钱,表面上说是合伙骗其他人的钱,未成想被他人算计,最后偷鸡不成,反蚀一把米,被骗去了钱财,甚至落得家破人亡的也有。

北京商业的繁荣刺激了一些人的欲望,在金钱的诱惑下,这些人采取不正当的手段攫取财富,干一些坑蒙拐骗的事情,作者揭露这些欺骗手段是为了警示京城的市民切勿上当:

> "燕市"者,非专指燕都市廛而言,凡关于北京街市上的害处,无论事之大小,仅就所知,特供献于社会之上,使人人有所警戒,不受欺蒙。故不避劳怨,不惮(烦)繁杂,源源接续,所为匡风俗以正人心,虽不敢云搜罗殆尽,凡目前的弊病,大略无遗。其中或近于风俗,或关乎阳禁阴为,说出来亦觉无谓,就便不说,亦谓之掩耳盗铃。[①]

总之,清末民初,无论是社会上层,还是社会下层,整体上充斥着庸俗和堕落的气息,社会风气也走向衰落和败坏,因而匡扶世道人心是当务之急。然而只靠写文章进行揭露和呼吁,并没有太大的作用,真正的力量来自社会变革和教育的提升。清末民初显然到了一个临界点,巨大的社会变革一触即发。

二 叙事资料价值的多重性

在北京文化叙事中,诸多笔记、小说、歌谣等以及这一时期的教科书真实地记录了北京文化,对北京文化的研究和继承具有重要的价值。比如潘荣陛《帝京岁时纪胜》、富察敦崇《燕京岁时记》、夏仁虎《旧京琐记》等对于北京习俗、节令及食物的记录非常详细,对我们了解和传承老北京文化具

---

① 待徐生:《燕市积弊》"腥赌",载待徐生、逆旅过客《燕市积弊 都市丛谈》,北京古籍出版社,1995,第39页。

有非常重要的价值，对于我们研究当时北京语言也有非常大的价值。这些资料为我们提供了丰富、鲜活的语料，通过对这些语料的研究，我们将进一步加深对北京话的认识。这里我们仅以清末汉语教科书为例，来分析一下它对语言发展研究的价值。

（一）对于了解北京话灵活多变的特性具有重要的价值

清末北京话处于由近代汉语向现代汉语的转变过程中，语言的形式在这一时期并不固定，因而显现出多样性的特点。比如同义异形词的出现、同义词的大量使用、口语中不同的音变形式等。

1. 同义异形词的出现

在这一时期，由于一些词的形式尚未固定，因而有些词的写法多样。上文提到的"多咱""多喒""多儧"就是一个词三种不同的写法。相似的还有"敢情""敢则""赶则"三种写法不同但意义相同。再如"磕碜""砢碜"两词也只是写法上的不同，意义是完全相同的。其他如"罢咧"和"罢了"，"来着"和"来著"都是这类的词。

2. 同义词的大量使用

口语中大量同义词的使用体现出这一时期语言丰富、生动、多样的特色。比如表达"很、非常"之意，除了上文提到的"狠""挺""顶"比较常用外，"齁"也是北京话中较为常用、很有特色的词，比如"齁咸""齁苦""齁酸"。在用"齁"的时候，除了表达"很"的意思以外，还有否定或者消极的情绪在其中。说到"甜"的时候，要用"训甜"，如果说"齁甜"则表明说话人不喜欢这种甜。说"香"也不用"齁香"，而用"喷香"。再比如"每天"也说"见天"，"傍晚"说成"挨晚儿"，"教科书"称为"话条子"，"太阳"被称为"老爷"，这样的用法在这一时期的北京话中非常普通和常见。

（二）这些语言资料体现了北京的方言特色

北京方言在这一时期体现得很明显，像累肯、待见、砢碜、仰八脚儿、撒谎掉屁、抽冷子等。有些词在今天依然被北京口语保留了下来，它们的存在反映了北京话方言特色，也显示出北京语言蓬勃的生命力。比如"冷孤丁"也写作"冷古丁""冷不丁",有突然、骤然的意思。

(1) 那匹马冷孤丁的,听见一声枪响,吓的可就惊下去了。(《四声联珠》,85 页)

(2) 大哥,你怎么咯?脸上傻白的,冷孤丁的瘦成这个样儿了?(《亚细亚言语集》,159 页)

"可惜了儿"强调可惜,有深沉惋惜的意味,这也是北京口语中至今仍经常使用的俗语,比如:

可惜了儿的,他的官都快升了,因为不要紧的事把他革了。(《亚细亚言语集》,234 页)

其他如"见天"有每天的意思,"我见天吃药";"至不济",最低限度之意,"这件至不济也值三百两银子"。

这些都是北京方言中颇具特色的表达方式,其中大量的儿化词语以及口语词缀的出现是北京方言最有特色的地方。

1. 大量的儿化词语的存在

在这一时期的语言资料中,"儿化"非常普遍,俯拾即是,并且成为北京话的典型特色。像一点儿、不大儿、天儿、一块儿、一层儿、小嘴儿、一边儿、这边儿、天天儿、没准儿、人家儿、米季儿、住家儿、半道儿、初间儿、夜消儿、两面儿、贪玩儿、字号儿、三字经儿、千字文儿、玩儿、一样儿、间壁儿、这块儿、好好儿、昨儿个、早晚儿、媳妇儿、一会儿等,从而可以看出这一时期的儿化音非常普遍,北京话的儿化特色在这时应该已经形成了。

2. 口语词缀的出现

口语词缀在这一时期的北京话中也很普遍,"……得慌"是北京口语中常用说法,跟在某些形容词和动词之后,表示程度深。比如"累得慌""热得慌""冷得慌"等表明累、热、冷的状态。《四声联珠》中"坐车，咕噔得慌"，书中注"咕噔：指车行进的声音，形容颠簸之状"①。这种用法是非常口语化的，现代汉语中并不多见。相似的北京口语后缀词还有干巴巴、硬邦邦、热乎乎等，这类的后缀形式在今天的北京话中依然存在。

（三）体现了北京语言的继承与发展性

这一时期的语言资料中还可以看到当时独具特色的一些词，比如，抱砂锅、恭喜、印子钱、起早、布（菜）、偏等。这些词在当时是比较常用的。"抱砂锅"是变得糟糕或者无计可施的意思；"恭喜"在当时不是动词而是名词，是工作或者领钱的意思；印子钱是指当时放高利贷得钱；起早是走旱路；布，这里是动词，是给人夹菜或者准备食物；偏，源自满语口语，是吃的意思。

随着时代的发展，生活的改变，有些词在今天的北京话中基本上消失了，但是我们仍可以通过这些词了解当时的北京话，理解一些基本的表达方式，看到语言的发展变化。除了一些消失的词语，更多的则成为今天北京话常用词语，比如碍事、熬夜、被窝、保准、归置、就手儿、邋遢、胡同儿、街坊、解闷儿、抽冷子等。

第二节　叙事者的多元性

在中国历史中，文化的记录基本是以历史书写为核心的，因而史书成为了解中国历史的重要途径。除了官方的正史，还有民间的野史、笔记作为重要补充。然而无论是正史还是野史，无论是史书还是笔记，其叙事者都具有多元化的特征。它们或是官方组织的记录，如"二十四史"的编撰；或是在朝或在野文人的记述，如洪迈的《容斋随笔》、沈括《梦溪笔谈》等。两者之间的不同在于，作为正史的"二十四史"是对皇帝或者官吏的记录，其内容以国家大事和政治生活为主；而一些野史笔记小说，既

---

① 〔日〕福岛安正编著《四声联珠》，陈晓校注，北京大学出版社，2018，第5页。

有历史的记述，也有虚构的内容，既有对上层社会、重大历史事件的记述，也有对下层社会、民间生活的记录。野史笔记和小说叙事中民间叙事成分的加入，为我们了解北京的历史，探索文化的深层内涵提供了多样的视角。

清末民初发生了历史巨变，在这个特殊的历史时期发生了很多重大的历史事件，越来越多的人加入书写历史、记录现实生活的领域，从而无论是叙事者、叙事方式，还是叙事模式、叙事空间都发生了重大的变化，呈现出更加多元化的特征。

一 叙事者群体构成的多样性

清末民初社会生活的叙事者不仅仅有官方史学家、知识分子，而且增加了一些新鲜的作者群体。

（一）笔记作者群体的转变

清末民初笔记作者的身份发生了变化，从而叙事者具有了多重性。这一时期有的笔记作者是官员，像《郎潜纪闻》的作者陈康祺就是进士出身，做过刑部员外郎，后来回乡隐居，编写了以《郎潜纪闻》为代表的一系列笔记，对清代的社会生活进行记录，其中有很多关于北京生活的记述。《梦蕉亭杂记》的作者陈夔龙也是清末高官，他亲历了八国联军入北京的庚子事变和慈禧太后、光绪皇帝的西逃事件。《旧京琐记》的作者夏仁虎是晚清的拔贡，做过京官，辛亥革命后在北洋政府中做官，担任过国会议员、国务秘书长等职。知识分子也是笔记的重要叙事者，比如《天咫偶闻》的作者震钧是满族人，宣统时期曾执教于京师大学堂；《清稗类钞》的编撰者徐珂在民国初年商务印书馆担任编辑；《苦榴花馆杂记》的作者汪枬尘曾任国民党监察院院长、复旦大学教授。落魄的旗人以及一些新闻工作者等也成为笔记的作者，《采菲录》的作者姚灵犀就是新闻工作者。《辛丙秘苑》的作者袁克定是袁世凯的二儿子，袁世凯死后，以变卖字画为生。

这些笔记作者的身份不同，叙事视角自然也不同。通过对不同笔记的阅读和辨正，我们可以从不同角度对历史事件进行还原、判断和分析。

· 215 ·

（二）小说作者群体的出现

晚清时期新的传播媒介——报刊逐渐流行，成为民众了解社会生活、进行思想启蒙的重要工具。这些报刊的编辑、主笔、记者、发行人也成为新的创作群体，他们是不同于笔记小说作者的叙事者。当时《京话日报》《顺天时报》《京报副刊》等报纸都有社会版，这些报纸的记者专门记录社会生活和日常生活的时事新闻和社会新闻。他们中有些人还在报纸上开设专栏，对社会现实进行评论，像蔡有梅、文实权等人。这些记者运用白话文进行写作，采用新式标点，语言质朴平实，即使识字不多的下层民众也能够读懂他们的文章。他们的时评基本不讲艰深的大道理，而是以平常心、用市民的价值判断和伦理标准去评价事件，因而深受读者喜爱。这些人中包括《京话日报》的创办人彭翼仲、主笔文喈窳，《北京新报》主任金辅臣，《爱国白话报》主笔陈小山，《中国白话报》专门时评栏目主笔林獬，等等。朱芷沅评价《北京新报》说："若要是于白话报中找一体裁明显，有益人心，识字多的看了不厌，识字少的看了明白，则不能不推《北京新报》为第一了。"[①]说出了这类报纸的基本特点。除了对社会生活的反映，这些报纸最大的特点是小说连载。当时的白话报纸纷纷开设小说栏目，很多人在办报的同时创作小说。

清末民初小说作家的构成非常复杂。刘永文统计，这一时期北京涌现出了一批白话通俗小说作家，其中徐剑胆、蔡友梅、李伯元、穆儒丐等几位小说家发表的作品较多。他们既是报人，也是小说作者，有的还是报纸的主笔（像蔡友梅）。他们的创作包括侦探小说、实事小说、警世小说、社会小说、历史小说等类别，尤其"白话聊斋"类小说比较独特。他们的小说与后来的新小说有所不同，反映的是底层市民的生活，充满了传奇性和通俗性，他们的价值标准和审美情趣也是市民化的，因而是这一时期民间叙事的代表。

这一时期北方文坛的文实权、蔡友梅、王冷佛、穆儒丐、徐剑胆、李啸天、勋茞臣、时感生（关紫绶）等人经常在报上连载小说，成为对社会生

---

① 朱芷沅：《祝北京新报三周年词》，《北京新报》1912年2月18日。

活叙事的重要作家。他们采用白话进行小说创作，运用北京方言，语言明白晓畅，故事通俗，反映市民的生活和审美品位。这些小说故事继承了中国古典白话小说《水浒传》《红楼梦》的创作方法，以反映婚恋题材为主，由于作品多在报刊上连载，因而在结构上继承了传统章回体小说的创作模式。

（三）汉语教科书及其他叙事材料编者身份的特殊性

这一时期对北京文化、生活进行叙事的群体中出现了新的面孔，他们就是旅居北京的外国人。这些人中有居住于中国的传教士、使节，像芮尼、明恩溥、李提摩太等，也有一些生活在北京的西方记者，他们在国外的报纸上报道北京的政治、文化、社会生活状况，比如英国《泰晤士报》、美国《纽约时报》对于晚清生活的报道。这些人有着与中国本土作者不同的视角，对中国这样一个东方帝国的民间生活和政治变化表现出极强的敏感度。

除这些生活于北京的外国人对北京生活进行书写以外，还有一个特殊的领域就是外国人学习汉语的教科书，其中有英国人威妥玛编写的《语言自迩集》、朝鲜人朴在渊编写的《速成汉语大成》等，这里我们以这一时期的日本汉语教科书的编写者为研究对象，可以看出其编者的特殊性。

1. 中日合作教材的编写者

这一时期日本编写的汉语教材有很多种，其中有一些是在中日编者合作的基础上完成的。《官话指南》是吴启泰和郑永邦编著，金国璞与黄裕寿校注的北京官话汉语中级教材。吴启泰和郑永邦为日本驻华使馆的翻译生，六角恒广说："编者与出版人都是原长崎唐通事的子弟，因此均用中国姓。"[1]吴启泰的父亲吴硕三郎为日籍华裔，郑永邦的父亲也深通汉语，担任过日本外务省汉语大翻译、驻华公使馆翻译等职位。六角恒广认为："黄裕寿与金国璞均为编者的中国语教师。"[2]《北京官话谈论新编》是由金国璞、平岩道知合著的一部教材。金国璞，号卓庵，曾在北京教日本留学生汉语，1897

---

[1] 〔日〕六角恒广：《日本中国语教学书志》，王顺洪译，北京语言文化大学出版社，2000，第16页。

[2] 〔日〕六角恒广：《日本中国语教学书志》，王顺洪译，北京语言文化大学出版社，2000，第17页。

年至1903年在东京外国语学校任职，教授中国语。除《北京官话谈论新编》以外，金国璞还编写了《华言问答》《虎头蛇尾》等教材。平岩道知则在日本参谋部工作，曾被日本参谋部派往中国学习北京官话。

2. 编写教材的中国人

编写日本北京话教科书的中国人多是北京的旗人。他们受聘于日本，从事对日汉语教学工作，是较早的海外汉语教师。比如编写《北京风土编》的张廷彦，字少培，号云鹤，直隶省顺天府大兴县（今属北京）人，曾就读于京师同文馆，1897年被东京高等商业学校聘为汉语教师，1900年被聘为东京帝国大学汉语教师，他是日本明治时期最重要的汉语教师之一。《京华事略》的编者金醒吾是晚清旗人，1920年担任华北协和华语学校教务长。

3. 编写教材的日本人

日本北京话教材的部分编者是日本人，他们的水平不足以编辑一部教材，很多时候是他们提出设想，由中国人编写完成的。有的则是日本人将自己汉语老师使用的教材编辑出版。比如宫岛吉敏根据他的老师英继所撰的教材编写成了《北京事情》。英继，原名绍古英继，是满洲旗人，长期帮助在华日本人学习汉语。宫岛吉敏曾在日本善邻书院学习汉语，日俄战争期间做过日本海军汉语翻译，后到北京留学，跟随英继学习汉语。此外，还有些日本人从北京当时的报纸等材料直接收集和翻译资料，将其编写为教材。比如冈本正文编写的《北京纪闻》，是他在留学期间将当时北京的新闻报道摘录用口语编译后出版的。

清末民初北京文化的叙事者不但数量增加，而且构成成分也是多样化的，尤其是代表中下层民众阶层的白话小说作者的出现，为北京文化增添了更多的民间视角和价值判断，从而成为研究北京文化民间叙事的重要内容。

二 叙事者思想观念的驳杂性

从整体来看，这一时期的叙事活动包括笔记、小说、报刊评论等。由于思想观念、人生阅历等诸多的不同，叙事者叙事的侧重点也各有不同。

就笔记而言，作者既有一些官员，也有知识分子和报人；既有保皇派,也有接受了新思想的改良派,民国建立之后又出现了一批革命派,在他们的笔记中表现出的思想各有不同。比如《梦蕉亭杂记》的作者陈夔龙就是保皇派。《花随人圣庵摭忆》的作者黄濬早年留学日本,后来更是成为臭名昭著的汉奸,他在笔记中流露出一种特别的精神面貌。《苌楚斋随笔》的作者刘声木出身于官吏家庭,但长期从事学术活动,与前两者又有所不同。他的笔记中保留了很多历史文化的内容,非常具有文化研究的价值。《清代野记》作者张祖翼是晚清时期的改革派,他对于慈禧太后等人镇压戊戌变法、打压光绪皇帝非常不满,因而在其笔记中对慈禧太后等人多有批判之声。刘体智虽为民国时期的官员,但是他的《异辞录》与张祖翼《清代野记》对慈禧太后、荣禄等人的态度截然不同,将慈禧太后称为"慈圣",对袁世凯告密也颇有回护之意,为其进行辩解,可见其思想倾向的不同。

不仅如此,有些笔记作者本身的思想和观念也是矛盾的。刘体智《异辞录》对李鸿章的记录,前面说李鸿章治军有法、能知大势等,后面又批评"甲午之败李鸿章不得辞其罪",说明刘体智本人对于李鸿章的评价是矛盾的。《清稗类钞》的编撰者徐珂曾经在商务印书馆任编辑,后来又在《外交报》和《东方杂志》任编辑,他的《清稗类钞》有13册,包括时令、地理、外交、风俗、方言、服饰、饮食等92个类别,13000多条,是一个吸收多种笔记、杂言和野史,比较综合全面的笔记资料汇编。作者在《清稗类钞序》中说:"因思有清入主中原,亦越二百六十有八载矣,朝野佚闻,更仆难数,尝于批阅书报之暇,从贤豪长者游,习闻掌故,亦以友好录视之稿,偶一浏览,时或与书报相合,过而存之,亦卫正叔之遗意也。……虽皆掇拾以成,而剪裁熔铸之难,要亦具有微旨,典制名物,亦略有考证。其中事以类分,类以年次,则以便临文参考捃摭征引之用也。"[1] 说明了这部书是作者在自己读书之余将一些逸事、掌故记录下来,并编辑整理而成的,这部书整体思想较为庞杂也是可以理解的。

---

[1] 徐珂编撰《清稗类钞序》,中华书局,2010,第7页。

三 叙事者叙事目的的多元化

清末民初,随着文化的提升和知识界的觉醒,叙事者创作和编写的目的发生了变化,呈现出多元化的特点。

(一)改良风俗,教育民众

这时的叙事者不只是为了记录历史,而是表现出强烈的目的性和社会责任感。以早期报人为例,早期北京的报刊增加了时事类、时评类及反映北京民生的诸多内容,其目的是教育民众,提升其国民意识。《京话日报》创刊之初宣布它的办刊宗旨是开通民智,"迨二次复活以后,尤以注重道德,维持教育,改良风俗,介绍慈善"①,《北京新报》也以"开通民智,矫正社会风俗"②为宗旨。这些报人有感于国家的衰亡,表现了对现实的强烈关注,积极参与到启蒙和教育民众的思想洪流中,他们积极地在报纸上刊载影射现实、呼吁民众觉醒的文章。

(二)批判现实,唤醒民众

批判现实也是叙事者的重要目的。这一时期的笔记叙事者,在记录史实的同时,也发表自己的看法,表达自己的主张,这是很多叙事者的创作目的。张祖翼在"戊戌变革小记"对戊戌变法的影响提出了自己的看法:

> 按戊戌新政虽未成,而德宗名誉,已洋溢乎中外,泰西人至称之为中国大彼得,足征其佩服深矣。愚以为不有戊戌之推翻新政,必不致有拳乱,不有拳乱,革命事业无从布种。凡事莫不有因果,辛亥之结果,实造因乎戊戌也。③

张祖翼为晚清名士,是晚清较早走出国门看世界的人。他曾去英国游历一年,作有《伦敦竹枝词》《伦敦风土记》,其人生阅历和视角与众不同。

---

① 程道一:《京话日报迁移贺词》,《京话日报》1917年2月17日。
② 金辅臣:《本报一千号诉苦》,《北京新报》1911年10月31日。
③ 张祖翼:《清代野记》,中华书局,2007,第125页。

他以世界的视角，从国家发展和富强的角度评价戊戌变法，肯定其积极的价值。相比于史实的记录，张祖翼的评论对于后人理解这一历史事件可能更有启发意义。

1904年10月《京话日报》的主编彭翼仲写了一篇《本报忽遇知己》的文章：

> 要知道我中国现在的局面　已仿佛一艘破旧不堪的大船　飘在大洋里头　篷帆不整　篙橹俱无　前后左右却有无数的火轮铁甲（比外洋各国）　船底下磊磊落落的　还有无数的暗礁（比本国各种会党）　就是风平浪静　稍不留心　一撞已是不可收拾　那还经得起大风大浪。①

彭翼仲将当时的中国社会比喻成一艘破船，而且呼吁"把旧船里的人，个个喊醒"，这应该是他办报的根本原因。不独是报人，小说作者对于国家民族的命运也有着同样的感受，在他们的叙事中也表现出了深刻的忧虑之情。刘鹗早在1903年的《老残游记》中就借梦境描绘了一艘破船，来暗喻中国的社会现实：

> 这艘船虽有二十三丈长，确实破坏的地方不少，东边有一块，约有三丈长短，已经破坏，浪花直灌进去，那边，仍是东边，又有一块，约长一丈，水波亦渐渐进入。其余的地方，无一处没有伤痕。②

作为一个旧文人，刘鹗已经意识到了国家和民众面临的问题，感到国家处于危险的境地，因而唤醒民众、挽救国家是当时这些知识分子的共同心声。

---

① 彭翼仲：《本报忽遇知己》，《京话日报》1904年10月15日。
② 洪都百炼生：《老残游记》，《绣像小说》第9期，1903年9月21日。

第三节　叙事视角的多样性

北京文化的民间叙事具有多重性、多义性和重复性的特点，即对于同一个事件、同一个人物、同一个地点，呈现出多样的叙述和解读。叙事的多重性在笔记中表现得相当突出。

一　对事件叙事的多重视角

清末民初，叙事者构成的多样性也带来了叙事视角的多样性。对同一历史事件，不同的叙述者持有不同的观点。在不同的叙事者的笔下，对同一事件有着多种的解读。

（一）对戊戌变法的叙事视角的多样性

不同的材料对于戊戌变法的记述各有不同。张一麐的《古红梅阁笔记》"政变内情"引《陈石遗年谱》的记载：

> 《陈石遗年谱》则云："八月，北京政变，言变法者多获罪。先是，那拉后虽归政景帝，自居颐和园，而用荣禄为北洋大臣，某为步军统领。袁世凯练兵小站，兵权皆在握也。而景帝珍妃、瑾嫔皆编修文廷式女弟子。珍妃最得宠，既怂恿景帝大考翰詹，预知赋题为'水火金木土谷'，漏泄于其师，使宿构，考取第一，并代妃兄某捉刀，列高等。既而与那拉后争谐价鬻官，先鬻广州织造于玉铭，又鬻江海关道于鲁伯阳。谕旨下，两江总督刘坤一不识鲁伯阳为何许人，电奏诘问。为那拉后所知，坐内殿，召珍妃，讯而挞之，而幽之。母子间嫌隙深矣。于是，帝党矫旨召兵，絷后于颐和园，召世凯。世凯以告荣禄。①

陈石遗即陈衍，他是晚清著名儒学大师，曾任教于北京大学、厦门大学

---

① 张一麐：《古红梅阁笔记》，中华书局，2020，第36~37页。

等多个学府。他认为,晚清的戊戌变法源于帝后之争,其根源在光绪帝之妃子珍妃和瑾妃助其师文廷式科场舞弊,败露后导致帝后失和,光绪帝欲絷慈禧太后于颐和园被告发,从而导致变法失败。这就将戊戌变法这个具有历史意义的政治事件变成了宫闱秘事、宫廷权力斗争,将事关国家命运的大事件变成了私利的争夺,其视野显然过于狭小,理解过于浅薄。然而事实上,在当时对此事持有相似观点的记录者并不鲜见。刘体智《异辞录》中说:

> 帝既亲政,朝廷大事,慈圣初不与闻。甲午战役,知其必败,苟不遽至于亡国,犹忍弗言焉,则下此者可知矣。安维峻奏事,明明离间母子,而如弗闻焉,则等此者可类推已。然维新急进之徒,未能唯所欲为,终不得志。①

作者也认为光绪皇帝年轻任事,受人蛊惑,轻率急躁,导致母子失和,这显然是保皇派对此事之认识。许指严的《十叶野闻》中也持同样的观点,认为"光绪帝不明形势,轻听新进狂言,而欲令人操同室之戈,岂非颠也"②。持此种观点之人显然并不了解世界之局势,他们将这场变法活动看作宫廷权力斗争,认为光绪皇帝急于从慈禧太后手中夺权,作为新进的康、梁等人急于上位,而采取了夺权行动。这些评论将国事混同于家事,认为"光绪帝幼稚",为康梁新党所蛊惑等,其观念是偏于保守的。而当时多数人持这种态度说明了戊戌变法这场以光绪皇帝为核心,以康有为、梁启超、谭嗣同等人为主导的自上而下的变法运动,不但遭到了保守派的激烈反对,而且大多数百姓也不理解和支持,即使是一些中层知识分子对此次变法的认识也是非常肤浅的。

当然,在众声喧嚣中,还是有一些清醒的知识分子能够理性地分析这场变法运动的。张祖翼《清代野记》中"戊戌变政小记"对此次变法原因及

---

① 刘体智:《异辞录》,中华书局,1988,第67页。
② 许指严:《十叶野闻》,山西古籍出版社,1995,第208页。

影响进行了阐释：

> 光绪二十四年岁次戊戌，清德宗皇帝锐意维新，用康、梁之言，设新政府，以图改革。天下之民莫不引领以观厥成，窃以为中国之强可计日待也。不料四十日即推翻矣，新章京被斩矣，德宗被幽矣，西后复临朝矣。①

> 德宗变法，何等肯切，肫挚，西迁后之变法，仅欺饰人民而已。且不仅欺饰也，方借此破格之名，而大开贿赂之实，在彼亲贵，方人人自为得计，不知树倒猢狲散，迄今日又从何处博得一文哉！尤可笑者，斥康梁为叛逆、为奸邪，悬赏购之，恨不即日磔之，孰知异日伪行新政，仍不出康梁所拟范围之外，自古有如此无耻之政府乎？②

张祖翼认为戊戌变法是光绪皇帝锐意维新、改革图强的举措，是国家强盛的希望。而以慈禧太后为首的保守派阻碍革新，斥康、梁为叛党，但后来又不得不借用他们的改革措施掩天下人耳目，简直是无耻之极。上文提到张祖翼曾游历于海外，接触了新思想，因而他的视角自然与那些保守派、保皇派不同，所以观点也与他们不同。

不仅对于变法的原因有不同的说法，而且对变法过程以及失败的记述也有所不同。刘体智《异辞录》中"袁世凯报密"条中记载此事说：

> 项城至京，谭嗣同往见，人心疑贰，于是有颐和园胁皇太后之风说。未几，项城果授侍郎，不复受直督节制，说者谓为有因。或奔告直督荣文忠，文忠使折归，而由庆邸上达，且调聂军住津防变。项城过西沽，见戎幕棋布于铁路侧，心知有异，趋诣荣文宗报密。慈圣闻之，即夕还宫，翼日，下临朝训政之诏。寻逮治康广仁、杨深秀、杨锐、刘光

---

① 张祖翼：《清代野记》，中华书局，2007，第118页。
② 张祖翼：《清代野记》，中华书局，2007，第125页。

第四章　叙事视角：北京文化民间叙事的特征

第、谭嗣同、林旭诸人，尽反帝变政之所为。（本朝）垂帘之制，遂与国同休。①

这里记述了袁世凯告密导致维新变法失败一事，但是重点在于认为维新派是急进之徒，他们挑拨了帝后的母子关系。文中对慈禧太后的态度是恭敬的，字里行间可以看出作者的保守观念，以及对维新变法并不赞同的态度。张一麐《古红梅阁笔记》中记载：

戊戌政变，言人人殊。余据北洋幕府所闻，谭嗣同因西后干政，谋围颐和园，说德宗赏袁世凯侍郎衔，欲令入卫。袁本强学会中人，可为己助。奉旨后，入京谢恩，寓海淀旅店。嗣同夜访之，出一德宗墨谕，曰："今日之事如不诺，则以手枪击公后，我亦自尽。"袁云："皇上所命，无不遵者。但向例皇帝必用朱谕，墨笔尽人可为，不能奉诏。"谭曰："然则明晚即以朱谕来，不可爽约。"次日召见，德宗示以所命。袁极言母慈子孝为立国之本。退朝，有某侍卫大臣拍其背曰："好小子！"盖西后遣人询之，而以为立言得体也。袁遂不敢返馆，即赴津，至督辕，则见荣禄已令卫兵夹道罗列，而自西后处来之杨莘伯崇伊已在座。袁乃跪求荣为作主。荣曰："吾已奉懿旨入京，此座即以属君。"送至车中。袁曰："今日之事，皇上处于危地。如皇上有他，世凯以死继之。"荣曰："皇上决无他，其余臣子则不能保。"（此数语，皆袁所亲告人者。南通翰墨林有出版物。）②

谭嗣同夜访袁世凯，让他支持光绪皇帝，袁世凯两面三刀，假意答应光绪皇帝，然后向荣禄告密，导致变法失败。许指严《十叶野闻》中也记载了这一事件：

---

① 刘体智：《异辞录》，中华书局，1988，第167~168页。
② 张一麐：《古红梅阁笔记》，中华书局，2020，第36~37页。

戊戌政变之事，为慈禧第二次垂帘之机会。初，帝欲实行改革新政，与康有为等密谋去太后，杀荣禄，而以袁世凯为心腹。及密旨下，袁入见请训，帝御乾清宫正大光明殿以临之，屏左右侍从，极为慎密。殿中黑暗深邃异常，时方黎明，不甚辨色。帝以极低微之音，告袁以机密谋画。谓袁即日往津，于督署内出旨杀荣禄，随率新军星夜入都，围执太后，并付以小箭一支，为执行帝谕之据。又付以密谕，谓办理钦差事竣，即任袁为直督，来京陛见。袁唯唯退朝，即乘第一次火车出京。此时太后由颐和园移居西苑，晨八时来宫祀蚕神，帝方往瀛秀跪接，太后固绝不知其事也。袁到津，即将帝密谕尽语荣，而己留津以观其变。荣即乘专车至京，乃下午五时也。直入西苑。荣出入掖庭久，肆行无阻，既见太后，即直前牵衣跽，泣呼救命。太后问所以，乃以帝密谋告，且出手谕示之。太后闻之，乃曰："吾亦疑此数日上之神态不宁，今果尔邪！"立传其党庆王、许应骙等入见。既布帝之密谋，令诸人商议办法。诸人乃言请太后重执朝政，以救中国，勿受用夏变夷之害。当即定计，凡禁城中侍卫，悉以荣禄之兵代之，命荣禄仍回天津俟命。及明晨甫曙，帝甫出中和殿，即有侍卫太监称奉太后之命，引入西苑内之瀛台，即今新华门内南海子中一小岛，而光绪帝后此软禁于中者也。①

二者的记述，虽细节上有些差异，但基本情况差不多。光绪皇帝试图依靠掌握兵权的袁世凯杀掉荣禄，囚禁慈禧太后，从而推动戊戌变法的成功。但是袁世凯回到天津后，马上向荣禄告密。荣禄报告给慈禧太后，慈禧太后迅速作出反应，囚禁了光绪皇帝。康、梁闻讯逃脱，杨锐、谭嗣同、刘光第等人被逮。虽然许指严《十叶野闻》中"西后预知变法之谋"条又说光绪帝与康有为在宫中密谋，早有太监向西太后与荣禄禀报，因而慈禧太后与荣禄早知其事，袁世凯之密报只是进一步证明政变之存在而已。然而袁世凯之密报导致戊戌变法之失败是坐实了的。而在此过程中，光绪皇帝缺乏政治经

---

① 许指严：《十叶野闻》，中华书局，2007，第63~64页。

验，单纯幼稚，识人不准；袁世凯老奸巨猾，左右逢迎；慈禧太后与荣禄顽固保守，控制朝政，都表现得非常清晰。

在保守势力和慈禧太后的淫威下，戊戌变法失败了，最直接的结果就是光绪皇帝被囚禁，号称"戊戌六君子"的锐意改革者谭嗣同、杨锐、刘光第、林旭、杨深秀、康广仁被杀。

六君子的被杀，很多笔记也有记载。《古红梅阁笔记》中引用《陈石遗年谱》中的一段记述：

> 那拉后半夜回内廷严讯，景帝惧而吐实。于是，杨锐、谭嗣同、刘光第、林旭、杨深秀、康广仁六人就逮，数日未具狱词，遽斩西市。广仁以康有为弟而诛，深秀以常言"得三千杆毛瑟枪，围颐和园有余也"。康有为、梁启超逃于英使馆而免。各省惟湖南行新政最认真，得罪最甚。巡抚陈宝箴、学政江标、巡警道黄遵宪皆革职，宝箴子三立与焉。自是，启超避地日本，既作《清议报》丑诋那拉后，复作《维新报》，痛诋专制，倡言革命。章炳麟《訄书》、《革命军》各印本出，人人皆有革命思想矣。[1]

此次事件中六君子被杀，康、梁逃亡，陈宝箴、江标、黄遵宪等因支持变法被牵连革职，但是由变法所激起的革命浪潮却愈演愈烈。刘体智《异辞录》也记载了六君子罹祸之过程：

> 康有为以严旨促出，宋伯鲁以褫职先行，幸免于罪，时案犹未显也。既而事泄，都中频传将有大狱。杨锐、刘光第、谭嗣同、林旭四人，逃出未晚。林旭无家，不欲连累居停主人。谭嗣同以父继洵在任，叹曰："天下岂有无父之国哉！"殊有侠气。及槛车赴菜市论斩，嗣同大言曰："官高者获免，独归罪于末秩耶！"参与新政四人，自命宰相之职，

---

[1] 张一麐：《古红梅阁笔记》，中华书局，2020，第37页。

至此始露本来面目。①

在以慈禧太后为首的守旧派的血腥镇压下，戊戌变法失败了，但这是一次非常有价值的尝试。戊戌变法是列强环伺下的晚清政府内部的一次变法运动，这场运动仅仅持续了103天就失败了，说明了晚清统治已经病入膏肓，仅靠自上而下的革新运动是不能改变中国命运的。作为对中国前途、命运的一种尝试，戊戌变法无疑具有重要的价值，既说明了单纯依靠统治阶层内部的革新不能够挽救中国，同时也表明了辛亥革命发生的必然性。

（二）对庚子事变叙事的多重视角

庚子事变导致帝后离京出逃，被称为"帝后西狩"，这是晚清的一件大事，因而对此事件的记录非常多。陈夔龙《梦蕉亭杂记》、吴永《庚子西狩丛谈》、岑春煊《乐斋漫笔》都以亲历者的身份对当时的混乱局面进行了记录。陈夔龙侧重于外逃之前京城的混乱局面和帝后出行的仓皇忙乱。吴永则侧重帝后出逃路上的种种困难状况。岑春煊记述了帝后出京的仓皇场景及路途上所见百姓的苦况。他的《乐斋漫笔》记述：

> 通州已陷，溃兵纷如潮涌，沿途抢掠，都城大乱，两宫仓促西幸。余得信后，亟率所部，奔走访求，迎谒于南口途次，相对痛哭。敬叩起居，知两宫昨夜出都，至今尚未进膳。因出外觅食，而镇中人民逃亡殆尽，百方搜求，仅得民家所煮小米粥，以土碗盛进。太后见之，复哭，竟不能食，命以奉帝。帝强啜两口，亦难下咽。遂行。是日宿岔道。②
>
> 先是居民闻讯，已予谋逃窜，余鉴于南口之事，驰往再三晓谕，始不尽逃。肆中米麦皆具，惟无菜蔬，所赖以佐餐者，只鸡及鸡子耳。余于两宫上下驼轿时，均跪迎道左。见太后御蓝布衫，以红棉带约发。帝御旧葛纱袍，当盛暑流汗，胸背粘腻，蝇蚋群集，手自挥斥。从行宫

---

① 刘体智：《异辞录》，中华书局，1988，第169页。
② 岑春煊：《乐斋漫笔》，中华书局，2007，第13页。

第四章 叙事视角：北京文化民间叙事的特征

监，皆徒步奔走，踵穿履破，血流沾洒。窃叹前史所述，人君出亡苦况，千载相同，不谓平日见于记载者，今乃身亲睹之。虽芜蒌豆粥，蜀道艰难，视此无复有加。①

此次两宫出逃非常狼狈，帝后二人也只有小米粥可食。岑春煊所见二人衣衫褴褛，全无朝中颐指气使之气势。京郊的百姓也大多逃窜，当时京城的惨状更是难以言表。

当时的另一位亲历者吴永也记录了这段历史。吴永，字渔川，早年为直隶试用知县，办理洋务，后递补怀来知县。此时帝后出京，正赶上吴永在此地迎驾。他的《庚子西狩丛谈》对当时八国联军进入北京，帝后仓促出京之事是如此记载的：

七月己未，各国联军进逼京城，分道攻齐化、东直、崇文各门。使馆守兵乘势溃围而出，与外军相响应，教民复争为向导。庚申黎明，遂攻破东华门，长驱入紫禁城，内廷犹不之知。是日适为镇国公载澜值宿，闻洋军已入，始趋入大内，请两宫速驾避难，于是遂仓皇出走矣。②

吴永当时是怀来知县，对于八国联军进京的状况应该仅是听说，并未亲眼所见。但是作为迎驾的第一位地方官，他亲历了当时帝后仓皇出京，狼狈不堪之情景：

太后哭罢，复自诉沿途苦况，谓"连日奔走，又不得饮食，既冷且饿。途中口渴，命太监取水，有井矣而无汲器；或井内浮有人头，不得已，采秋秸秆与皇帝共嚼，略得浆汁，即以解渴。昨夜我与皇帝仅得

---

① 岑春煊：《乐斋漫笔》，中华书局，2007，第14页。
② 吴永：《庚子西狩丛谈》，中华书局，2009，第23页。

· 229 ·

一板凳，相与贴背共坐，仰望达旦。晓间寒气凛冽，森森入毛发，殊不可耐。尔试看我已完全成一乡姥姥，即皇帝亦甚辛苦。今至此已两日不得食，腹馁殊甚，此间曾否备有食物？"予曰："本已谨备肴席，但为溃兵所掠。尚煮有小米绿豆粥三锅，预备随从尖点，亦为彼等掠食其二。今只余一锅，恐粗粝不敢上进。"曰："有小米粥？甚好，甚好，可速进。患难之中得此已足，宁复较量美恶？"忽曰："尔当叩见皇帝。"因顾李监曰："莲英，尔速引之见皇帝。"时皇上方立于近左空椅之旁，身穿半旧元色细行湖绉绵袍，宽襟大袖，上无外褂，腰无束带，发长至逾寸，蓬首垢面，憔悴已极。予随依式跪叩，皇上无语。乃仍还跪太后前，复问数语，曰："予今已累，尔亦可下去休息。"予即退出。至西厢房，随将小米粥送入。内监复出索箸，仓猝竟不可得。幸随身佩带小刀牙筷，遂取箸拂拭呈进。顾余人不能遍及，太后命折秫秸梗为之。俄闻内中争饮豆粥，唼喋有声，似得之甚甘者。①

吴永的《庚子西狩丛谈》与岑春煊的《乐斋漫笔》记载角度有所不同。吴永当时是地方小官，在接待慈禧与光绪皇帝的过程中，他的视角主要集中于战乱中，在百姓与官吏逃亡的情况下，备办接待事务的艰难，凸显了作为下层官吏的无奈。岑春煊则是带兵勤王，希望通过保护太后和皇帝，进而得到相应的好处，因而他的视角主要集中于自己在此次事件中的贡献，从而显示出他的居功至伟。

陈夔龙《梦蕉亭杂记》记述了庚子事变中，自己作为京兆尹负责为太后、皇帝逃亡提供必要物资的过程。然而在大动荡和大混乱之中，仓促调集物资，一切都措手不及，而且经常遇到反对者的掣肘，因而陈夔龙对"帝后西狩"过程中自己未能准备周全而深感愧疚。当帝后西逃之时，陈夔龙担任顺天府尹，七月十二日刚刚卸任，主要督办京津一带转运事宜。他记载，战事一起，即有"翠华西幸"之议，陈夔龙负责准备大车二百辆。当

---

① 吴永：《庚子西狩丛谈》，中华书局，2009，第56~57页。

第四章 叙事视角：北京文化民间叙事的特征

时时局危险，京城富人纷纷南下，因而备齐车辆非常困难。后其卸任时，他筹备好的二百辆车，又有一部分运送物资，止余八十辆移交继任顺天府尹。此时军机处传话，两宫西行甚急，请他再备办车辆。当时备办车辆非常困难，然而即在此种状况下，慈禧与光绪仍然西行了：

> 彼此争执间，荣文忠忽由宫门趋出，谓车马之事，上知一时无从预办，太息曰：既无车辆，我们决计不走便了。尚书闻之喜甚，余数日忧惧为之顿释。……越四日黎明，两宫竟西行矣。①

从这段叙述中可见，这次帝后二人出行十分仓促。当时京城一片混乱，连出行的车马也备办不齐。而当时"所见沿途避乱平民，万人如蚁，均往西行，鸦雀无声，景象极为凄惨"②。

三个官员，对于同一件事情不同的叙事视角，使我们能够从不同角度了解这场动荡带来的混乱和国家的危急局面，以及八国联军进入北京给国家和民众带来的灾难。

王伯恭的《蜷庐随笔》对此次事件的记述则侧重于民间的视角。他从普通京城百姓的角度，通过正阳门一地今昔变化，反映庚子事变之后北京城遭到的破坏，从而展现出庚子事变给北京城和北京人带来的巨大伤害：

> 京师正阳门，惟跸路所经始一开启，平时惟从两掖门出入。其依附两掖之隙地，贾人设小市肆，在东曰东荷包巷，西曰西荷包巷，屋小于舟，栉比鳞次，百货所集，金碧辉煌。其货物以刺绣为多，故名荷包巷，喧阗萃处，犹有辽金之风。……，正阳门灾。两巷遂为灰烬。后稍葺治，未及修复，遽以铁路改筑车站，廓而平之。至民国初，毁去两掖，改辟

---

① 陈夔龙：《梦蕉亭杂记》，中华书局，2007，第 32 页。
② 陈夔龙：《梦蕉亭杂记》，中华书局，2007，第 33~34 页。

四孔，以便车马。自此陵迁谷变，帝京风物，不可复睹矣。①

通过正阳门今昔对比，可以看出京城动乱之后的巨大变化。

尽管这些记录的视角不同，但是从他们的描述中可以看到，庚子事变给我们国家和民众带来了巨大的灾难，也极大地激起了民众的爱国热情和自强的决心。

二 对人物叙事的多重视角

不仅对于重大历史事件观点各异，持不同观点、站在不同角度的叙事者对当时人物的态度也各有不同。比如，对晚清名臣李鸿章的记录就各有不同，且评价各异。刘体智《异辞录》对李鸿章的记录多为正面，颇有维护之意。而胡思敬《国闻备乘》中则记录了其徇私坏法之事：

> 湖北候补道场杨宗濂为御史邓承修所劾，改官直隶，太仆少卿延茂，御史屠仁守再劾之，遂革职，永不叙用，总督李鸿章与宗濂有旧，极力为图开复。时部例方严，久之不得当。适园工兴费无所出，醇亲王奕譞假巡阅为名，赴天津，与鸿章筹商移用海军费。鸿章曰："海军筹款不易，常捐为部例所限，亦所获无几，无已，其令诸臣报效乎。"固授意宗濂，令乘机报效二万金。醇王大喜，回京即取中旨，复宗濂官，交北洋委用。此朝廷坏法之始。或云鸿章丁未会试，卧病闱中，几不能完卷，宗濂父延俊与同号舍，为之捉刀，遂举进士。故厚遇其子，不惜破法援之。②

李鸿章破坏法纪，为了使杨宗濂再次被启用，让他花钱贿赂醇亲王奕譞，开了很坏的先例，不仅如此，他与杨宗濂父亲交好是因为杨父为李鸿章

---

① 王伯恭：《蜷庐随笔》，载王伯恭、江庸《蜷庐随笔 趋庭随笔》，山西古籍出版社，1999，第45页。
② 胡思敬：《国闻备乘》，中华书局，2007，第79页。

科举考试"捉刀",这更为恶劣,严重破坏了考试制度。这段记录的两件事,可谓李鸿章人生的重大污点,对其声誉影响极大。

刘声木《苌楚斋三笔》中对李氏的叙事则偏于正向:

> 光绪廿三年,合肥李文忠公鸿章历聘欧美各国,回华后,奉上谕,派充总理各国事务衙门大臣。文忠公素喜以言语轻侮西人,他国公使,皆以为年高望重,咸隐忍不言。未几,德国公使海靖来文,谓贵衙门大臣中,有年纪最尊,威望素著,曾游历欧美之人,以后本国交涉,不愿与之接洽。文忠复奉旨,著无庸在总理衙门。①

从李鸿章离开总理衙门事件入手,侧重于其对洋人的态度,从另一个角度反映了朝廷重臣李鸿章日常行为。

胡思敬的《国闻备乘》中的叙事视角更为多样,既有李鸿章"办洋务有成效",记其办洋务的情况,也有"李鸿章徇私坏法"记其为杨宗濂再次起复破坏法纪之事。既记载李氏的功绩,也不为其私德做隐讳,应该比较公允。陈其元《庸闲斋笔记》"李爵相奏开轮船招商局"条,记述李鸿章在同治四年奏请在上海建立轮船招商局事件,从办洋务的角度对李鸿章的行为进行记述,也体现了其叙事视角的不同。张祖翼《清代野记》也是从多个视角对李鸿章进行叙事,其"李文忠致谤之由"条从宏观的视角分析了李鸿章被诋毁诽谤之原因,颇有为其鸣不平之意。"翁李之隙"条,又从微观的视角对李鸿章与翁同龢不睦之缘由进行叙事,并且评论说"所以光绪初年,北洋治海陆军,皆文忠竭力罗掘而为之。及甲午之败,文忠有所借口,而政府犹不悟也。当时朝臣无不右翁而左李,无不以李为浪费"②,对李鸿章在洋务运动中备受打压深感痛心。文末则进一步评说:"文忠愤激时对人曰:'小钱不花要花大钱,我已无法。'呜呼!自古大将尽忠报国,未有不尝为

---

① 刘声木:《苌楚斋随笔 续笔 三笔 四笔 五笔》,中华书局,1998,第606页。
② 张祖翼:《清代野记》,中华书局,2007,第42~43页。

群小所忌者，文忠犹幸不为岳忠武第二也。"① 将李鸿章与岳飞相比，对其评价极高。而我们参考其他人对李鸿章的记述，可以认定张祖翼对李鸿章之评价有些过高了。

总之，通过不同笔记的记述，我们可以从不同层面去了解当时的事件，从不同角度去理解当时的人物。既要了解他们在当时的各种行为，也要了解他们诸多行为产生的原因；既要理解他们在时代大背景下种种选择的思想基础，也要认识到他们作为个体在时代洪流中的尴尬处境，从而全方位地理解这一时期的历史人物及其行为。这也是我们对民间叙事进行研究的重要意义。

---

① 张祖翼：《清代野记》，中华书局，2007，第43页。

第五章

时间与空间：北京文化民间叙事的微观阐释

第一节　北京叙事的民间表达

不同时代的叙事不断积累着北京城的记忆，让我们看到不断变化的北京城。笔记、小说、歌谣通过不同的视角和叙事方式为我们展现了多样的北京城，但是最能反映民间叙事特征的莫过于北京的歌谣。

一　对北京城市的地理叙事

北京歌谣对北京生活的反映是多个层面的，往往以地理叙事为切入点，对北京的城市格局、建筑、生活进行描绘，充满了浪漫气息和传奇色彩。

北京城的建设从辽金时期开始，在元明清又几经整修重建，才有了北京四九城的整体样貌，而北京城的修建在民间歌谣里则颇具神话传奇色彩：

刘伯温，造北京，造了一个哪吒城。里九外七皇城四，前门楼子在正中。[1]

金受申的《北京的传说》记载：明代北京城的设计者从哪吒身上获得

---

[1] 董树人编著《北京歌谣集释》，语文出版社，2017，第132页。

民间叙事中的北京文化（1840-1928）

了灵感，仿照哪吒的身体规划出北京城，因此北京城又被称作"八臂哪吒城"。北京城中内城有九座城门，外城有七座城门，皇城有四座城门，这些城门的中心点是正阳门，它处于北京中轴线的中心点，是北京城的核心点。正阳门始建于明代永乐年间，当时被称为"丽正门"。明英宗正统四年（1439年）修建了瓮城和箭楼，并改名为"正阳门"。嘉靖三十二年（1553年），为了阻挡蒙古人的袭掠，明世宗下令修建了北京外城，正阳门因而成为北京内城的正门。在民间，俗称为"前门"或"前门楼子"。陈学霖考证："刘伯温制造'八臂哪吒城'的传说故事，就是在清末民初这个古都的新旧交替时代出现的。"①

北京的东岳庙也是一座拥有悠久历史和神奇传说的地方，《北京的歌谣》里传唱了它的故事：

东岳庙，东廊下，东廊下有个墩儿，蹲着个金眼绿毛龟儿。

解南来了个鬼儿，挑着一担水儿，搁下水儿捡根棍儿，单打金眼绿毛龟儿的腿儿。②

---

① 关于"刘伯温建北京城"以及"八臂哪吒城"的传说，陈学霖考证认为：北京的八臂哪吒城滥觞于元代哪吒城的传说。元代的刘秉忠设计营建大都城的时候就产生了"哪吒城"的说法，元人张昱的《辇下曲》中有诗"大都周遭十一门，草茨土筑哪吒城，谶言若以砖石裹，长似天王衣甲兵"。长谷真逸撰《农田余话》中解释："燕城系刘太保定制，凡十一门，作哪吒六臂两足。"因刘伯温是南京城的建造者，明代中后期的戏曲、民间小说等又讹传刘伯温为刘秉忠的孙子，所以移花接木将北京"哪吒城"的构想移到了刘伯温的身上。刘伯温制造"哪吒城"的故事最早见于 E. T. C. Werner 的 Myths and Legends of China 之《北京城建造的传说》，说燕王朱棣得到刘伯温授予的锦囊，秘密修建北京城。金受申的《北京的传说》第一篇也是"八臂哪吒城"的故事。而实际上明代北京城的修建在明成祖时期，当时刘伯温与姚广孝都已经去世了。因而陈学霖认为民间之所以将北京城的设计权归于刘伯温，是因为刘伯温在民间传说中是一个足智多谋的箭垛式的人物。从明朝中后期开始，他的故事就在江南等地传播，后随着经商、科举、迁移等活动传入北京，并与当地民间传说相融合，最终形成了这个传说。刘伯温造北京城传说的最终形成在清末民初，这一时期刘伯温的传说达到了顶峰，在此之前没有见到相关传说的记载。陈学霖：《刘伯温与哪吒城：北京建城的传说》，生活·读书·新知三联书店，2008，第54页。

② 〔意〕韦大列：《北京的歌谣》，北堂书局，1896，第56页。

第五章 时间与空间：北京文化民间叙事的微观阐释

东岳庙是北京人熟知的地方。它始建于元代，是道教正一道在华北最大的道观。东岳庙的神像、碑刻、楹联匾额较多，素有"三多"之称。东岳庙的东部是著名的碑林，"东廊下有个墩"指的是碑林中著名的《张留孙道行碑》，"蹲着个金眼绿毛龟儿"说的是此碑底座螭首龟趺的形制，在老百姓眼中就只是个"绿毛龟"。此碑俗称《道教碑》，为元代书法家赵孟頫撰写，碑文记载东岳庙开山祖师张留孙的事迹和东岳庙建立的过程。碑体高大，保留完整，碑文字体严整，体现了赵孟頫书法艺术的最高水平。

东岳庙里的石碑是它生命和历史的记录，这些碑石也传唱于民间百姓的口中，被称为东岳庙"四绝"的"机灵鬼、透亮碑儿、小精豆子、不吃亏"皆与石碑有关，每一个都有着有趣的传说。①

北京的城墙、正阳门、白塔、万寿山、东岳庙，这些地理意象随着民间口头吟唱，慢慢演化为北京城的标志。这些具有地标性的地点是北京人生活的重要空间，京城百姓祖祖辈辈生于斯，长于斯，对于皇城根、北京城的依恋，如同孩子之于母亲，农民之于土地。他们将这些地景作为自己的文化记忆，融入了诸多的情感成分，编成歌谣，反复吟唱，表达自己对这里的喜爱之情。

在京城百姓的眼中，那些城门、寺庙、建筑、马路、胡同是自己生活须臾不可离开的部分，它们与京城百姓的生活浑然一体，具有旺盛的生命力。百姓们对它们如数家珍，因为它们就在自己的身边，一拐弯、一抬头就能看

---

① "机灵鬼"指的是东部碑林甬道上立着的《重建东岳庙金灯碑记》，上面雕着两个手持灯笼的小道童，非常生动。传说这两个小道童在庙中沾染了灵气，夜里跑出去到街上，有买糖果的人跟着他们到了庙里，发现雕刻上的小童子就是这两个孩子，就把一个道童的灯笼用纸糊上了，把另一个道童的脚用线系上了，从此再也没见这两个道童出去了。"透亮碑儿"指的是刻于顺治七年的《白纸圣会碑记》，该碑碑首雕刻两条盘龙，雕工们采用了透雕的手法进行雕刻，龙身上雕出了六个孔，这样透过碑首可以看见对面的人，被称为"透亮碑儿"；"小精豆子"其实是"小金豆子"，指的是岱宗宝殿月台西侧的一块青白石条，上面嵌着一粒粒豆大的金点，经雨水的冲刷，闪闪发光，像金豆子一样，因而被称为"小金豆子"，后来被讹称为"小精豆子"。"不吃亏"指的也是一块碑石，上面雕着一群淘气的小猴子去捅马蜂窝，虽然被马蜂蜇得抱头鼠窜，但是由于得到了蜂蜜，也算"不吃亏"了。有人认为这个碑石雕刻了马蜂与猴子，其寓意为"封侯"，遗憾的是，这块碑石现在已经找不到了。

到这些风景;一张嘴,这些地点、景物就顺口飘出了。比如上文提过的《平则门》:

> 平则门,拉硬弓,隔壁儿就是朝天宫。朝天宫,写大字,隔壁儿就是白塔寺。白塔寺,挂红袍,隔壁儿就是马市桥。马市桥,跳三跳,隔壁儿就是帝王庙。帝王庙,摇葫芦,隔壁儿就是四牌楼。四牌楼东,四牌楼西。西牌楼底下卖估衣。我问估衣怎么卖?挑花裙子二两一。老太太打个火、抽烟带,隔壁儿就是毛家湾。毛家湾,赵老四,隔壁儿就是护国寺。护国寺,卖巴狗儿,隔壁儿就是新街口。新街口儿,道儿长,隔壁儿就是蒋养房。蒋养房,按袋烟,隔壁儿就是王奶奶。王奶奶,啃瓜皮,隔壁儿就是火药局。火药局,丢花针,隔壁儿就是北城根。北城根,卖破盆,隔壁儿就是德胜门。德胜门,两头儿缩,当间儿有个王八窝。晴天出来晒盖子,阴天出来把头缩。①

这首歌谣最早出自韦大列1896年出版的《北京的歌谣》,后来不断被传唱,到董树人编著的《北京歌谣集释》中已经发生了一些变化,但基本地点没有改变。歌谣中唱的是阜成门(平则门)到皇城根一带的地理和生活。歌谣中提到了这一带地标性的地点,每个地点都充满了故事。平则门是元代阜成门的旧称,歌谣中保留了这个旧称,历史上阜成门一带是商业发达、人口繁富之地。朝天宫在阜成门内,是明代宣德八年北京修建的道观。其附近有"天禄轩"茶馆,当时很多以卖字为生的人集中于此,因此有"朝天宫,写大字"之说。离朝天宫不远的白塔寺又称妙音寺,始建于元朝,寺内的白塔是京城最大的喇嘛塔。清代中期开始,这里有北京著名的庙会之一,北京民间有"八月八,走白塔"之习俗。接下来就是马市桥,阜成门内有一座石桥,因在马市附近,被称作马市桥。该桥年久失修,上面有不少漏洞和缝隙,走在上面的人要跳来跳去,因而有"马市桥,跳三跳"

---

① 董树人编著《北京歌谣集释》,语文出版社,2017,第165页。

之说。帝王庙又称历代帝王庙，始建于明朝嘉靖九年，这里供奉历代188位帝王和著名的文臣武将。明清时期，帝王庙只允许皇帝和官员及随行者进入，普通百姓经过此地则要绕一个葫芦一样的大弯，因而有"帝王庙，绕葫芦"之说，歌谣中"摇葫芦"实为"绕葫芦"之误。

牌楼是北京城的重要特色之一。明成祖修建北京城时，在东四、西四、东单、西单等地建了牌楼。清代的东四牌楼和西四牌楼，既是北京的交通要道，也是繁华的商业区，因而说"四牌楼底下卖估衣"。今天的东四和西四分别是东四牌楼和西四牌楼的简称。

毛家湾坐落于西四北大街与西皇城根之间，明代属于吉庆坊，因明代重臣毛纪的府邸在此而命名"毛家湾"，毛家湾一带是皇家的仓、库、厂所在地。北有太平仓，南有红罗厂，东有甲、乙、丙、丁等十库，是皇家重要物资储备的中心。清朝建立后，这些仓库被废，兴建了王府。

护国寺为北京八大庙之一，始建于元代，清末震钧《天咫偶闻》记："隆善护国寺，俗称护国寺，即元之崇国寺。赵松雪书演公碑，危太仆书选公传戒碑皆在殿东阶下。月七、八有庙市，与隆福寺埒，而宏敞过之。"[①] 护国寺庙会与隆福寺庙会并称为"东西二庙"，护国寺为西庙，是北京人常逛的庙会。《京都竹枝词》："东西两庙货真全，一日能消百万钱。多少贵人间至此，衣香犹带御炉烟。"[②] 反映了当时庙会的热闹场面。

新街口在缸瓦市大街与西直门大街的交会口，从元代开始这里就是商业繁荣之地，因此说"新街口买大糖"。歌谣中的"蒋家房"，应为"蒋养房"之误。蒋养房在新街口东大街，明代称为浆家房，是明朝皇宫浣衣局，为二十四衙门所在地。清代诚亲王的府邸修建于此，嘉庆年间皇帝将此府赐予庄静公主，又称四公主府。火药局为明代火药局旧址所在地，入清后原局荒废。火药局原属皇城，后来衍生出胡同，称为火药局胡同。老北京的城根指的是内城墙的内陆区，城墙称为关厢。老北京的老城根有东城根、西城

---

① 震钧：《天咫偶闻》，北京古籍出版社，1982，第90页。
② 杨米人等：《清代北京竹枝词》，北京出版社，1962，第47页。

根、南城根、北城根。北城根多为汉人居住区。清兵入关后,将汉人迁出内城,迁出的汉人多居住于德胜门和安定门以北一带,这些人多生活贫困,因而有"北城根穷人多,草房破屋赛狗窝"之俗语。

整首歌谣唱的是从阜成门到老城根一带,清代这一线处于外城与内城交界处,基本上是普通百姓的居住之地。这里有京城百姓生活离不开的商业区,有为他们生活提供精神支持的寺庙,也有他们购物娱乐的庙会,可以说百姓生活尽在其中。这些城门、寺庙、建筑、马路、胡同构成的城市空间容纳了京城百姓的衣食住行,也演绎着老北京的生活故事。

二 对北京市民生活的叙事

北京是一个市民社会,市民生活喧嚣热闹,吵吵嚷嚷,但是有热量,有活力,有执着的生命力。比如《毂洞洞 太平车》:

> 毂洞洞,太平车,里头坐着个俏哥哥。城外去听野台儿戏,回头逛个十里河。老爷庙,闹吵吵,人海人山真热闹。村儿里的姑娘来卖俏,脸搽官粉赛过一个大白瓢。①

清代的北京城满汉分城而居,内城不允许演戏和观戏等娱乐活动,因而很多内城的人去外城看戏。十里河是非常有名的地方。《燕京岁时记》载:"十里河关帝庙,在广渠门外。每至五月,自十一日起,开庙三日,梨园献戏,岁以为常。"② 十里河关帝庙是看戏的地方,去那里看戏的人非常多。村里的姑娘出来看戏要仔细地打扮一番。虽然歌谣不长,但是体现出观戏的场景热闹非凡,充满了人气,非常生动鲜活。同样观灯的歌谣《正月里正月正》:"正月里正月正,八个老深去逛灯,反穿皮袄还嫌冷,大河王八怎

---

① 〔意〕韦大列:《北京的歌谣》,北堂书局,1896,第217页。
② 富察敦崇:《燕京岁时记》,载潘荣陛、富察敦崇《帝京岁时纪胜 燕京岁时记》,北京古籍出版社,1981,第68页。

过冬。"① 讲正月的观灯活动。正月是北京最冷的时候,因而穿着皮袄还嫌冷,写出了北京的天气具有地域特色。句末由己及人,突然想到河里的王八不知如何度过寒冬,还是很符合民歌特点的,语言生动,诙谐幽默。

北京歌谣中那些描写社会生活的歌谣,最能反映北京生活的独特风貌。比如《娶媳妇》:

娶媳妇儿的,门口儿过,宫灯戳灯十二个。旗锣伞扇踞两傍,八个鼓手奏细乐。轿子抬着姑娘走,抬到婆家大门口。进门儿入洞房,去会小新郎。娶了三年并二载,丫头小子没处儿摆。②

这首歌谣出自韦大列的《北京的歌谣》。北京娶亲的场面非常热闹,有宫灯、旗锣伞扇,还有奏乐的乐工,最后是新娘子坐着轿子进婆家。虽然不太具体,但是能从歌谣中感受到热闹的气氛。中国社会对于娶亲非常重视,娶亲代表着家庭添丁进口,代表着家族繁荣和希望。它直接的影响就是给家族带来子嗣,传承延续家族的血脉。尽管男人娶妻才能延续子嗣,然而在传统的中国社会,重男轻女的风气非常严重,女性的地位并不高。女子在娘家被认为是白养活的"赔钱货",到了婆家也未必有好的待遇。韦大列采编的《北京的歌谣》中有《杜梨儿树》:

杜梨儿树,开白花,养活丫头做什么?拿起剪子瞎嘎搭,嘎搭会了给人家。爹也哭,娘也哭,女婿过来劝丈母:"丈母丈母你别哭,我家还有二斗谷。碾小米儿,熬豆粥,饿不死你的秃丫头。"③

女孩子在娘家要学做家务,出嫁了,父母还担心她在婆家能不能吃饱饭。女孩子出嫁后在婆婆家受虐待也是常事,《新媳妇儿》:

---

① 薄迁:《正月里正月正》,《余兴》1916年第13期。
② 〔意〕韦大列:《北京的歌谣》,北堂书局,1896,第90页。
③ 〔意〕韦大列:《北京的歌谣》,北堂书局,1896,第83页。

新媳妇儿,三天香,过了三天,拿棍儿梆。①

歌谣中所唱的女子在婆家遭受家庭暴力也是普遍现象,说明当时妇女地位低下。因而提升女性地位,改善女性在家庭中的际遇,成为非常迫切的社会问题。

当然,其中也有反映婚恋生活温馨快乐的场景的歌谣。比如《看见她》:

沙土地儿,跑白马,一跑跑到丈人家。大舅儿往里让,小舅儿往里拉,隔着竹帘儿看见她。银盘大脸黑头发,月白缎子棉袄银疙瘩。②

歌谣唱的是男孩子成婚前见到未婚妻的场景。男孩子有些扭捏,不过娘家人太热情了,男孩子被拉进屋里,偷偷看女孩子,女孩子很漂亮,男孩子很喜欢。短短几句,写得非常生动。相似的歌谣1916年《余兴》第6期也刊载了一首:

清早起,太阳红,骑骡骑马上山东,大舅看见往家让,小舅看见往家拉。拉拉扯扯到了家,隔着竹帘瞧见她。月白小袄辫根扎,红缎小鞋绣上喇叭花。回家快活告诉我的爹妈,典房子卖地快娶她。③

前一首是韦大列《北京的歌谣》中辑录的歌谣,此书大致于1896年成书,比1916年《余兴》上发表的后一首要早些。前一首歌谣比较简单,是惊鸿一瞥之所见,突出的是主观印象,着重写女子的穿着、脸和头发。这一场景真实地反映了男孩的心理,由于是未婚夫偷看妻子,因而还有些害羞,所以未及详看,或者也是未敢仔细看,因而只说男孩子最深刻印象的那一部

---

① 董树人编著《北京歌谣集释》,语文出版社,2017,第270页。
② 〔意〕韦大列:《北京的歌谣》,北堂书局,1896,第9页。
③ 薄迁:《骑马上山东》,《余兴》1916年第6期。

分。歌谣吟唱的是一种直觉，是单纯自然的喜欢，因而显得通俗自然。后一首虽与其相似，但增加了男子看到女孩后的心理活动。男孩子非常喜欢女孩，因而想要快点将女孩娶回家。加上这样的心理活动，反而不及前一首生动自然。另外一首则是从女方的视角看女婿的：

> 小轿车，白马拉，里头坐着小亲家。金烟袋，二尺八，对对荷包小针花。天明咯，鹅叫咯，二姑爷来到了。①

与上一首对照着看，这首歌谣是从女方的视角来看男子。男子坐在马车里，带着金色的烟袋和绣花的荷包，来到女子家中，女子家中的亲人围观男子。从不同的视角写相亲的场景，也很有意思。

作为城市的北京，商业活动非常活跃，反映商业活动的歌谣也不少，歌谣里有买衣服、开铺子等活动，极富市民特色。比如：

> 四牌楼东，四牌楼西，四牌楼底下卖估衣。我问估衣卖多少？扎花儿裙子二两七。②
>
> 小小子儿开铺儿，开开铺儿两扇门儿；小桌子儿小椅儿。乌木筷子儿小碟儿。③

在北京歌谣中，还有一类比较特别的就是卖货人唱的歌谣。相比于简单的吆喝声，这种唱出来的歌谣更婉转悠扬，流畅生动。既能招揽顾客，又是好听的歌谣，比如卖糖水的：

> 冰糖水儿，真好喝，一个大子给不多，俩大子儿给一车！④

---

① 薄迁：《小亲家》，《余兴》1916年第6期。
② 蒲泉、群明编《明清民歌选》乙集，上海古典文学出版社，1956，第141页。
③ 蒲泉、群明编《明清民歌选》乙集，上海古典文学出版社，1956，第136页。
④ 董树人编著《北京歌谣集释》，语文出版社，2017，第329页。

卖小玩意儿的：

小玩意儿，独一份儿，小孩儿买来多有趣儿！不给买，噘着嘴儿，撒泼打滚儿不愿意儿，一对一对掉眼泪儿。①

卖酸梅汤的：

又解渴，又带凉，又加玫瑰又加糖，不信您就弄碗尝一尝！②

这种歌谣唱出来非常吸引人，与卖货人独特的声音相结合，则更具吸引力。小孩子听到熟悉的歌谣，肯定跃跃欲试要大人给买点，大人听到这些歌谣也会唤起童年的记忆，说不定也会买来尝一尝。

尽管北京的歌谣很简单、很质朴，但对于当时京城人的生活的记述是真实的。北京歌谣最重要的是反映京城百姓的生活，京城百姓的生活是独特的，歌谣里反映了北京满汉分离的生活状态，反映了满族人与汉人不同的婚恋观念、对女孩子的态度。更为重要的是，歌谣里唱出了北京城的风土、地貌和人情，这也是其独特的地方。无论是高大的城墙，还是低矮的草房，歌谣里将不同阶层人的生活都咏唱出来，从而反映出不同个体的人生状态。

第二节　地方史的民间叙事

每座城市都有属于自己的、独特的城市记忆，北京的城市记忆有些源自地方史志。比如上文提到的《京师坊巷志稿》就是典型的地方地理志。《京师坊巷志稿》编订于清光绪年间，作者是朱一新。光绪十一年（1885）重修《顺天府志》，当时的顺天府指的就是京师，其包括了北京城和大兴、宛

---

① 董树人编著《北京歌谣集释》，语文出版社，2017，第330页。
② 董树人编著《北京歌谣集释》，语文出版社，2017，第331页。

平两县。《顺天府志》由万青黎、周家楣、张之洞、缪荃孙等人编修,是记录清末京师顺天府辖区情况最完整、最丰富的一部地方志。该项工作从光绪五年(1879)四月开始到光绪十一年(1885)完成,全书130卷。朱一新参与了《顺天府志》的修纂工作,他主要负责坊巷即街道和胡同部分。朱一新学识渊博,治学严谨,他依照宋敏求《长安志》的体例,认真勘察北京的街巷里坊,从而反映出了北京坊巷的真实面貌。《顺天府志》书成后,朱一新不断对该书的内容进行整理,对有关掌故进行充分的补充和完善,进而编纂成了《京师坊巷志稿》上、下两卷。这两卷书引用320多种参考文献,保留了明清以来京城各坊巷胡同变化的详细资料,较全面、详细地记录了各地名称的地理沿革、发展变化等,成为研究晚清时期北京地理的重要资料。尤其是对同一地点,引用不同史料来说明它的沿革与变化,并延伸开去,将该地与其他地方之间的联系说得很清楚,体现了朱一新严谨的学术态度和旁征博引的丰富学识。作为地方史志之一的《京师坊巷志稿》对京城的胡同、坊巷的详细记录,成为了解清末民初北京城市格局的重要依据。相似的还有前面提到的《顺天府志》。《顺天府志》有不同版本,明代有《万历顺天府志》,清代有《光绪顺天府志》,其内容既有对前代的继承,也有对当代城市变化的记录,因而也是了解北京文化的非常有价值的地方史志。除了这些地方史志的记录,其他材料中也有对北京地方地理、风土、城市等内容的叙事,也具有地方史的特性。

一 对京城自然地理环境的叙事

北京城是皇室贵族与普通百姓共居之地,人口众多,商业繁荣。但是北京地处北方,其自然特点是干燥多风。《蜷庐笔记》中记载"乙卯辛酉北京两风灾":

> 乙卯正月十四日,在京寓张栩人李铁拐斜街宅中,清晨忽大风从西来,顷刻生沙漫空,非秉烛不可见一物,历数十刻,始开朗。越六年,辛酉三月六日,大风复来,历两昼夜不息,街上行人,颇有为风吹堕城

河者,可骇也。北地多风,诚不为怪,而历时两日之久,则亦罕有。因忆前见人笔记,载天启七年,风从卢沟桥来,殿廷岌岌摇动。上恐极而啼,满院回旋,且趺且行。市廛之屋,竟有吹至数十里外者。而风过之处,人之衣履,褫剥净尽,妇人在车中者,无不裸露,而衣裈皆无踪迹。又有吹入酒坛或空屋衣柜者,封锁如故,不知何以得入,且人尽赤身相向。此亦亘古奇灾矣。当时奏报甚详,且不止一奏,而史册及纲目三编皆无之。不识《明史·五行志》中,曾载是事否,暇当借来检之。①

可见,北京自古多风,且风沙之大达到了令人震撼的程度。

北京另一个与民生关系紧密的就是街道的治理和地下沟渠疏通的问题。《清稗类钞》写到京城的道路时说:

京师街市秽恶,初因官款艰窘,其时为董其事者所干没,继因民居与店户欲醵资自修街道,而所司吏役辄谓妨损官街,百般讹索,故亦任其芜秽。又京城例于四月间于各处开沟,盖沟渠不通,非此不能宣泄地气也。是时秽臭熏人,易致疫疠,人马误陷其中,往往不得活。开沟之处,闹市独多,差役因从而渔利。又开沟者,每故意择大店门口居中开挖,店主以贸易不便,必重赂之,乃稍移偏。②

关于道路秽恶,《燕京杂记》亦有记载:

京城街道除正阳门外绝不砌石,故天晴时则沙深埋足,尘细扑面,阴雨则污泥满道,臭气蒸天,如游没底之壑,如行积秽之沟,偶一翻车,即三熏三沐,莫蠲其臭。京师溷藩(厕所),入者必酬以一钱,故

---

① 王伯恭:《蜷庐笔记》,山西古籍出版社,1999,第54~55页。
② 徐珂编撰《清稗类钞》第一册,中华书局,2010,第123页。

第五章 时间与空间：北京文化民间叙事的微观阐释

当道中人率便溺，妇女辈复倾溺器于当衢，加之牛溲马勃，有增无减，以故重污叠秽，触处皆闻。①

便溺于通衢者，即妇女过之，了无怍容，煞是怪事。欲预养廉耻之源者，当议论及此。人家扫除之物悉倾于门外，灶烬炉灰、瓷碎瓦屑堆如山积，街道高于屋者有丈余，入门则循级而下，如落坑谷。②

道路污秽的原因有两个：一个是管理的问题，官吏为了自己的利益，敲诈商户，造成道路肮脏污秽，得不到修理；其二是百姓素质较差，当街便溺，妇女倾倒溺器，垃圾胡乱堆放，造成京城街道、胡同的环境非常恶劣。在时疫流行之时，后果更为严重。在《清稗类钞》中还有"臭沟"条：

京师街市沟渠，以管理沟渠河道大臣总辖之，而街道御史实董其事。每年一开，例在二三月间，四月而毕，正举人会试期之前后也。时人为之语曰："臭沟开，举子来。闱墨出，臭沟塞。"③

由于京城人口众多，日常废水、垃圾等直接排入河道，造成河道淤塞，因而每年都要定期开沟，时间正好在二三月间，这时也是科举考试的时间，因而有"臭沟开，举子来。闱墨出，臭沟塞"的俗语，不但因为开沟与科举考试时间相同，而且讽刺进京考试的举人很多，各类人都有，像臭沟散发出的臭气一样，拥塞京城。

可见，当时北京的城市问题非常严重，给百姓生活和商业活动带来了极大的不便。但由于财政、用人等诸多原因，这一问题成为北京的痼疾，一直没有解决。

---

① 阙名：《燕京杂记》，载《旧京遗事　旧京琐记　燕京杂记》，北京古籍出版社，1986，第114页。
② 阙名：《燕京杂记》，载《旧京遗事　旧京琐记　燕京杂记》，北京古籍出版社，1986，第115页。
③ 徐珂编撰《清稗类钞》第四册，中华书局，2010，第1656页。

晚清，北京城的环境问题常常与其他社会问题被放在一起揭露，从而凸显出北京的城市病。《清稗类钞》记载京城的"三多"现象：

> 京师有三多，曰多官，曰多相公（都人呼优伶为相公，其年少貌美者辄为龙阳君），曰多粪（大道粪秽充斥，人与骆驼驴骡牛马犬所遗也）。①

晚清之际，北京还不是一座现代城市，公共设施极不完善，最突出的表现就是没有公共厕所，因而造成街道粪秽充斥，而且骆驼、骡子、牛、马等动物也在大街上行走，它们的粪便也没有很好的处理办法，因而有"粪多"之说。当然除了环境和公共设施的问题，社会问题也同样严重。官吏多造成了京城的奢靡之风，而相公多更是助长了社会骄奢淫逸的不良习气，严重败坏了社会风气，从而直接导致了种种社会问题。

二 对京城灾异事件的叙事

北京城居住着皇室、贵族、官吏、士绅、百姓等各色人等，人员混杂流动，经常出现灾异事件。统治阶层受谶纬之学的影响，将其与政治和国家的统治相联系，而普通百姓则从民间心理出发，认为灾异事件是上天的预警。虽然上层社会和普通百姓对灾异事件的理解不完全相同，但是都认为灾异事件具有预兆或启示的作用。比如，京城灾异事件以火灾和水灾为多，《天咫偶闻》中记：

> 光绪己丑十二月，太和门火，自未至酉。是日余以事至地安门，南望黑烟如芝盖。市井喧传为正阳门火，明日始知为太和门。明年庚寅，正月二十六日大婚，不及修建，乃以扎彩为之。高卑广狭无少差，至榱桷之花纹；鸱吻之雕镂；瓦沟之广狭；无不克肖。虽久执事内廷者，不

---

① 徐珂编撰《清稗类钞》第四册，中华书局，2010，第1673页。

第五章 时间与空间：北京文化民间叙事的微观阐释

能辨其真伪，而且高逾十丈，栗冽之风，不少动摇。①

这件事非常有意思。光绪时期太和门着火了，火势很大。而且正赶上皇帝要大婚，重新修建太和门显然来不及了，因而找来扎彩的人，按照原来的形式，给扎出来。在两宫西狩之前，也有预兆：

> 光绪乙酉、丙戌之间，京师谣谶甚众。时王侍郎（文锦）密陈于两宫云：将有西狩之兆。以侍郎凤精天官家言也，且请移跸西苑以禳之，遂诏修仪鸾殿而迁居焉。然庚子之变，侍郎已前死，不及见矣。
>
> 甲午六月十五日夜，大雨雷，烈风拔木。大清门、天安门、端门、午门、太和门门闩齐断，多年大树偃覆纵横，自来无此烈风也。②

对此事的记述颇有些附会的成分，将自然现象与京城的政治社会现实相联系，也是笔记常用的手法。但是通过对自然现象的记录，真实地反映了当时北京的现实状况。晚清北京自然灾害屡有发生，《天咫偶谈》中还记录了天坛发生的灾害事件：

> 光绪己丑八月大雨雷，天坛祈年殿灾，一昼夜始息。诏群臣修省，于是议重建而《会典》无图，且不载其崇卑之制。工部无凭勘估，搜之于《明会典》亦不可得。乃集工师询之，有曾与于小修之役者，知其约略。以其言绘图进呈，制始定。③

对于这次火灾，《蕉廊脞录》中也有记载："光绪十五年八月二十四日申刻，天坛祈年殿灾，延烧斋宫凡七十余间，闻雷声震而火作，旋大雨，火

---

① 震钧：《天咫偶闻》，北京古籍出版社，1982，第5~6页。
② 震钧：《天咫偶闻》，北京古籍出版社，1982，第20页。
③ 震钧：《天咫偶闻》，北京古籍出版社，1982，第134页。

· 249 ·

益甚，自申至寅始灭。"① 这场火灾影响甚大，皇帝发布了上谕，亲自说明了灾后的处理情况，追究当事人的责任，并表明了自己要小心谨慎、勤于政务的态度。

《蕉廊脞录》中对"光绪十六年京津久雨成灾"之事也有记载：

> 光绪十六年六月初五日，上以京师久雨，禾稼受伤，亲诣大高殿拈香祈晴。②

同样，光绪皇帝对雨灾也非常关注，于六月初八日、六月十三日、六月十九日三次发布了上谕，命令各部门对受灾百姓进行抚恤、救助，以及拨银进行灾后重建等工作。此外，《天咫偶闻》中还有水灾的记录：

> 庚寅秋，畿南大水，直至右安门外。大树皆倒，几欲入城。按：畿辅自癸未以后，无岁不水，且年甚一年。虽屡奉蠲恤之诏，及士夫为之救灾赈患。而所救止于目前，终非拔本塞源之术。甲午春，以言官之请，诏挑浑河，旋以直督力持不可而罢。尝与近畿诸人谈之，知其受病之本不在浑河，而在东西淀。盖浑河旧本南行入滹沱，不入淀。自于清端引之入淀，而淀始淤。及怡贤亲王力挽之东行，而淀复旧。然二百年来，逐渐改移。且浑河屡决，而淀又失其旧。近则淤废日多，而民田其中，不肖官吏为之升科。今淀存者不及三十里，大水至大沽一口，势不能容，溢而横决。故天津以北，杨村、河西务诸村，水经冬不涸，弥望如海，此固十年前沃野也，而官吏亦无复过问者。③

这场水灾并非孤立事件，北京几乎每年都有这样的灾祸发生。虽然有治水之议，但由于国家衰落、官员督查不力等原因，导致治水并不成功。本来

---

① 吴庆坻：《蕉廊脞录》，张文其、刘德麟点校，中华书局，1990，第7页。
② 吴庆坻：《蕉廊脞录》，张文其、刘德麟点校，中华书局，1990，第10页。
③ 震钧：《天咫偶闻》，北京古籍出版社，1982，第194页。

是沃野良田,变成了一片汪洋,令人痛心。

当然在很多时候,说是天灾,亦是人祸。晚清笔记中,北京城诡异事件时有发生:

> 光绪甲午四月,忽相惊水中有物,声如牛而不见其形,民庶骇然。讹言日起,逐日往观近万人,大京兆出示禁之不止,时常雩期近,乘舆将临。执金吾恐致获戾,签兵捉怪。戈戟如林,日伺水上。由是观者益众,或且设茶肆以侔厚利。兵役入水搜捕,或云声于东则东之,或云声于南则南之,茫如捕风,了无所得。如是者经月乃罢。而所谓获苇,皆僧产也。至是均作琅邪之稻。或曰此鼓妖也,是年遂有辽东之役。边警日亟,士大夫去者甚多,西南城为尤甚。①

所谓怪物实为江湖无稽之谈,兴师动众,无获而归。而真正的乱象则实源于人祸,庚子事变即是代表。

笔记中记录了晚清时期清廷内外发生的灾害,这些事件虽是天灾,亦是人祸。当时国家备受外侮,已经处于危险的状况,而内部也没有得力的大臣支撑,因而清朝走向灭亡是必然的结局。这些自然灾害的出现也正预示着晚清行将末路的命运。

三 对京城重大事件的叙事

清末民初是非常动荡的时期,作为当时都城的北京,是这场巨变的亲历者,也是见证者。在这一巨大的动荡中,北京的建筑、市民都不同程度地受到影响,同时也留下了对这些事件的记忆。在晚清之际,发生了很多具有历史意义的重大事件,这些事件是真实地发生在北京城的,北京的百姓是其亲历者,他们对这些事件的叙事应该更真实生动。

(一)对戊戌变法的叙事

戊戌变法是晚清之际光绪皇帝及部分知识分子深感国家为列强所欺凌,

---

① 震钧:《天咫偶闻》,北京古籍出版社,1982,第157~158页。

欲效仿日本明治维新所进行的变法运动。这是清政府试图通过内部的调整，借助于最高统治者的权力，使国家走上自强发展道路的尝试。然而以康、梁为首的改革者没有意识到以慈禧太后为代表的保守势力的强大，以及光绪皇帝的软弱性，经过103天，变法最终失败了。虽然如此，但是戊戌变法在朝野上下产生了极大的影响，不少的笔记中都记录了这一事件。

徐珂《清稗类钞》中对戊戌变法所记甚详，"德宗戊戌新政""德宗戊戌密谕""德宗欲开懋勤殿"等，记载了相关的内容。其中"德宗戊戌新政"中提到了光绪皇帝进行的一些改革举措，包括改革考试制度；设立专科学校，设置武备特科、经济特科；奖励创办学堂、开辟地利、兴办工厂；设立农工商局；等等。其中提到京城河道的修理，最直接地针对北京的城市问题。"谕饬工部会同步军统领衙门、五城街道厅，挑挖京城内外河道，修垫街巷，款由户部筹拨。"① 众所周知，北京城市没有建立良好的下水设施，市民生活污水无处排放，直接排入河道，导致河道经常拥堵、污染，而且城市的道路低洼不平，雨天常常积水，这些问题一直存在，晚清及民国时期这种状况尤烈。在"德宗戊戌密谕"中将其作为重要问题进行解决，可见以光绪皇帝为代表的统治上层开始关注民生的问题。

在此密谕中还提拔杨锐、刘光第等主张变法的人参与到改革中，"又谕内阁候补侍读杨锐、刑部候补主事刘光第、内阁候补中书林旭、江苏候补知府谭嗣同赏四品卿衔，在军机章京上行走，参与新政事宜"②，表明了光绪皇帝改革旧制，实行新政的决心。江庸《趋庭随笔》"首开经济特科种种"中记：

> 二十九年重开经济特科，瞿已为军机大臣，张劭予侍郎，以家父及孙葆田佩南、沈曾植子培、陈遹声蓉曙，蒯光典礼卿、章梫一山、秦树声幼衡等十九人应诏，家父虽至京师一行，仍未与试。此次征辟仅三百

---

① 徐珂编撰《清稗类钞》第一册，中华书局，2010，第263页。
② 徐珂编撰《清稗类钞》第一册，中华书局，2010，第263页。

| 第五章　时间与空间：北京文化民间叙事的微观阐释 |

余人，本不为多，因光禄寺卿曾广汉保有上海游戏报馆主笔李宝嘉伯元，一时群议为滥。然伯元所著小说如《官场现形记》诸书，盛为今日主张白话文者所推许，是人亦曷可轻耶？①

重开经济特科，尽管招收的人不多，但是这些人像李伯元等在各自领域中还是有所建树的，可以看出经济特科选拔人才的成功之处。

张祖翼《清代野史》中"戊戌变政小记"详细记载了光绪皇帝为代表的改革派的种种新政，认为他们的这些主张皆是"德宗锐意新政切实讲求之证，非若后来以新政涂饰天下耳目，藉便私图也"②。戊戌变法失败后，随之而来的是庚子事变和"帝后西狩"，慈禧太后认识到国事之不可为，也不得不下变法之谕，张祖翼对两次变法之谕进行比较：

> 至三十六年庚子夏，……京师不守，两宫播迁陕西，于是有十二月初十日数衍变法之谕，去精神而求糟粕，愈变愈坏，人心愈失，以迄于辛亥十二月寿终矣。合观前后各谕旨，前者令人欢欣鼓舞，后者令人怒发冲冠。德宗变法，何等恳切肫挚，西迁后之变法，仅欺饰人民而已。且不仅欺饰也，方借此破格之名，而大开贿赂之实，在彼亲贵，方人人自为得计，不知树倒胡孙散，迄今又从何处博得一文哉！尤可笑者，斥康梁为叛逆、为奸邪，悬赏购之，恨不即日磔之，孰知异日伪行新政，仍不出康梁所拟范围以外，自古有如此无耻之政府乎？噫，异矣！③

可见新政在当时是具有积极价值的，反映了以光绪皇帝为代表的改革派为国家强盛，摆脱列强压迫，自强革新所做的努力。而慈禧太后在庚子事变

---

① 江庸：《趋庭随笔》，载王伯恭、江庸《蜷庐随笔　趋庭随笔》，山西古籍出版社，1999，第153页。
② 张祖翼：《清代野记》，中华书局，2007，第124页。
③ 张祖翼：《清代野记》，中华书局，2007，第125页。

· 253 ·

后的改革上谕则基本上延续了康、梁变法的思路，了无新意。而且随着外部环境、国内时势的变化，这时的改革显然已经不合时宜了。

总之，以光绪皇帝为代表的改革派还是较为年轻，对当时的政治形势估计不足。他们一方面低估了以慈禧太后为代表的保守势力的力量及其影响；另一方面也准备不足，没有在朝廷重要位置上安排改革派的人员，而是将希望寄托于袁世凯的身上，结果导致了戊戌变法的失败。而以慈禧太后为代表的保守派再次提出的改革则完全是为了保住统治，遮人耳目。经过了戊戌变法等一系列事件教育的民众，已经认清了清政府的丑恶面目，不会再为他们的手段所欺骗。因而慈禧太后的改革谕旨无疑只能激起民众的愤慨，从而坚定他们推翻清政府统治的决心。

（二）对庚子事变的叙事

庚子事变是晚清时期北京经历的又一次巨大的动荡，这是一场波及所有人的战乱，上至太后皇帝、皇亲贵戚，下至普通百姓，都被这场战乱裹挟和影响，其造成的破坏程度是惊人的，其对中国命运走势带来的影响也是绝无仅有的。因而当时很多笔记中记录这次事件的起因、经过及其产生的影响。

作为此次事件的亲历者，陈夔龙当时正担任顺天府尹，他在《梦蕉亭杂记》中，对这段事情讲述得非常详细。端亲王载漪的儿子浦儁被立为大阿哥，恩宠日隆。载漪令董福祥围攻使馆，命荣禄炮轰使馆：

> 统计由城根至使馆不及半里，各国公使参随各员并妇孺等均藏身于馆内。该馆屋宇连云，鳞次栉比，倘以巨炮连轰数次，断无不摧陷之理，不知该邸何以出此种政策。[①]

荣禄等担心引起事端，又不敢不从命，因而将红衣大炮的表尺加高，炮弹越使馆屋脊而过，未射中使馆，附近的百姓却深受其害，"视线出前门直达草厂十条胡同，山西票商百川通屋顶穿成巨窟，该商等十数家环居左近，

---

① 陈夔龙：《梦蕉亭杂记》，中华书局，2007，第27页。

| 第五章　时间与空间：北京文化民间叙事的微观阐释 |

一时大惊，纷纷始议迁移"①。后日本书记生杉山彬、德公使克林德先后被杀，"战事已起"。

徐珂《清稗类钞》中"孝钦后命德宗与八国联军宣战"条记：

> 五月二十五日，下诏宣战，虽为德宗谕旨，孝钦实主其谋。②

尽管慈禧太后之后百般掩饰，推卸责任，但始作俑者就是她，这是确定无疑的。

庚子事变对北京城的破坏非常大，普通民众对于帝后生活了解得不多，但对于北京城的变化深有感触。上文引用的王伯恭《蜷庐随笔》"正阳门辟四孔"记载了正阳门遭到破坏的状况。

正阳门曾经是非常繁荣的商业区。庚子事变后，这里遭受了火灾，曾经繁华的商业中心消失了，变成了街衢，世事的变迁令人唏嘘。京城的很多古建筑和城门在不同程度上被战乱毁坏。庚子事变后，京城的很多地方发生了改变：

> 庚子以后，京奉路穿东便门以入城，火车直达正阳门下。使馆界为谋出入便利，又于崇文、正阳二门之间辟一便门，署曰水关，以其正当御河出城处也。未几，京汉路成，亦穿西便门以入。说者谓都城之防已失，而尤以水关之辟为有妨都城之风水。③

庚子事变之后，火车穿城而入，使馆为出行方便又打通了崇文和正阳二门之间的水关。这时的北京城墙已经被破坏得面目全非。

李岳瑞《春冰室野乘》中记载了庚子事变后朝中大臣的遭遇。徐用仪、许竹筼（景澄）、立玉甫（山）、刘可义等人，皆于此时死于非命；侥幸逃

---

① 陈夔龙：《梦蕉亭杂记》，中华书局，2007，第27页。
② 徐珂编撰《清稗类钞》第二册，中华书局，2010，第927页。
③ 瞿兑之：《故都闻见录》，山西古籍出版社，1999，第247页。

· 255 ·

脱者，像廖寿恒、王文韶则是其中的少数，所谓"庚子之变，正士碎首，公卿骈戮，自开国以来所仅见"①，他们的个人命运也令人唏嘘。

庚子事变最直接影响就是《辛丑和约》的签订，这完全是一个丧权辱国的条约。但在此时，朝野上下已无回天之力，张一麐《古红梅阁笔记》记载"辛丑条约"签订：

> 全权大臣李鸿章，于光绪二十六年十一月初一日，与各使议定约章，为被戕之德使克大臣立碑，惩办伤害诸国国家及人民之首祸诸臣：端王载漪、辅国公载澜，斩监候，加恩发往新疆，永远监禁，永不减免；庄王载勋、都察院左都御史英年、刑部尚书刚毅、大学士徐桐、前四川总督李秉衡，均已身死，追夺原官，即行革职；又兵部尚书徐用仪、户部尚书立山、吏部左侍郎许景澄、内阁学士兼礼部侍郎衔联元、太常寺卿袁昶，开复原官昭雪；甘肃提督董福祥，革职惩办。诸国人民遇害、被虐城镇，停止考试五年。被害之日本书记官杉山彬，派专使赴日本代表惋惜。在诸国被污渎及挖掘各坟茔，建立涤垢雪侮之碑。禁止军火及各种制造军火材料入口二年。付偿款四百五十兆两。各使馆境内，专与任用，由使馆管理，中国人民不准居住。大沽炮台及有碍京师至海通道之各台，一律削平，酌定留兵驻守，以保京师至海通道，系黄村、郎坊、杨村、天津、军粮城、塘沽、芦台、唐山、深州、昌黎、秦皇岛、山海关。余如商政通商行船条约及有关通商各事宜，改善北河河道，设黄浦河道局，改总理衙门为外务部，均在约中附入。庚子之变，由戊戌反动而来，从此中国万劫不复矣。②

显然，庚子事变以及《辛丑条约》的签订无论是对晚清政府，还是京城百姓，都造成了巨大的伤害，这个丧权辱国的条约签订后朝野上下一片哗

---

① 李岳瑞：《春冰室野乘》，山西古籍出版社，1995，第131页。
② 张一麐：《古红梅阁笔记》，中华书局，2020，第41~42页。

| 第五章　时间与空间：北京文化民间叙事的微观阐释 |

然，也激起了民众的反对，并最终导致辛亥革命的发生。

（三）对北京破坏的叙事

晚清之际，中国屡遭外敌蹂躏，京城破坏得非常严重，其中尤其以古建筑的破坏更令人触目惊心。

黄濬《花随人圣庵摭忆》谈到北京城时，引瞿兑之《读书日札》中的评述：

> 今日中国精完之城邑，仅有北京，而北京之所以由此风格，乃自辽、金、元诸代承袭而来，异族帝王有造于中国如此，关心中国文化者，不可不知此盛衰起伏之迹。①

北京这座历经千年的城市，不同时代的统治者不断完善，才有了其辉煌的形制和不朽的文化。然而晚清之际丧乱破坏，加之庚子事变盗贼横行，将北京搞得面目全非。黄濬《花随人圣庵摭忆》中"国人不爱惜古建筑"条说：

> 吾国虽以旧邦著于世界，然大建筑物，除长城外，鲜能保全，以殿宇廨舍，率用木材故也。然吾国都会公私宇舍，不尽以荒而圮，其毁之亦尤力，殆亦世界所寡有。……试考有史垂三千余年，而国中名都之有宫殿者，今止余北平一城。开封宋宫，止余龙亭。金陵明宫，止余东西华门。泱泱大邦，重基杰构，所留遗后世者，大抵皆为荒烟蔓草，此非为铲除封建思想，直以自襮吾族破坏力之特伟。……二十年来，圆明园故址文础雕栏，暨于山石（中有艮岳之遗），为豪强攫取略尽。瞿兑之常言，京城道上，常见大车曳宫殿木材花石而过，不知所往。②

可见易代之际，古建筑被破坏、被巧取豪夺的状况并非鲜见。侵略军入

---

① 黄濬：《花随人圣庵摭忆》，中华书局，2008，第51页。
② 黄濬：《花随人圣庵摭忆》，中华书局，2008，第11~12页。

民间叙事中的北京文化（1840-1928）

北京之后，对北京的毁坏更为严重，像北京的西黄寺及其内的清净化城都被毁损，实为可惜。北京的西黄寺为"清雍正元年因喀尔喀哲布尊丹巴胡图克图四十九旗札萨克及王贝勒贝子之请，乃铸像建寺，乾隆三十六年再修"①，寺中的清净化城：

> 清净化城者，乾隆时后藏班禅之瘗地。乾隆四十五年七月，后藏班禅额尔德尼第三世罗卜藏丹巴尔伊什入觐，驻锡西黄寺。……班禅三世卒于乾隆四十五年十一月癸未，其骸骨焚而归葬于西藏，衣钵则藏于清净化城中。清净化城为西藏式之塔，其作风与印度相似，惟塔顶为穹隆状，与印度相反。顶为螺旋形，共十三层。塔以铜钮结顶。塔之下，以八角石基承之。周围雕刻精致，皆班禅生死情状，初剃度时攘异端护法教之事迹。余见时已多为联军所毁，今别此寺，垂三十年，未知所毁骤，又作何状也？②

清净化城毁于英法联军之手。"当时联军驻兵此寺，楼上宝器，掠取一空，盖八十年前，欧军纪律至坏，不止焚掠圆明园之为酷也。"③

在北京人的心目中，最深刻的历史记忆就是圆明园被毁。圆明园被毁是一个标志性的事件，因为这不仅仅是一座园林被毁，也不仅仅是珍宝被掠夺，更重要的是对中国几千年文化造成了巨大的伤害，是对统治阶层长期以来所形成天朝大国自信的一次沉重打击。从对圆明园被毁事件的叙事，我们不仅可以看到西方列强在中国的国土上肆意劫掠给民众心理蒙上的沉重阴影，更可以看到民间对于外敌肆虐的切齿痛恨。

赘漫野叟《庚申夷氛纪略》、黄濬《花随人圣庵摭忆》、李慈铭《越缦堂日记》、徐珂《清稗类钞》、徐叔鸿《〈圆明园词〉序》等都对此事进行了记录。其中徐珂《清稗类钞》记录较为简单，且语焉不详：

---

① 黄濬：《花随人圣庵摭忆》，中华书局，2008，第2页。
② 黄濬：《花随人圣庵摭忆》，中华书局，2013，第2~3页。
③ 黄濬：《花随人圣庵摭忆》，中华书局，2013，第2页。

> 咸丰庚申十月十六日，英法联军至天津。文宗方园居，闻敌至通州，仓促率后妃幸热河。十九日，英人至圆明园宫门，管园大臣文丰当门说止之。敌兵已去，文知奸人必乘间起，守卫禁兵无一在者，索马还内，投福海死。奸人乘时纵火，入宫劫掠，敌兵从之，火三昼夜不熄。①

只说奸人纵火，火势三日不熄，但具体奸人是谁，却不得而知，圆明园被破坏的状况也语焉不详。王闿运《圆明园词》前有小序，为湖南长沙人徐叔鸿所作：

> 十七日，英夷帅叩东便门，或有闭城者，闻炮而开，王公请和，和议将定。十九日，夷人至圆明园宫门，管园大臣文丰当门说止之，夷兵已去。文都统知奸民当起，环问守卫禁兵，一无在者，索马还内，投福海死。奸人乘时纵火，入宫劫掠，夷人从之，各园皆火，三昼不熄，非独我无官守诘问，夷帅亦不能知也。②

序中所记状况与徐珂所记差不多，这应该是当时人对圆明园被烧的基本共识。黄濬《圆明园被焚之记载》中对此事所记甚详，对李慈铭的《越缦堂日记》的记载进行了考订，对事情的始末有详尽的考察，可以作为了解该事件的重要参考：

> 圆明园为有清物力所殚萃，文宗尤昕夕临幸，宴游酣深，宠嬖交构。英法联军一役，园先燔，俄而端、肃夷僇，牝鸡司晨。而同、光两朝先后并有修园之议，园者，皆指圆明也。既非巨用不能兴，乃就清漪而改营颐和焉。溯其终始，圆明虽燔，犹为祸水。予居北都卅年，凡三

---

① 徐珂编撰《清稗类钞》第一册，中华书局，2010，第170页。
② 徐叔鸿：《〈圆明园词〉序》，载黄濬《花随人圣庵摭忆》，中华书局，2008，第834页。

游园址，民国七八年时，犹存残础遗石；十五六年间，则辇移几尽。今清华、燕京两大学，偃蹇邻其故墟，望古者类能言之。又按为《圆明园词》者，莫先于王壬秋。……其二云："夷人入京，遂至宫闱，见陈设巨丽，相戒勿入，云恐以失物索偿也。及夷人出，而贵族穷者，倡率奸民，假夷为名，遂先纵火，夷人还而大掠矣。"

考《越缦堂日记》，咸丰庚申八月二十三日甲申记："闻恭邸逃去，夷人踞海淀。夷人烧圆明园，夜火光达旦烛天。"二十四日乙酉记："闻夷人仅焚园外官民房。"二十五日丙戌记："今日丙（内）外各门尽闭，都人思窜者，车徒簦担拥塞城下不得出，盖城外劫盗四起，只身弊衣，悉被掠夺。又闻有持园中断烂物进城者，铜龙半瓜。金兽一镮，俱相传视玩弄，盖禁御已不保矣。呜呼！自圣祖络营海甸，以园赐世宗为潜邸，至高宗踵而大之，历三朝之久，殚列圣经营，极国家富盛，园囿之美，冠绝古今。乃一旦播迁，委此而去，犬羊深入，遽付焚如。忆去年曾以事三至园，转瞬沧桑，已为摩挲铜狄人矣，可哀也夫！"二十七日戊子记："闻圆明园为夷人劫掠后，奸民乘之，攘夺余物，至挽车以运之，上方珍秘，散无孑遗。前日夷人退守，兵稍敢出御，擒获数人，诛之。城中又搜得三人，一怀翡翠碗一枚，上饰以宝石；一挟玉如意一枋，上有字一行为'子臣永琦恭进'，乃成哲来王献纯庙者；其一，至挟成皇帝御容一轴，尤可骇叹。"九月六日丙申记："自昨日西直门外火，迄今不灭，或云黑市灾，或云夷人焚大钟寺，或云烧万寿山宫室。"初七日丁酉记："昨日夷人烧万寿山宫（即瓮山），即清漪园（昆明湖在其侧）也。连及玉泉山诸寺。又焚圆明园之正大光明殿、勤政殿略尽。夷人张伪示于城内外，言中国屡失信义，故借此泄愤。"观上五段，则知圆明园一役，其始联军仅焚园外官吏房，或为军事上必要之举动。而许多旗人土匪即乘机劫掠，于是联军旋亦入园，终则张贴告示自述理由，所席挟之战利品，犹存伦敦、巴黎可证。惟联军仅取其大者贵重者，余多仍入匪徒手。至园中数大殿，与万寿山、玉泉山宫殿，寺宇二度被焚，乃在圆明园官舍被焚后十余日。此节湘绮词不误，而越缦记特详。今游颐和园后山及玉泉山者，犹可按视其烬余。①

从这些记录中可以看到，圆明园被毁起因于英法联军攻入北京。当时咸丰皇帝带领妃子逃到了热河，整个京城陷于敌手，圆明园没有军队防守。英法联军到达此地，开始被圆明园的守卫者文丰劝退。但由于文丰自杀殉国，而圆明园附近的匪人和穷旗人趁火打劫，进入圆明园放火，再次引来英法强盗，劫掠了圆明园。读此记录，不能不令人扼腕叹息。国家衰亡，皇帝置国家前途和百姓的命运而不顾，先自逃离，偌大的京城、几代人精心建造的园林与京城百姓统统陷于敌手，使得京城不仅被外敌凌辱，也被内部强盗劫掠。圆明园的惨烈状况，正是晚清之际整个中国的一个缩影。

四 对京城人物关系的叙事

晚清至民国时期的大量笔记延续了《世说新语》记人的传统，对这一时期人物的言行、故事进行了记录。无论是《苌楚斋随笔》《郎潜纪闻》等综合性的笔记，还是《趋庭随笔》《餐樱庑随笔》等随笔类的笔记，都用大量篇幅记载当时人物的言行，甚至还有《新世说》《异辞录》这类专门记人的笔记。之所以出现了这么多记人的笔记，与晚清民国时期社会大变迁密切相关。国家的动荡、激变的时事促使一些人顺势而生，并在历史上书写下浓重的一笔。他们或者为国家和人民的命运殚精竭虑，成为时代的英雄；或者在历史抉择之时，裹足不前，成为令人唾弃的历史罪人。虽然当时的笔记对他们评价不一，但是他们在那样的历史瞬间出现，并对后世产生了一定影响，他们的生命历程是值得后世研究和借鉴的。尽管是非功过应由历史评说，然而通过对这些历史人物的分析，对于我们理解那个时代和当时北京人的生活还是有巨大的帮助的。

（一）对晚清帝后及二人关系的叙事

晚清之际，中国政治统治出现了一种独特的现象，那就是帝后二人共同

---

① 黄濬：《圆明园被焚之记载》，载《花随人圣庵摭忆》，中华书局，2008，第830~832页。

执政，进而出现了所谓"帝党"与"后党"。实际上是慈禧太后既想专权，又要掩人耳目，塞天下人之口，因而将年轻的光绪皇帝抬出来，作为封建王权的象征和自己的傀儡。年轻的光绪皇帝在长期遭受慈禧太后霸凌的同时，随着年龄与阅历的增加，他也想通过亲政夺回统治权，确立自己的统治地位。因而他试图通过任用年轻的官员进行改革，从而为国家发展探索道路。权力争夺，以及控制与反控制之争，导致了帝后矛盾愈演愈烈。二人的关系也成为当时笔记中的重要内容。

晚清帝后关系的记录多见于晚清各类笔记中，帝后失和由来已久，《十叶野闻》记载：

> 光绪帝既失欢于慈禧，其后乃愈引愈烈，冲突之事，不一而足，虽琐屑细故，亦必反对而后快。戊子岁，上随慈禧谒东陵，见牧羊，爱其肥白，问近侍何物，始知为羊。命购数十头蓄宫中，内监为之刍牧。顾羊群好啮百卉，宫园不可容也。上问何地为宜，或献策云："天坛草肥地旷，可供牧羊。"上然之。司坛官某郎中，不知其奉诏也，阻不能入。内监怒，立批其颊。郎中欲往诉，而探知确为帝意，无可辨，然不胜其辱，遂自尽而死。事闻于慈禧。慈禧怒，命亟逐羊而重谴内监。帝欲庇之，不能得，愤甚。慈禧喜畜犬，卢令重环，毛色各备，约数百头，咸有名可呼，驯扰狰狞，悉听指挥。有内监饲之，闭置园中。上往见之，大恨曰："不许牧羊，而独畜犬，何耶？"自启门放其犬，一时俱尽。慈禧询之，内监以上对。慈禧知其意，乃遣其内监数十人以报之，然衔恨益深矣。一日，颐和园有庆典，张灯置酒，灯彩玲珑精巧，为江南所制。上过其下，谛视徘徊不能去。内监以白慈禧，慈禧曰："彼殆爱此，盍撤之以悬帝宫？"内监果以灯往，帝夷然曰："朕视太后之华饰，炫人目精斯已耳。若朕此间则无需此。天下方汹汹多事，岂朕华饰之日耶？"内监归，以告慈禧，慈禧曰："此所谓养虎自贻患也。"又一日，帝朝慈禧，所着弱冠有敝痕。慈禧善修饰，衣履无不精美，其视人亦然。故见帝之敝冠，心殊不怿，乃命侍者检佳者，

请帝易之。帝乃顾侍者责斥之曰："朕冠本新，汝辈不慎，乃致有此敝痕，速为朕觅旧者补成之。朕意如此，不劳重易也。"时宫中无旧貂，转乞诸世续家，始得之。慈禧虽赐佳者，弗用也。慈禧后知之，衔恨冷笑而已。

隆裕后者，桂祥女、慈禧侄也。帝以怒慈禧故，弗与善。桂祥好与诸市贾为友，凡宫中有兴筑，桂祥辄代关说，取其资。会有木商嘱桂祥运动售木，约值数万金。桂祥即以干隆裕。隆裕知帝意疏己，恐不可进言，乃转以托瑾妃。以瑾妃系姊妹行，且于帝意较密也。瑾妃因承后旨言于上。时值甲午新溃败，帝方忧甚，乃怒詈曰："朕常教尔勿与外通，而乃为木商关说。国家存亡未下，尔奚效村妇喋喋为？后则昏昏如梦呓，而尔亦复如是。尔不改，朕亦不复能顾尔。尔寄语后，慎勿倚重太后，谓朕不能谁何也。"隆裕闻之，惧甚，泣诉于慈禧。慈禧曰："竟蔑视至此耶？吾终不令彼行其志。"自是见上色益厉。①

此书的作者许指严的祖父曾在京为官，熟悉京城以及朝中典故，许指严所记多从祖父处听来，可能有些讹误，但是帝后关系在戊戌变法之前就已经不睦应该是事实。徐珂《清稗类钞》中有多条记载慈禧与光绪之关系，比如记载戊戌变法失败后"孝钦后怒责德宗"条：

光绪戊戌八月初四日，黎明，德宗诣宫门请安，孝钦后已由间道入西直门，车驾仓皇返。孝钦直抵德宗寝宫，尽括章疏，携之去，怒诘曰："我抚养汝二十余年，乃听小人之言谋我乎！"德宗战栗，不发一语，良久，嗫嚅曰："无此意。"孝钦唾之曰："痴儿！今日无我，明日安有汝乎？"遂传懿旨，以上病不能理万几为辞，临朝训政，凡所兴革，悉反之。②

---

① 许指严：《十叶野闻》，中华书局，2007，第58~60页。
② 徐珂编撰《清稗类钞》第一册，中华书局，2010，第388页。

再比如，八国联军进入北京之时，光绪皇帝本不欲出京：

> 德宗曰："我能往，寇奚不能。即入蜀，无益。太后老，宜避西安，朕拟独归，否则兵不解，祸终及之。"孝钦及左右咸相顾，有难色，顾无以折德宗，会晚而罢。翌晨，乃闻扈从士嘈杂戒行，鸣炮，驾竟西矣。德宗首途，泪犹溢目也。①

此次事件对清朝政府是一次沉重的打击，经此事件朝野震动，加速了国人的觉醒，为晚清灭亡埋下了伏笔。此次帝后出京，历经艰险，帝后关系得到了暂时的缓解。夏仁虎在《旧京琐记》中记载：

> 孝钦之待德宗，外传其如何寡恩，实不尽然。庚子以前，戊戌以后，政变既作，则母子间之疑忌诚不能免。至西巡以后，间关患难，迨于回銮，复欢洽矣。特政权不肯轻放，则犹未忘前事。②

在庚子事变两宫离京后，帝后关系得到修复，但是"戊戌以后，政变既作，则母子间之疑忌诚不能免"。在晚清的诸多笔记中，则记录了二人回宫后，慈禧太后对光绪皇帝软禁、迫害之事，甚至认为光绪之死为慈禧预先安排。《清稗类钞》有"孝钦后愚德宗条"记：

> 光绪庚子之役，八国联军将不令孝钦后回銮。孝钦知之，密召德宗曰："汝为我窃缪素筠妆奁来。"其意盖欲帝佯为狂愚也者，使外人知之，则己不得不归也。德宗乃径至缪室取之。缪不见奁，心知有异。俄顷，孝钦召缪入，手奁而言曰："汝知之乎，帝疯矣，乃窃汝奁。"则择一新者赐之，缪拜谢，然不适于用。他日遇德宗，恳其赐还。德宗

---

① 徐珂编撰《清稗类钞》第一册，中华书局，2010，第392页。
② 夏仁虎：《旧京琐记》，载《旧京遗事 旧京琐记 燕京杂记》，北京古籍出版社，1986，第63页。

日："老佛爷所命奈何？"缪固请，乃阴返之。回銮日，途运之物，有破虎子、旧门板等，悉盖以黄布，上标御用，见者或疑德宗真狂，不知非也。①

慈禧太后欲在回銮之后继续把持政权，因而故意陷害光绪帝，给人造成光绪皇帝疯傻的印象，可谓居心叵测。"德宗在瀛台之起居"条更是记录了光绪皇帝困居瀛台之时二者之关系：

> 德宗幽居瀛台，所居为涵元殿，仅三楹，每楹不过方丈。其对面之宸香殿，为隆裕后所居，南北宽不过八尺。德宗偶一登楼远望，或有吁叹声，宫监即密报孝钦后。其地四面皆水，水阔一丈五尺余，有吊桥，日间放下，夜拽起。光绪戊戌冬，某日大雪，孝钦在慈宁宫，命小内监某携狐裘一袭，送瀛台赐德宗，谕曰："尔持以与帝，言为老佛爷所赐。衣料虽非缎类，钮扣皆金所制，须连续言之。帝有何语，归即报我。"内监领命去，以裘进帝，如孝钦旨。德宗曰："吾知之。"某连言不绝，怒曰："吾知之矣，死未得其时与地耳！归报太后可也。"②

两人可以说是已经到了恶语相向的程度了。许指严《十叶野闻》也记录了光绪帝困居瀛台的生活：

> 慈禧于戊戌后，憾光绪帝不已，虽不遽事废立，而实际上待之如隶囚，未尝假以词色，然又一步不许自由，须处处随太后行止，俨然一软禁之重犯也。即如颐和园之居住，皇帝所居之室，虽与太后接近，而使绕道而过，又不使彼可自由出入。且皇后所居，亦与帝居隔绝，防闲之

---

① 徐珂编撰《清稗类钞》第一册，中华书局，2010，第393页。
② 徐珂编撰《清稗类钞》第一册，中华书局，2010，第374~375页。

法，如此周密，诚可叹也。试观德龄所记清宫事实，太后之于帝，可知其切齿腐心。谓太后虽喜悦，一见帝至，即面色冰冷，绝无笑容；而帝亦于平时活泼，至太后前，则直如童骏。噫！母子如此，洵败征也。①

慈禧太后对光绪帝的防范甚严密，即使将其软禁于瀛台，也不肯放松对其监视。在许指严的"瀛台起居注"中对这一时期光绪皇帝的生活记录得更为详细：

自是帝遂成高等之祭司，传曰："政由宁氏，祭则寡人。"帝之谓欤！慈禧又恐舆论讥其残忍，乃令太监于茶店中播为风说，传帝种种昏庸不道，无端迷信西法，谋杀太后，舆论乃翕然以帝为非，以太后之再训政为是。外人使馆中亦信是说，帝遂益处于孤立地位矣。帝于一身外，虽皇后不敢与之道一密切语，何况他人。故此小岛中之日月，虽玉步未改，宫廷如故，左右侍奉之尊严，表面丝毫未损，而实则无形之独夫，高贵之流囚而已。较之鲁滨孙之寂处孤岛，精神上之苦痛，突过百倍。异哉！此众叛亲离之皇帝，绝非才德之问题，而权力之问题也。②

光绪帝在慈禧太后的控制下，其精神痛苦可见一斑。在反抗失败，权力尽失的情况下，他失去了抗争的精神和动力，从而成为众叛亲离的悲惨皇帝。胡思敬《国闻备乘》"母子夫妇不和"中总结帝后之关系说：

德宗既由藩邸入承大统，孝钦偏厚母家，援立其兄桂祥女为后，后长德宗二岁，貌不甚扬。长善二女同时入宫为贵妃。长曰珍妃，工翰墨，善棋，德宗尤宠爱之，与皇后不甚亲睦。二妃屡受孝钦鞭责，诉之

---

① 许指严：《十叶野闻》，中华书局，2007，第136页。
② 许指严：《十叶野闻》，中华书局，2007，第138~139页。

上，上勿敢言。由是母子夫妇之间微有隙。戊戌康党构逆，论者不直德宗。庚子载漪信用拳匪，谋内禅，论者又不直孝钦。孝钦西巡还，亦自悔之，年且耄矣，屡更忧患，后事遥遥不可知，因推权政府不肯任劳怨。荣禄虽专，犹稍知大体。奕劻继之，侈而贪，群小辏进，久而左右前后之人皆其私党，孝钦亦无如何也。自光绪元年至十八年为兄弟不和时代，自十八年至三十四年为母子夫妇不和时代，终帝之身，两事相为首尾凡三十四年。自古国家之败多起于伦理，家齐而后国治，不诚信哉。①

胡思敬的评论将国事与家事混为一谈，是他观念狭隘之处。从个人的角度而言，帝后之争是控制与反控制的矛盾。慈禧太后不愿放弃权力，为把持朝政使尽手段，光绪皇帝则沦为慈禧太后玩弄于股掌之间的一枚棋子。光绪皇帝虽试图摆脱慈禧太后的控制而进行反抗，但是几经挣扎最终失败了。从国家的角度来看，帝后之争是改革派与保守势力之抗争。这种抗争并非简单的伦理之争，而是国家前途、百姓命运之争。光绪皇帝抗争失败带来的最终结果就是外敌入侵，生灵涂炭，此时北京之百姓也不得不承受封建统治的威压和外敌入侵的残害，陷于水深火热、流离失所的境遇中不能自拔。此时之中国，只有通过社会革命，推翻清王朝的封建统治，国家和民众才能看到希望。

（二）对京城高层人物关系的叙事

瞿兑之《杶庐所闻录》"光宣朝政"中对晚清时期的朝廷内部派系斗争与矛盾进行了梳理：

光宣两朝朝政，自光绪初年至宣统之季，事势悬绝，相去几至二三百年。然而其间千变万化，可以两种势力之消长竞争概举之。两种谁何？曰清流，曰洋务，此两种皆非前此所有也。光绪初年，恭王与

---

① 胡思敬：《国闻备乘》，中华书局，2007，第18页。

李鸿藻、翁同龢之徒辅政，颇思引用贤俊，广开言路。一时汉人有风节者，张佩纶、陈宝琛、邓承修、宝廷、张之洞之流，今日一章，明日一疏，专事弹劾，遇事风生，贪庸大僚，颇为侧目。朝廷欲博纳谏图治之名，亦优容之，于是遂有清流之号。及光绪十年以后，张佩纶、陈宝琛相继败，清流之名顿减。而外侮日亟，应变之才尤重，于是洋务之名又兴。洋务人才，始盛于出使及留学二途，不由科目进，与清流异趣。又习于骄奢结纳，急切近名，与数千年士大夫尚气节重廉让之传统思想相违反，两派始渐相恶。其时李鸿章号为通时务，又喜功名，故洋务人才多展转附之而起。及甲午事起，鸿章大被卖国名，而清流亦知旧法不足因存，当变国是。于是有康有为结公车士人伏阙上书之举，而翁、李之隙成，新旧之党判。有为以部曹名过卿相，皆清流鼓吹以成之。其时朝士大夫慷慨有志节者，无不与相结纳，乃卒败于袁世凯。世凯则鸿章之党，而后来洋务人才所依附者也。故清流始旧而继新，洋务本新而反趋于旧。盖若辈于国家大计瞢无所知，徒有急切近名之一念耳。自光绪庚子以后，清流贬斥几尽，世凯与奕劻相结，狂引洋务人才，并分亲美、亲德、亲日各派，此辈内则迎合亲贵，树立新曹，外则援引官僚，分掌节钺，凡躁进喜事之人，虽不必留学出身，亦结为一党，相继得志。至于光绪初年之朝士，仅二三人，然或死，或得罪以去。惟一张之洞尚隐然为众望所归，与庆、袁相颉颃，而晚年颇退默，无复当时锋芒矣。惟岑春煊刚劲疾恶颇有光绪初年之风，思与庆、袁为敌，卒亦退绌。故庆、袁承袭鸿章衣钵而清政遂乱亡，其紊坏纲纪之罪不可掩也。

胡氏云：光绪末年小人阶之以取富贵者捷径有二：一曰商部，载振主之；一曰北洋，袁世凯主之。皆内因奕劻而藉二杨（士琦、士骧）为交通枢纽。当世凯初莅北洋，梁敦彦方任津海关道，凌福彭任天津府，朱家宝任天津县，杨士骧、赵秉钧均以道员候补。不数年，敦彦官至尚书，家宝、士骧均跻节镇，福彭升藩司，秉钧内召为侍郎。其非北洋官吏攀附以起者，严修在天津办学擢学部侍郎，冯汝骙与世凯同乡亲咸擢江西巡抚，吴重熹为世凯府试受知师擢河南巡抚，徐世昌、铁良皆尝从世凯戎幕，先后入枢府。按：胡氏所称捷径有二，其实载振即奕劻，而袁世凯欲植党援，仍非结奕劻以厚币不可，奕劻父子亦但为世凯所玩弄而不觉耳。①

瞿兑之的父亲为清末军机大臣瞿鸿机，岳母为曾国藩的小女儿曾纪芬。瞿兑之早年生活于北京，又受到家庭的耳濡目染，对北京的风土人情、历史掌故非常熟悉。他的这部《杶庐所闻录》虽发表于20世纪30年代，但其中有很多对晚清朝廷人和事的记录。"光宣朝政"对光宣朝中的人物关系、派系斗争记录得较为详细，通过它，我们不仅可以了解当时的派系斗争，还可以了解当时朝中各派较为有名的人物以及人物之间的关系。

光绪朝先有清流与洋务之争，张佩纶、陈宝琛、邓承修、宝廷、张之洞等人以清流自居，经常弹劾朝中贪佞大僚，遭到斥退。光绪十年之后，洋务派鹊起，李鸿章等人大办洋务。随着甲午战争之失利，李鸿章等洋务派被目之为卖国，影响力转弱。清流中人转而支持康梁变法，成为新派。至康梁变法、庚子事变后，号称清流一派再次被贬逐。袁世凯延续李鸿章洋务派之做法，与亲日、亲美等洋务派结合，大肆扩张自己的势力。光绪末年的急进之徒有两条进身之阶，一是商部，此为内阁总理大臣奕劻的儿子载振所把持；一是北洋，由李鸿章创始，后为袁世凯所把持。他们通过这两个部门，培植自己的党羽，扩大自己的势力。不久袁世凯成为北洋一派的主导者，并将奕劻父子也控制在自己的股掌之中。这段记述将晚清光绪朝中人物关系概括得非常清楚。瞿兑之说他写这段文字是看到胡思敬《国闻备乘》"光绪朝政府"记载的朝中矛盾斗争有感而发的。胡思敬不像瞿兑之将朝中人物进行分派记述，但是他提到了更多的人物：

---

① 瞿兑之：《杶庐所闻录》，载《杶庐所闻录 养和室随笔》，辽宁教育出版社，1997，第47~49页。

自光绪元年至三十二年，前后秉枢政者三十一人，罕能以恩礼终者。……。其克终于其任者，唯文祥、桂良、沈桂芬、许庚身、潘祖荫、荣禄而已。今在位者四人，世续、林绍年新入，未有建白；庆亲王奕劻、瞿鸿机屡被弹奏，以诡遇免。甲申五大臣之同日退值也，或云醇亲王奕譞倾奕䜣，或云毓汶倾同龢，疑莫能明。后询思南程编修，乃知为盛昱所劾。闻盛昱上奏时，置酒意园，诸名士毕集，谓五臣且受申斥，不疑遽罢也。薄暮见谕旨，举座失色。继任者为世铎、额勒和布及之万、敬铭。盛昱复历诋之，谓不及旧政府远甚。太后怒曰："盛昱利口覆邦，欲使官家不任一人。"裂奏抵地大骂，自是蹭蹬不起。翁、李皆清流所依附，是时陈宝琛方视学江西，闻朝变不怿，按临至瑞州，以"闻道长安似弈棋"命题。一生构思不及，拾西沤陈句入诗，有"天心收拾易，国手主张难"两语。宝琛赞赏，朗诵不绝，拔高等。①

记述了晚清朝中大臣云谲波诡之命运。在君主专制的统治下，慈禧太后的淫威与帝后之争造成了各种矛盾。加之外敌入侵，内部决策失误，朝中大臣被裹挟其中，首鼠两端，进退失据，多人遭罢黜。翁同龢为清流一派，李鸿章为洋务派。清流前期依附翁同龢，后转而支持变法派，为李鸿章、袁世凯等人所打压。朝中大臣尽管派系不同，但都依附于皇权才能保持自己的地位，他们之间此消彼长，无非封建王权的统治工具。

李鸿章、袁世凯与张之洞之间的矛盾，在晚清笔记中屡有记录：

张之洞虽以学术名望重一时，而素为李鸿章所不满。鸿章主辛丑和议，一意委曲徇外人意旨，之洞争之。鸿章诋之曰："香涛官督府二十年，犹是书生之见。"此语见鸿章致行在军机处电，非谰语也。之洞见之大恚曰："少荃主和议二三次，遂以前辈自居乎？"闻者以为天生妙

---

① 胡思敬：《国闻备乘》，中华书局，2007，第61~62页。

第五章 时间与空间：北京文化民间叙事的微观阐释

对。故鸿章之卒也，之洞仅送一祭幛，大书一"奠"字，犹挟前嫌也。①

从这则笔记中可以看出，李鸿章与张之洞之矛盾由来已久，二人之矛盾纯系政见不合。李鸿章认为张之洞是书生之见，而张之洞则对李鸿章外交政策颇有微词。瞿兑之《杶庐所闻录》"辛丑合约余闻"中对二人交恶进行了补充：

辛丑议和之议，李鸿章一手主持，不免有徇外人之意太过者。当时急于求成，亦无人起而抗争，惟与俄国单独订密约一事，众议哗然，中外皆不以为然，卒未画押。张之洞、刘坤一争之尤力。相传刘、张连衔电李争持，实出张之手。李愤甚，电致军机处，谓："不意张督任封疆二十余年，仍是书生意见。"张闻之惭怒，谓人曰："李相办和议二三次，便为交涉老手耶？"近人笔记多载此语。②

政见不和是二人矛盾的主要原因。究其根源还是因为当时国家衰落，备受外敌之欺凌。李鸿章负责处理外事，他在众敌环伺的状况下，其转圜的余地并不大，有时也是不得已而为之。张之洞等人认为李鸿章在签订条约过程中，不顾国家的利益，使中国蒙受巨大的损失，因而提出反对意见，是出于对国家命运的担忧。他们二人所站的位置不同，因而彼此对对方的做法都不甚赞同。袁世凯被认为是李鸿章的接替者：

李鸿章镇北洋，专用皖人。甲午之役，偾师者皆其同乡，故安维峻劾鸿章疏以为言。庚子以后，世凯代镇，以淮军衣钵自任。所亲任者皖人杨士骧、（杨）士琦。而世凯内召，竟以士骧自代。昔同治中叶，曾

---

① 瞿兑之：《杶庐所闻录》，载《杶庐所闻录 养和室随笔》，辽宁教育出版社，1997，第49页。
② 瞿兑之：《杶庐所闻录》，山西古籍出版社，1995，第195页。

国藩督师剿捻，主持重，朝廷以为无功，而代以鸿章。及捻平而淮军驻近畿，世凯承之，挟北洋兵以自重者十余年，为中国患者又十余年。然后知国藩之体国公忠，而鸿章任术之害一至于此。①

袁世凯主导北洋后，接受了李鸿章淮军的衣钵，不仅重用李鸿章提拔的皖人杨士骧等人，还挟兵自重，成为当时重要的一派力量。袁世凯也同样认为张之洞书生气浓，不懂实务，不构成对其威胁，因而他并没有将张之洞作为主要的对手。瞿兑之《杶庐所闻录》记载了二人的矛盾纠葛：

及世凯代鸿章镇北洋，承其衣钵。晚乃与之洞同入军机，意益轻之洞。尝语人曰："张中堂是读书有学问人，仆是为国家办事人。"其蔑视之意，溢于言表。盖张袁同入军机，乃慈禧顾虑清议，不欲径使庆袁当国，故引张以示公。其实张入政府，反不若外任之权尊，所汲引止于司道丞参，不似袁党遍树节钺。张受顾命诛袁而葸畏不敢决，仅饰词罢其官，反以速祸，盖昏耄无复远虑矣。此张之不敌袁也。②

当时袁世凯权倾一时，瞿兑之认为慈禧太后让张之洞进入军机处是为了牵制袁世凯，张之洞受命诛袁，这种可能性不太大。当时袁世凯已经手握兵权，张之洞是一读书人，其机谋手段显然比不上袁世凯。而且从袁世凯与岑春煊之矛盾中可以看出袁世凯的奸诈和手段。庚子事变，帝后逃出京城，岑春煊带兵至京"勤王"，护送帝后至西安，因而得到了慈禧太后的赏识。岑春煊与袁世凯之间矛盾重重：

光绪末年，岑春煊被召留京，授邮传部尚书，为庆、袁所不及料。

---

① 瞿兑之：《杶庐所闻录》，山西古籍出版社，1995，第87页。
② 瞿兑之：《杶庐所闻录》，山西古籍出版社，1995，第86页。

甫到任，即劾罢侍郎朱宝奎，亦袁党也，袁觉甚惧，乃购春煊与康有为照片合印之以进慈禧，卒倾陷之以去。此岑之不敌袁也。[1]

岑春煊与袁世凯并非一党，他被召入京后，马上弹劾了袁世凯的党羽。当时岑春煊圣眷日隆，袁世凯对他心存忌惮，想要扳倒岑春煊。他知道慈禧太后最痛恨的人是康有为，让人购买了岑春煊与康有为的合照，进献给慈禧太后。岑春煊因而被贬，离开了京城。从这段记载可以看出，袁世凯排除异己的手段非常毒辣。

晚清至民国时期，"你方唱罢我登场"，一些人物机缘契合登上了政治舞台，像李鸿章、袁世凯之流，也有一些人物消失于历史的长河之中。在历史大势面前，任何人都不可能阻挡时代前行的步伐。今天我们重观这段历史，深刻地感受到，在历史大趋势前，任何人企图以一己之力挽救晚清濒危的王朝，阻挡时代前行的步伐，都是徒劳的。即使袁世凯用非常之手段复辟，企图恢复帝制，也注定失败结局。

第三节　北京城市空间叙事

詹姆斯·唐纳德（Janmes Donald）说："当你把现代性与城市结合在一起的时候，就像许多评论者——从波德莱尔到科比西埃再到后现代主义者——众口一词声称的那样，现代性可被视为一种心理状态。"[2] 城市生活与作者心理状态和对社会的认知是密切结合的。对于城市生活的记录，就是对于民族心灵历史的刻画。

清末民初早期小说主要发表于报纸和杂志上。随着报业的不断发展，涌现出很多的报人小说家。这些小报的受众基本上是下层的百姓，由于文化水平有限，他们读报的目的一方面是获得新闻，另一方面是用报纸上的小说满

---

[1]　瞿兑之：《杶庐所闻录》，山西古籍出版社，1995，第86页。
[2]　Donald, J., *Imagining the Modern City* (London: The Athlone Press, 1999), p. 19.

足他们娱乐的需求。因而这些报人小说必须满足大众的欣赏口味，要有实事性、娱乐化、猎奇性等特征，从而吸引读者。小说在反映城市生活的同时，也构建了北京的城市空间。

一 北京的城市空间

曾攀认为："如果对晚清小说进行细究，其中所呈现出来的社会时间、心理时间与叙事时间三者之间，存在着有效的结合以及内部的对应，三者的交错与互动，在相互辨析和阐释中，形成有效的糅合。也就是说，都市中各色人等生活在共同的时间轴线上，这个时间轴又由于某个特定的场域或者标志性的历史时间，从而形成城市坐标并得以固定生成。"[1] 时间、地点、人物这三者之间形成固定的坐标轴，以"列传"的形式，"呈现出来的寄寓于规定的时间／场域中的一系列人物群像及其心理、情感、言行，更是使得都市所蕴含的新的意识观念和情感序列逐渐形成，从而促进了小说所表征出来的虚构／写实层面上的历史感的生发，而社会历史或情感／观念历史才由此而作用于群体／个体的生活世界"[2]。这是上海的城市小说所表现出来的特质。上海这一时期的小说以狎邪、烟粉小说为多，以描写伎人与恩客的情爱生活为代表，表现普通民众城市生活的小说较少。不同于上海小说的这种与普通民众相脱离的状态，北京小说的城市空间与城市民众紧密联系，表现出了城市各个阶层的生活百态。从自然空间到社会空间再到历史空间，北京小说对北京的城市生活空间进行了全方位的展现。

北京的自然空间叙事侧重于对这一时期北京自然空间进行描绘，反映了北京特定时期的自然风貌。作为北方城市，北京四季分明，春夏秋冬有不同的景致，有著名的皇家园林，也有质朴的山野风光，二者交错融合，构成了北京独特的自然地理风貌。对这些自然风光、山野景致的叙事，成为北京自

---

[1] 曾攀：《跨文化视野下的晚清小说叙事——以上海及晚近中国现代性的展开为中心》，中国言实出版社，2016，第21页。
[2] 曾攀：《跨文化视野下的晚清小说叙事——以上海及晚近中国现代性的展开为中心》，中国言实出版社，2016，第21页。

然空间叙事的重要内容。

北京的社会空间叙事包括北京人的衣食住行等多个方面。生于斯长于斯的北京人有自己独特的生活习惯和生活方式，从早晨到什么地方喝茶、吃哪里的点心，到晚上去哪里听戏、养什么宠物等生活细节，都有特别的讲究。针对这些方面的叙事，可以看出北京人独特的生活方式，展现出北京生活的地域特色。北京社会空间的叙事中还包括北京人的家庭关系、婚丧习俗等方面的叙事，这些叙事具有独特性，反映了北京人、北京家庭与城市之间的互动关系。这种互动关系将北京人由个体和家庭生活引入了社会生活，从而展现了北京人社会层面的生活样态。

对历史空间的叙事是北京独特的方面。北京不仅是一座历史悠久的城市，还是元明清以来的都城。北京有漫长的历史，它的这些历史不仅深刻地影响到现实，也影响到生活于此的每个人的生活方式和对世界的理解，因而人们对于北京城的历史叙事格外重视。因为历史叙事不仅是在记录过去，更是在展现现实。北京的历史叙事不仅仅承载着北京的历史，更昭示着人们如何面对未来。

在北京城市空间的叙事中，自然空间叙事、社会空间叙事和历史空间叙事又是相互融合的。它们互相联系，彼此影响，共同构成了北京的城市空间。因而北京的城市空间是立体的，是同一时空维度上的多层次的反映，徐斯年在《卧虎藏龙》的序言中说：

> 王度庐出身于北京旗人家庭，自幼习染着与满族风情混为一体的京味文化。他把对老北京城及其风土人情的体验揉入本书，为读者展现出一幅又一幅生动的"京味风俗画"。
>
> 本书并非历史小说，但是作者对清代北京地理的描述却很精确。当时的北京，除了皇城、紫禁城，还有内城、外城之分，内城全由八旗按区分驻；又有"东富西贵北贫南贱"之说，指的是内城东部多富户、西部多贵胄、北部多贫民，而南城（即外城）则聚居着以汉族为主的各色平民。作者把九门提督玉府"设置"在鼓楼西大街的正黄旗驻地，

这是有文献依据的。往西，有邱广超府；向北，偏僻的积水潭一带居住过蔡九父女，由此出德胜门，就是夜战耿六娘的土城。有趣的是：王度庐把丐头"长虫小二"的"据点"安排在鼓楼以南的"后门里"，其实这是王氏故居的所在地，属于镶黄旗；往东就是铁贝勒府和刘泰保婚后的住宅；德啸峰则在东南面，属于正白旗。以玉蛟龙为中心的许多故事，都发生在上述区域。①

清末民初北京的小说作家，他们有的长期生活于北京，对京城生活非常熟悉，比如蔡友梅、徐剑胆、文实权等。有些人虽然离开了京城，但对北京充满了美好的回忆，因而也以北京为背景写故事，像穆儒丐。他们在反映当时的北京生活，记录北京城市空间方面，具有得天独厚的优势。他们从不同的层面对北京城市进行叙事，从而全面地展现了这一时期北京的独特风貌。

二 北京城的自然空间叙事

清末民初是极为动荡的时期，北京先后经历了鸦片战争、甲午海战、戊戌变法、庚子事变、民国建立、清帝退位、袁世凯复辟等一系列事件。京城的普通百姓是这个时期历史的见证者。这一时期京城百姓的生活状态可用"变""乱"二字来形容。在北京城市生活的书写者——报刊小说家的笔下，这一时期的北京自然空间又是如何呢？

那山上草木，被雨沾润，都发了向荣的精神，一阵阵放出清香，使人加倍地爽快。那道路两旁的田间，麦苗已经长起来了，碧生生的一望无边，好似铺了极大地绿色地衣，把田地都掩盖住。驴子所经过的地方，时时有成双成对的喜鹊，由麦田里飞起来，鸣噪不已地飞到别的田地里去。赶驴的小童，见了这些喜鹊飞鸣，便由路上拾起石子，追击他们为戏。那山麓间的农村，也有用秫秸围作院墙的，也有用天然石筑成

---

① 王度庐：《卧虎藏龙》，长江文艺出版社，2006，第5页。

第五章 时间与空间：北京文化民间叙事的微观阐释

短垣的，院子里面都栽着小枣、山桃、苦杏等树。那桃树杏树已然开了花，红白相间，笼罩着他们的茅屋，衬着展颜欲笑的春山，便是王石谷所画的《杏林归牧图》，也无此风致。①

这是北京西山春天的景色。虽然世事变迁，但是春天的村庄依然生机勃勃，充满活力。田野、山村、童子，构成了一幅美丽的山野春景图，一派自然生动的田园风光。北京的乡村和村庄依然保存着自然气息，带有北京传统宁静安详的气度。古老的京城的寺庙、亭台也依然保持着独特风致，体现着独特的美感：

只见龙泉寺的苍松古柏，带着朝烟，正在那里舒展他们的奇姿劲态。瑶台、花神庙和陶然亭，都在晶明空气里，现出一种奇古的姿态。那苇塘里的新浦，已然有些生动的意思，有许多野鸟，在苇塘里叽呱乱噪，欢迎那轮乍升的晓日。②

古柏、瑶台、神庙、亭台，这些自然景色特别具有北京特色，那些苇塘里的新浦和野鸟为古老的北京城带来了一片生机。

"积水潭"曾是著名的漕运码头和皇家洗象池。《通惠河碑》上描述其景色："有云取象星辰，紫宫之后，阁道横贯，天之银汉也；拟迹古昔，恣民渔采，泽梁无禁，周之灵昭也。"③ 清末民初，这里已经失去漕运码头的地位，因而显得有些苍凉：

一直往西走，过了德胜桥，再往西，眼前就展现出一片严冬的风

---

① 穆儒丐：《北京》，载张菊玲、李红雨编《清末民初旗人京话小说集萃》第三册，作家出版社，2019，第137页。
② 穆儒丐：《北京》，载张菊玲、李红雨编《清末民初旗人京话小说集萃》第三册，作家出版社，2019，第160页。
③ 吴长元：《宸垣识略》卷八《内城四》，北京古籍出版社，1982，第150页。

景。只见一个七八顷宽阔的大湖,湖水都结成了坚冰,湖边扶疏地有几十株古柳,柳丝在这时是一条也看不见了,只有歪斜的枝干,在寒风之中颤抖。在湖心偏西有乱石叠成的一座山,就仿佛是一座岛似的,上面树木丛生,并有红墙掩映,里面有一座庙宇。湖的四周都是房屋,有的是雕梁画栋的楼房,似是富贵人家的别墅,有的却是蓬门土屋,是极贫穷的人家。地旷人稀,天色已晚,从城墙那边吹来的风分外寒冷,暮鸦在枯枝上乱噪着。刘泰保夏天曾来过此地,他晓得这里是个北京的名胜,文墨人叫它"净叶湖",俗名儿叫做"积水潭"。①

结冰的湖面,暮起的寒鸦,湖边的古柳,湖心的小岛,富人与穷人交错杂居,构成了积水潭的独特风景,也将世事的变迁熔铸于其中。张恨水在《啼笑因缘》中描绘的北京城是如此独特:

> 这里留下许多伟大的建筑,和很久的文化成绩,依然值得留恋。尤其是气候之佳,是别的都市花钱所买不到的。这里不象塞外那样苦寒,也不象江南那样苦热,三百六十日,除了少数日子刮风刮土而外,都是晴朗的天气。论到下雨,街道泥泞,房屋霉湿,日久不能出门一步,是南方人最苦恼的一件事。北平人遇到下雨,倒是一喜。这就因为一二十天遇不到一场雨,一雨之后,马上就晴,云净天空,尘土不扬,满城的空气,格外新鲜。北平人家,和南方人是反比例,屋子尽管小,院子必定大,"天井"二字,是不通用的。因为家家院子大,就到处有树木。你在雨霁之后,到西山去向下一看旧京,楼台宫阙,都半藏半隐,夹在绿树丛里,就觉得北方下雨是可欢迎的了。南方怕雨,又最怕的是黄梅天气。由旧历四月初以至五月中,几乎天天是雨。可是北平呢,依然是天晴,而且这边的温度低,那个时候,刚刚是海棠开后,杨柳浓时,正是黄金时代。不喜游历的人,此时也未免要看看三海,上上公园了。因

---

① 王度庐:《卧虎藏龙》,长江文艺出版社,2006,第21页。

为如此,别处的人,都等到四月里,北平各处的树木绿遍了,然后前来游览。①

张恨水的《啼笑因缘》虽发表于1930年,但是京城的景致与民初变化不大。即使是下雨天,京城春天的空气也格外清新,尤其海棠杨柳正当时,三海的景色更是美不胜收。

屡经变乱的北京历经沧桑,有些地方衰败了,又有些地方重新崛起,人们趋之若鹜,这种世事沉浮,在京城中屡有发生:

> 凡曾至北京者,莫不欲一观西山之风景,自颐和园经玉泉山,一直往西,真是四围山色,一派湖光,便是移在江南,也无逊色。可是自道咸以来,国家多故,三山园囿,多被洋人毁坏,风景减了许多。虽然这样说,西山名刹,依然完好的也不在少处,如同狮子窝、八大处、潭柘戒台,以至俗所谓碧云寺、卧佛寺等处,都是士林修禊之地,也是富商大贾,世家大族,在那里争置田园,广建别业,每到春夏令节,游人络绎不绝,都往西山一带去避暑,便是当初皇帝老官,每年也要到那个地方住上一半个月的。民国以后,时势变了,"旧时王谢堂前燕,飞入寻常百姓家",经了这次变乱,当然免不了一大变迁,所谓"王侯宅地皆新主,文武衣冠异昔时",真是一点不错的了。我见好些大坟地,都作了人家的别庄;有好些败井颓垣,也都建了华屋广厦。就拿西山静宜园说,"洪杨"乱后,本是清室一个废弃的园囿,庚子以后,简直成了一片瓦砾了,谁知民国以来,竟有人把他整理起来,里面也有学堂,也有慈幼院,也有电灯水道,至于新式的建筑物,更不必说了。每天游人来去不用提,只那电车马车,也不知有多少,真是西山一大名胜。但是凡往西山去逛的,眼睛里或者看见在静宜园左右,沿着山麓,仿佛有几处大村落,都很残破的,要拿西山一比较他,似乎静宜园是个貂冠狐裘的

---

① 张恨水:《啼笑因缘》,人民文学出版社,2018,第1页。

银行老板，这几处村落，却像悬鹑百结的乞丐，拱向静宜园哀哀的乞食。①

西山是北京著名的风景宜居之地，窥一斑而知全豹，从这里的兴废变化，可以看到京城的种种变迁。道咸之前的湖光山色，繁荣鼎富；道咸之后，西山胜景遭到破坏，但是著名的景点八大处、潭柘寺、碧云寺、戒台寺等仍在，依然是富商大贾、世家大族避暑之胜地。民国之后，又有了变迁，"旧时王谢"变成了败井颓垣，而曾经废弃的园囿，建成了静宜园，这些变迁凸显了京城这一时期的种种风云变幻。

这种世事的变迁在旗人聚居地表现得最为明显。旗人早期的营房叫作旗营，后来发展为大的村镇。在祖先的庇佑下，旗营一度繁华，而革命之后，旗营则完全落败了：

> 革命以后，旗营先不济了，并附近的村民，也大受了影响。伯雍回家一荡，总是看见穷人一天比一天多，早先很兴旺的村镇、很隆盛的旗营，眼看着凋敝衰残。好几百年的大槐树，原先是成行成列，一眼望不到边，如今都伐倒了，一株也不见了。山上的树木，也都砍了，山林秀气，一点影子没有了。山上到处露出红色的黏土，仿佛生了遍体的疮瘢。那乾隆时代的建筑物，如同碉楼、教场、官衙，渐渐地被穷民拆买了。不第官有的东西都拆毁了，连村间私有的家屋，每一个月里总要拆卖几十间。原先屋瓦鳞鳞，被多年的古槐和稠密的枣树隐蔽着，远远一望，碧森森的，真有点雄伟的气象。如今却不然了，到处都是破房基、碎瓦砾，仿佛才遭兵燹，又仿佛被了极大的火灾。②

---

① 穆儒丐：《同命鸳鸯》，载张菊玲、李红雨编《清末民初旗人京话小说集萃》第三册，作家出版社，2019，第13~14页。
② 穆儒丐：《北京》，载张菊玲、李红雨编《清末民初旗人京话小说集萃》第三册，作家出版社，2019，第359页。

村镇的凋敝，百年老树的砍伐，建筑物的拆卖，旗营曾经的面貌荡然无存。全靠祖先庇佑的旗人，将祖先的遗物也换成生活所用之资了，其生存环境的衰败可见一斑：

> 那万年不毁的碉楼，征服金川的纪念，如今都拆得七零八落了。那些伟大的建筑物，武功的标识，都是二百余年以前，有三千所向无敌的健儿，以汗马功劳和疆场上碧血换来的。如今他们的子孙，不第不曾博一点可纪念的东西，反把祖先的纪念拆卖了。①

不仅旗营发生了变化，京城大街小巷也透露出灾难之后的残破景象：

> 伯雍抬头看时，已然到了西四牌楼。只见当街牌楼，焦炭一般，兀自倒在地上，两面铺户，烧了不少，至今还没修复起来。②

自然空间是社会生活的一面镜子，自然景象投射出的是社会生活的变迁，在短短几十年时间里，北京经历了数次变迁，自然景色虽变化不大，但是历经了战火的洗礼和人为的破坏，北京的自然空间蒙上了浓重的阴影，整体表现出颓败、阴郁的气息。

三 北京城的社会空间叙事

社会空间是指"社会群体感知和利用的空间"③。社会空间是通过不同社会阶层的社会关系展现出来的。清末民初的报刊小说反映了社会各个阶层的生活，尤其是旗人的生活。其中包括了家庭生活、职场生活、社会生活等，所涉

---

① 穆儒丐：《北京》，载张菊玲、李红雨编《清末民初旗人京话小说集萃》第三册，作家出版社，2019，第362页。
② 穆儒丐：《北京》，载张菊玲、李红雨编《清末民初旗人京话小说集萃》第三册，作家出版社，2019，第142页。
③ 〔美〕R.J.约翰斯顿：《人文地理学词典》，柴彦威等译，商务印书馆，2004，第660页。

及的人物有贵族、百姓、太监、议员、下层官吏、报社编辑、妓女，这些生活场景和人物构成了北京生活的丰富图景，反映了北京社会生活的多样性。

（一）京城日常生活空间的叙事

京城的日常生活渗透于北京人的衣食住行方方面面，清末民初的小说对这些生活的叙事具体而细微，生动而翔实，让我们能够透过种种细节去理解北京生活的独特性。

1. 京城的居住空间

北京的城市生活空间非常丰富，包含着不同的阶层和不同收入的人群，他们从事的职业各异，生活条件差异很大，因而这些人的居住空间各有不同：

> 那屋子是朱漆漆的，一带走廊，四根红柱落地；走廊外，是一个很大的院子，平空架上了一架紫藤花，那花象绒球一般，一串一串，在嫩黄的叶丛里下垂着。阶上沿走廊摆了许多盆夹竹桃，那花也开的是成团的拥在枝上。这位青年樊家树，靠住了一根红柱，眼看着架上的紫藤花，被风吹得摆动起来，把站在花上的蜜蜂，甩了开去，又飞转来，很是有趣。他手上拿了一本打开而又卷起来的书，却背了手放在身后。院子里静沉沉的，只有蜜蜂翅膀震动的声音，嗡嗡直响。太阳穿过紫藤花架，满地起了花纹，风吹来，满地花纹移动，却有一种清香，沾人衣袂。①

传统京城富裕人家的住宅有大大的院落、长长的走廊、朱漆的屋子，加上满院子的花草、藤萝，构成了端庄典雅、富丽堂皇的京城四合院景象，传递出平静祥和的家居气氛。而京城的贫民窟则是另外一番景象：

> 在德胜门内的一个贫民窟的区域里，住着不少无职业的游民。早年教哚穷的，或是捡沟货的，又教换肥头子儿的，他们都是鹑衣百结，背后背着一个大竹笼，或是荆条筐，手里拿一根竹棍，尖端装上一根横出

---

① 张恨水：《啼笑因缘》，人民文学出版社，2018，第1页。

的钉子，在土箱或垃圾堆里啄寻纸片，凑足了一个数目，便卖与抄纸房，也有专门替他们代销的。少好一点的，不去捡拾，用肥头子绕街教换。①

无业游民的居住环境如此残破不堪，令人不忍目睹。贫民窟暴露出了北京最破败、最丑陋的一面，展示着京城底层百姓的生活境遇，他们处于无路可走、苟延残喘的绝望境地。四合院与贫民窟两相对比，充分揭示出了京城贫富悬殊的生活状态。

除了这种悬殊的对比，清末民初的京城在历经沧海桑田的变迁后，那些乘势崛起的新贵与日渐败落的穷读书人的生活空间也有了天壤之别：

只见五间厅房，前廊后厦，每根柱顶都装一盏电灯，照得院中十分明亮。各种花木的盆桶，已被花儿匠摆设停妥。东西各有三间厢房，也都带廊子。南面临街，却是连大门共五间草房。院内格式，虽然不是什么伟大的局势，却很整齐洁净。五间厅房，都安着整扇大玻璃。屋里电灯辉煌，满壁书画，已然凭着灯光看见了。……那差役已把帘子揭起，伯雍躬身进去，只见四间一通连，只另隔一个套间。这大厅之内，壁上挂的，案上放的，架上架的，可谓满目琳琅。只那桌椅一项，极时髦和中国黑木的，共有四堂，恍然到了木器铺。②

这是民国初期一个刚当上议员的大华日报社社长歆仁的办公室，房间在中国传统住宅格局的基础上，增加了时髦的装饰，透露出这一时期暴发户既附庸风雅又炫耀富贵的心态。然而并不是报馆所有的人都可以享受这样的待遇，普通编辑们的办公环境和居住环境与之相比，差别非常之大：

---

① 穆儒丐：《如梦令》，载张菊玲、李红雨编《清末民初旗人京话小说集萃》第三册，作家出版社，2019，第458页。
② 穆儒丐：《北京》，载张菊玲、李红雨编《清末民初旗人京话小说集萃》第三册，作家出版社，2019，第152~153页。

伯雍到了套间一看，沿窗放着一张书案，案面上蒙的绿呢，已然看不出本色，一块黑、一块黄、一块红的，还有一圈一圈的茶污。那纸烟的烧迹，比马蜂窝还密。案头沿墙去处，放着一个书架，尘土积得有一钱多厚。挨着后檐墙，两条长凳，架着一张藤织床面。他的行李，已被馆役堆在床屉上头。此外别无陈设。惟有那墙上，因为潮湿，把糊纸霉得都变了颜色，一块一块的霉湿阴晕，蔽满了四壁，隐隐现现的，好似郭河阳云山的蓝本。……外间四间，却隔成两间。堂屋临窗，也是一个大书案，上面放着文具，它那墨污的程度，比套间那张还厉害。挨着西墙，放着一张榆木擦漆的方桌，一边放一把旧式大椅。此外有许多报夹子，架着那些交换报。伯雍暗道："这间一定是编辑部了。"那北屋屋门上，挂着一张青布帘，下面犄角不知被什么烧去半边。上面的污垢，与书案上的绿呢面，可称双绝。①

同一报社不同级别的办公室差别竟是如此之大，报社一般编辑的办公环境和待遇如此之差，令人难以接受。尽管编辑们的办公环境和居住环境很差，但是他们毕竟有栖身之地，相对于底层的百姓而言，这里还是好的。

普通胡同是旗人聚居的地方，他们祖辈生活在这里，见证过胡同的繁荣和衰落：

单说北城炮局，在四十年前，虽然是东北一隅之地，胡同儿也很热闹，怎么叫作炮局？因为左翼四旗的炮位，在那里存储，一共四个炮局，余外有四十间官房，是看局兵的住处，因此这条胡同就叫作炮局。炮局中间，旧日有一个杂货铺，一个煤铺，还有一个小木厂子儿，字号是德顺木厂。由炮局往东，地名四眼井，非常的热闹。听老人说，北城四眼井地方，在五十年前，买卖繁盛。有茶馆饭铺，且有车口（停放

---

① 穆儒丐：《北京》，载张菊玲、李红雨编《清末民初旗人京话小说集萃》第三册，作家出版社，2019，第146~147页。

轿车的地方，旧日叫车口子）。炮局正在四眼井之西，所以也很热闹。庚子之后现像已不如前，近日则冷落萧条。①

有些胡同历经动荡之后，更是透露着残破衰败的气息：

骡马市大街，贾家胡同紧里头，有一个小庙，和尚早已没有了。三间大殿，年久失修，已都圮毁，里面也不知供着什么神，门窗都锁着，灰尘和蛛丝，把那窗棂都罩满了。檐下有几只灰鸽，自由巢在那里。廊子底下，堆着很多破烂东西，什么烂纸、散碎布屑、旧烂棉花，堆了好几堆。两边厢房，也都破烂不堪。②

新贵们游走于社会上层，花天酒地，纸醉金迷。下层百姓则衣不蔽体，穷困潦倒，走向破产。两种不同的城市空间少有交集，却都存在于北京城中，构成诡异的图景。

2. 京城日常生活的叙事

尽管这时的北京社会是动荡的，但是老北京旗人的日常生活空间并没有大的改变。他们经常活动的场域是茶馆、戏园子、饭馆，这些地方既是他们饮食娱乐的地方，也是他们的社交场所。这一时期的小说里反映了非常多的北京人，尤其是旗人的胡同生活，比如蔡友梅的《忠孝全》：

福八聊见天上街，喝完了早茶，把早菜带回来，习以为常。他住家在东直门，见天老上安定门西大院喝茶，因为该处是上龙井的甜水（庚子之先，北京甜水井很少，安定门外上龙、下龙二井，最为有名）。那天岳魁有点不舒服，福八聊临要上街喝茶，问岳魁想甚么吃，好给他

---

① 蔡友梅：《曹二更》，载张菊玲、李红雨编《清末民初旗人京话小说集萃》第二册，作家出版社，2019，第303页。
② 穆儒丐：《北京》，载张菊玲、李红雨编《清末民初旗人京话小说集萃》第三册，作家出版社，2019，第259页。

带来，岳魁说想肥酱肘子吃。福八聊说："酱肘子最出名的是西城天福，不过离着太远。东四牌楼普云楼也将就的，那么我今天就不上西大院儿啦。我上弘极得了，那里水虽差一点儿，离着普云楼很近。"①

福八聊并不是富人，他的生活就是北京普通旗人的日常生活。找有甜水的地方喝茶、吃酱肘子，日子平静安详。喝茶是北京人的日常生活，茶馆是他们的交际场所，老北京人基本到固定的茶馆喝茶。除了喝茶，在那里和多年的老朋友见面、聊天。他们在一起无所不聊，从自己的生活到社会八卦，再到政治生活，几乎无所不包。王冷佛的《春阿氏》写茶馆的一幕：

四人拣了座位，走堂的题壶泡茶。各桌的茶座儿，有与这四人相熟的，全都招呼让茶。有问钰福的道："老台你那红儿呢？怎么没题了来？"钰福道："咳，还题哪，昨儿我回去，洗笼子来着，稍一疏忽，猫就过来。您猜怎么着，啊呀，蹲忽一下子，就他妈给扑啦！我当时一有气，把食罐儿、水罐儿也给摔啦。可惜我那对罐儿，听我们老头儿说，那对瓷罐儿跟那副核桃，都是一年买的，两样儿东西，光景是五两多哪。"那人亦赞道："嘿，可惜！这是怎么说哪！听说塔爷那个黑儿，昨儿也糟践啦。"连升接声道："富爷，您别题啦，小钰子的话，养活不了玩艺儿。打头他功夫不勤，没工夫儿溜，那就算结啦完啦。"②

到茶馆喝茶的人都彼此熟悉，共同的爱好使他们成为朋友。他们每天的生活就是喝喝茶，聊聊自己的宠物，对于其他的事情并不关心。这样的茶馆生活在老舍先生的《茶馆》里描写得更为直接和丰富。

---

① 蔡友梅：《忠孝全》，载张菊玲、李红雨编《清末民初旗人京话小说集萃》第二册，作家出版社，2019，第361页。
② 王冷佛：《春阿氏》，载张菊玲、李红雨编《清末民初旗人京话小说集萃》第一册，作家出版社，2019，第72页。

第五章 时间与空间：北京文化民间叙事的微观阐释

喝茶是老北京人的习惯，听书也是北京人的爱好。听书是京城百姓娱乐活动的重要一方面。书场的听众很多，人物也是三教九流，有官员、财主，也有混混。很多听书的人有固定的听书场所，因而相熟的居多，与书场的老板也极为熟悉。进入书场彼此打招呼，也闲聊，透着亲切和熟络。有些时候找人也去这些常去的娱乐场所找。《小额》有一段讲小额听书的场景：

> 那天书座儿上的还是真不少，天才一点多钟，人已经快满啦。可是生人很少，反正是那把子书腻子占多数，内中废员也有，现任职官也有，汉财主也有，长安路的也有，内府的老爷们也有。大家一瞧小额进来啦，真是一盆火儿似的。这个说："大兄弟才来呀。"那个说："少峰，老没见哪（小额的号叫少峰）。"喝，这个也招呼，那个也招呼，小额也都一一的周旋了一阵。原来小额每天听书，老是靠着西北的那张儿桌儿。跑堂儿的李四笑嘻嘻的说道："额老爷，您怎么老没来呀？"小额说："竟有事吗。"李四说："我知道您今天准来，您瞧茶壶都给您涮得了，这儿搁着呢。"小额微然的一笑，说："你倒会算。"这档儿童儿拿出茶叶来，交过跑堂儿的，给小额又把水烟袋灌上水。李四又拿盅儿倒过碗漱口水来，又打了盆脸水。童儿拿出手巾来，拧了两把。小额擦完了脸，漱了漱口，站起来又到各桌儿上让了让，甚么"您喝这个吧"，又甚么"换换吧"。大家伙儿说："您喝吧。""您请吧。"小额让完了人，来到自己的桌儿上。小童儿早斟出一碗茶来，又点着火纸捻儿，把水烟袋递过去。[①]

小额显然是书场的常客，书场老板、跑堂的、泡茶的都跟他熟悉，尽管小额是放债的，但是到了书场换了身份和态度，对其他客人非常客气，显示出北京人讲外面、喜欢客套的特点。

戏园子也是北京人重要的活动场所。京城的旗人、稍有些地位和收入的

---

① 蔡友梅：《小额》，载张菊玲、李红雨编《清末民初旗人京话小说集萃》第二册，作家出版社，2019，第53~54页。

人，都喜欢去戏园子听戏。有经济实力的人还有专门看的戏班子、专门捧的角儿。这些人类似于今天的"粉丝"，有些人比粉丝更为专业，也更为狂热，甚至一些人因为喜欢看戏，后来开始学戏，甚至成为票友。穆儒丐的《北京》中写到了伯雍与报社同人观戏一段：

> 他们到了园子里面，场上正演《荷珠配》，都是本班的孩子，演得十分热闹。这时那几位捧牡丹的先生们，已然看见子玖，便点首招他前往去。他们拥挤了半天，才到前面，只见那几位，都是极洒落的青年，还有两位衣装朴雅的先生。子玖一一给伯雍介绍了，一位是陇西公子，一位是古越少年，一位是沛上逸民，一位是东山游客。彼此落座之后，免不了一番久仰的话，照旧静坐听戏。这时《荷珠配》已然收场了，下面应是白牡丹的《小放牛》。他们有摩拳的，预备鼓掌的，有润喉的，预备叫好的。少时去牧童的先上场了，伯雍看时，便是那个三秃子。既而绣帘揭处，牡丹上场，他的秀目、他的长眉、他的纤腰、他的凤翘，哪里像个男孩？便是极时髦的坤角，也无此扮相，好声早已起于四座。这出戏，虽然唱小曲，犹具古时歌舞之遗意。只见牡丹载歌载舞，惊鸿游龙，不足方其翩宛；穿花蛱蝶，不足比其轻盈。伯雍至此，亦不得不鼓掌击节，连连说好，暗道："他的本来面目，虽然很清俊的，若比起他的化装来——彼犹浊世佳公子，此已天上跨凤仙了！这样的孩子，是舞台的钱树，也是人间的祸水，将来不知颠倒多少众生，他也未必能有好结果。"不一会儿，《小放牛》演完，下面是小云的《别宫》。大轴是八岁红的《金钱豹》。[①]

这一段写了戏园子里的状况。去戏园子看戏，常碰到熟人。到戏院固然是要听戏，但更为重要的是捧自己喜欢的角儿。因而大家并不过多交谈，而

---

① 穆儒丐：《北京》，载张菊玲、李红雨编《清末民初旗人京话小说集萃》第三册，作家出版社，2019，第194~195页。

是静心听戏,并为自己喜欢的白牡丹鼓掌叫好。伯雍等人并不是职业粉丝和票友,他们只是发现了戏班子里的白牡丹天赋好,扮相好,因而希望扶持和帮助他,使他成为像梅兰芳一样成功的戏曲演员。然而白牡丹家境贫寒,师傅想从他身上捞钱,父母也急于从他那里拿钱改变贫困的生活,加上卑鄙恶劣的伪君子维大爷的拉拢,导致了白牡丹与伯雍等正直热心的人决裂。

北京人把听戏作为日常的娱乐活动。一些庆祝活动,比如结婚、祝寿,也会安排戏班子表演,这种习惯一直延续到了民国之后。民国初期,有钱人搞庆祝活动,也有戏班子表演:

> 西珠市口天寿堂的门前,交叉着五色国旗,配着簇新的彩绸,各种车辆,占满了半边街,有许多招待员,胸前悬着红色纸花,在那里招待来宾。伯雍于是日也来了,他到了里面一看,来宾很多,因为这日是星期,所以益显得热闹。往四壁看时,喜联喜幛,不知其数。戏台那边,锣鼓喧天,正演中轴好戏《洪鸾喜》。那些来宾,多半是教育界的人,此外也有各衙门科长左右的官员,一个个蓝纱袍、青马褂,都在席上坐着。有许多茶房,托着油盘,穿梭一般,在那里摆台面。这个景况,不用说,谁都知道是朱科长聘女的喜宴。[①]

除了茶馆、书场、戏园子这些京城最为普遍的娱乐场所,京城的城市空间中,妓馆虽然不是高尚的场所,却也是三教九流聚集之地。这里是京城最堕落、最黑暗之所在:

> 他们溜达着进了石头胡同,走了不远,只见路东一个如意门儿,一盏电灯,嵌在当中,一颗大金刚石似的,非常明亮。门楣和门垛上,悬满了铜和玻璃制的牌子,饰着极漂亮的各色绸条,那门框上另有一面铜

---

① 穆儒丐:《北京》,载张菊玲、李红雨编《清末民初旗人京话小说集萃》第三册,作家出版社,2019,第238页。

牌，镌着"宣南清吟小班"六个字。子玖向伯雍说："你看，这个班子阔不阔，政界人来的最多，我们给它起了个别名，唤作'议员俱乐部'。你的贵相知就在这里。"①

石头胡同是高等妓馆，这里装饰得漂亮，环境整洁干净。民国成立之后，政界官僚和议员出入这里，将妓院作为社交和炫耀身份的场所。"现在当议员的，哪个不逛窑子？八大胡同，简直指着他们活着。"②"便是一车、一妾、一议员。他们见人家这样羡慕他们，也就以此三项骄人。"③议员们以逛妓院为社交活动。在妓院中谈政治和国事，从妓院中买妾，并以此来炫耀。如此恶俗、低劣和败坏的世风，政治如何能清明？社会如何能安定？普通百姓在这样的空间中又如何能生存呢？高等妓院是政客和议员们的社交场所，而下等妓院暴露出的则是社会底层百姓生活无着，不得不将女儿卖到妓院的无奈境况。

在北京这样一座城市生活中，城市空间具有延续性，茶楼、书馆、妓院都是旧有的城市空间。在这些旧有的城市空间中，保留着原有的生活状态，比如城市中烟馆依然存在，而且愈演愈烈，藏污纳垢，透露着腐朽和堕落的气息：

在北长安街一带，私营鸦片，据我所知道，张王李赵刘陆潘崔八家之多，其中更有开灯供客在彼吸食者。那末既是为私烟窟，常来常往，难免良莠不齐，每每于此中发现重大案犯。④

时代变迁，社会空间也会变化。但到了民国，长期以来形成的贪腐之风

---

① 穆儒丐：《北京》，载张菊玲、李红雨编《清末民初旗人京话小说集萃》第三册，作家出版社，2019，第206页。
② 穆儒丐：《北京》，载张菊玲、李红雨编《清末民初旗人京话小说集萃》第三册，作家出版社，2019，第170页。
③ 穆儒丐：《北京》，载张菊玲、李红雨编《清末民初旗人京话小说集萃》第三册，作家出版社，2019，第171页。
④ 徐剑胆：《阔太监》，载张菊玲、李红雨编《清末民初旗人京话小说集萃》第二册，作家出版社，2019，第576页。

并没有改变,而且有愈演愈烈的趋势:

> 到了民国,拧啦,听说过千万的财主,就有十几位。几百万的,是车载斗量,不可胜数。这话虽不能尽信,也不能全非。民国拢共成立了九年,抠着月份算,才八年半。就是说由共和成立那天说起,他就作官,一年搂一百万,一天没歇,直到民国九年七月,也不过搂个八百五十万。况且民国的官僚,没有作这么长久的,一说就能剩好几千万,这真是不可思议的事情。前清虽然专治,搂钱上还有个限制。民国是自由搂钱,没收没管。①

民国混入官场的政客们"搂钱"的风气比晚清有过之无不及,在百姓的眼中,新国家的建立,并没有给他们带来快乐的生活,社会生活依然混乱无序。

城市空间中也有一些新变,民国之后,去妓院的人不仅有旧时代的遗老、富家公子,还有议员、政客,这些人在妓院里大谈政治,拉帮结派,贿选拉票,可谓旧的城市空间中新的生活。

(二)北京人文空间的叙事

家庭关系是传统中国社会最稳定的关系,在清末民初这个充满了变幻的时代,家庭关系也发生了变化,从而反映出北京人文空间的变迁。以人文关系为视角探讨北京传统家庭的变化,是这一时期小说的重要内容。传统的中国家庭聚族而居,家庭关系成为传统家族人文空间的重要组成部分。

1. 北京的家族关系

人与人、人与家庭之间的关系是人文关系中不可或缺的组成部分。清末民初的北京城还基本保留着旧式家族同居的传统,传统的中国家庭讲究孝悌,重视婚丧嫁娶等礼仪活动,从而形成家庭生活中基本的礼仪规则。长期以来,北京人的家庭生活也一直延续着这样的传统。

---

① 蔡友梅:《张文斌》,载《新鲜滋味》第二册,北京大学出版社,2018,第138~139页。

蔡友梅的小说《搜救孤》《姑作婆》《回头岸》等小说写的都是兄弟同居的家庭关系。在清末民初这一社会转型期，传统的家庭关系遭到破坏，父子成仇，夫妻、弟兄反目，这样的社会现实投射到小说里，真实地反映出那个时期的生活状况。《苦哥哥》写的是旗人吴禄、吴寿兄弟二人，哥哥吴禄遵从传统旗人规矩，对弟弟百般宽容扶持，而弟弟吴寿则在父亲死后不务正业，骗哥哥的钱，卖嫂子的首饰，勾引外贼偷东西，谎说哥哥去世骗钱，甚至把哥哥的钱粮卖掉，可谓干尽坏事，最终沦为乞丐。小说《鬼吹灯》写的是后母陷害继子的故事。塔三爷娶的后妻桂氏，为了自己的儿子能独占家产，想出种种手段陷害塔三爷前妻之子阿林，尤其在塔三爷去世后更是变本加厉，但阴错阳差，都未能达到目的。小说里将续弦妻子陷害继子的过程写得非常详细，说明当时北京的家庭关系已经与中国原有的家庭传统相背离，此时中国传统的家族关系面临严重的危机与挑战，逐渐走向破产。《搜救孤》写的是兄弟同居中，二弟媳妇想独占家产，趁大哥和丈夫出门、大嫂生病之机，屡次陷害大哥的小妾，甚至在大嫂去世后，将兄妾卖掉。虽然小说安排了仆人相救，使二嫂的阴谋未能得逞，但可以看出当时大家庭财产争夺的惨烈程度，兄友弟恭的人伦关系在此过程中已经丧失殆尽。

王冷佛《春阿氏》中家庭关系复杂的原因是春阿氏的公公文爷娶了京城女混混范氏为妾。范氏不安于室，与普二私通，被儿媳春阿氏撞见。范氏担心自己的丑事被揭穿，挑唆家里人虐待春阿氏，最终导致春阿氏青梅竹马的表哥玉吉杀死春阿氏的丈夫。小说间接传递的是娶妾导致了春阿氏家的家庭惨剧。《忠孝全》写北京旗人福八聊的儿子岳魁娇生惯养，成年之后对父亲不孝，在父亲去世后为了自己的前程不愿意报丧。在父亲丧事之后，岳魁对帮忙的人不但不感激，还不还人家给垫的钱。自己拼命地到处投机钻营，运动昌平县缺，后被告私逃，死在狱中。穆儒丐《如梦令》写庚子之后，旗人蓝老八夫妇败落，将女儿环子卖掉。三十年后，环子嫁给有钱人成为鹿家主妇，登报寻亲。蓝老八认回女儿后，故技重施，在女儿身上吸血，抽大烟，卖烟土。两个儿子也不学好。最终女儿认清了他们的真面目，将他们赶走，家产用于兴办学校。蓝老八之所以卖女儿不是因为战乱，而是因为自己好吃懒做和抽大烟，靠妻子换洋取灯、捡破烂生活。父女、夫妻关系的败落，导致家庭关系最终解体，两个儿子也沾染了坏习惯。

这些小说里反映了晚清到民国，旗人的生活发生的巨大变化，很多人失去了产业，又无生活技能。男人被迫出去拉车，有些人又沾染了吃喝嫖赌的恶习，甚至是抽大烟。女人被迫出去工作，甚至被卖为妓女。在这种状况下，家庭解体了，传统的家庭关系遭到了破坏。很多这样家庭的子弟为了谋生离开了家庭，还有一些子弟堕落了，将家里的财产变卖一空，沦为乞丐。

这一时期的小说基本上是如此，从小说中可以看出，随着社会的变迁，传统的家庭观念、伦理观念发生了改变。越来越多的人抛弃传统，离开家庭走向社会，他们的生活空间扩大了，视野也开阔了。作者显然对这些变化持否定的态度，因而小说中的很多人物离开家庭进入社会空间，并没有走向成功，最后依然要回到家庭中去。

2. 北京的婚丧习俗

除了对家庭关系的描述，这些小说也反映了当时的婚俗，比如《花甲姻缘》写到传统的北京人娶亲的习惯：

> 硕卿那天非常的高兴，预备的酒席也很好。听说是八个压桌，鱼翅鸭果羹四大海，八个炒菜，两七寸、六大碗，两道点心，要说寻常办事，这宗席面，也就很下得去了……那天来宾也都很尽欢，女来宾也不少。送亲太太一差，硕卿打算让荣氏担任，又因为北京有宗老妈妈论，说姑不娶（姑母不给娶亲），姨不送（姨母不送亲），姊妹送了一身病，所以犹豫……那天嫁妆走后，功夫儿不大，花轿就到门。金钱豹有云，必须要吹吹打打呀。谅之请的娶亲太太，是丁受之的夫人；六位娶亲的官客，也都是至亲的人了……午贞上了轿，这里请了六位送亲的客官。轿子出了街门，谅之进来谢亲，叩拜了岳父岳母的神主……真有跟着轿子走的。一冲着这宗义务送亲的，轿子到了韩家，门口人儿更多，轿子

简直的过不去，您就知道有多少人啦！①

晚清，传统北京家庭结婚的基本程序以及基本礼仪还保留着。而到了民国，很多新式的人物采取新式婚礼，这样的形式在徐剑胆《七妻之议员》写得非常详细：

> 侯议员娶第二个媳妇，满都用新式，仿照西洋成婚典礼，大办喜事，两院五百尊罗汉，均着西式燕尾大礼服，胸挂大红西番莲鲜花一朵，老远一看，如同一群乌鸦，各衔红果一枚相似。少时打发宝马香车，奏着西乐，向松宅迎娶。松二小姐款步登车坐好，车夫上去，亦将屁股稳了稳，这才将脚铃一踏，前边军乐队队长忙将教鞭举起，指挥大家，吹打起鼓号来。前面还有四匹对子马，皆穿前清官衣，靴帽袍套，在实青外褂上面，单披红袖，共是两对，骑在马上，却也好看。不大工夫，来在中央公园，一直拉在水榭山石之前。下了车，介绍人与证婚人，二十几位，全走至松二小姐面前，行了三鞠躬礼，代表新郎官，致欢迎词。词毕，松二小姐略略把身子弯了弯，还了一鞠躬礼，众人退下，这才将侯议员引出来，亲向松二小姐，行了三鞠躬礼。②

这种新式的婚礼是中西合璧的，既有西式的礼服、军乐，也有清代的官靴袍套。由中式的轿子换成了马车，乐队也换成了鼓号。这样的婚礼应该是当时比较流行的形式，说明了晚清到民国婚礼形式的改变。

北京城的葬礼也有基本的程序和规则，蔡友梅的《姑作婆》讲到葬礼的状况：

> 赵大一死，全氏哭天哭地的，大痛了一场。牛儿已然十四啦，当时也

---

① 蔡友梅：《花甲姻缘》，载《新鲜滋味》第二册，北京大学出版社，2018，第49~50页。
② 徐剑胆：《七妻之议员》，载张菊玲、李红雨编《清末民初旗人京话小说集萃》第二册，作家出版社，2019，第469页。

| 第五章　时间与空间：北京文化民间叙事的微观阐释 |

哭的泪人相似。狗爷跺着脚，也干嚷了两嗓子。二小也哭了几声。全氏母子越哭越痛，狗爷说："别哭了，人死不能复生。办事要紧。"劝了会子，全氏止住悲声。狗爷说："姑奶奶，你倒有个主意没有？"全氏说："我有甚么主意？我也没经过这个事情，哥哥替我办事得了。"狗爷说："办事跟办事不同。茵陈花板也是他，狗碰头（北京最次的棺材，俗名狗碰头）也是他；六十四人杠大换班也是他，八个人一提溜儿，两个人穿心杠也是他；搭起脊大棚也是他，支个布帐子也是他；五个和尚，光头儿三也是他，十五众儿音乐焰口也是他，这里头分别大了。"①

葬礼可以分为不同的级别，不同的档次，但是基本的有棺材，有抬杠子的，要搭大棚，还有和尚念经，等等。他的《忠孝全》里也讲了葬礼的一些程序：

简断捷说，这棚白事，就是张朗轩跟普寿山给办的。要说相好交朋友，这个地方儿，就瞧得出人来啦。平日呼兄唤弟，饮食征逐，那满叫瞎聊，到了患难地方，他不露了，那叫那道朋友？要说普张二位，可并不是拍岳魁的马屁，人家普寿山是个小小的财主，张朗轩开着好几个买卖，他一个区区的小巡检儿，人家没有怕他的必要。人家普张二位，不过是古道热心，尽其朋友之道。再说福八聊，在少中年，虽有些个不规则的事情，晚年很不错，交朋友偶然也掏点真的。为朋友的事情，虽不能流血，也能出汗，嘴上又滑顺，所以也重下几个人。接三那天也很热闹，虽然有两个本家，没有正式的丧家，总算是个缺点。普三爷前前后后里里外外，总办丧仪，足催一气，除去不管倒泔水桶取烧活拿执壶，剩下全管。张朗轩也在棚里很张罗。②

---

① 蔡友梅：《姑作婆》，载《新鲜滋味》第一册，北京大学出版社，2018，第5~6页。
② 蔡友梅：《忠孝全》，载张菊玲、李红雨编《清末民初旗人京话小说集萃》第二册，作家出版社，2019，第405页。

北京的葬礼活动很复杂，除了基本的棺材、杠子、吹鼓手，还有棚铺烧活等，从这些可以看到北京婚丧嫁娶的基本状况。

3. 旗人的家庭生活

清末民初的北京人发生了极大的变化，很多人由天子脚下，不愁吃穿，整日游手好闲，靠国家钱粮为生的旗人，变成一无所有的穷人，他们的心态发生了巨大的变化。

清末民初旗人在国家变乱时期，生活越来越艰难。开始是钱粮越来越少，进入民国后钱粮没有了。面对如此艰难的社会现实，他们的内心是绝望的。蔡友梅《小额》中借小说中一位旗人的话说：

> 咱们旗人是结啦！（谁说不是呢！）关这个豆儿大的钱粮，简直的不够喝凉水的。人家左翼倒多关点儿呀（也不尽然。按现在说，还有不到一两六的呢），咱们算丧透啦，一少比人家少一二钱。他们老爷们也太饿啦，耗一个月，关这点儿银子，还不痛痛快快儿的给你，又过平啦，过八儿的。这横又是月事没说好（月事是句行话，就是每月给堂官的钱，照例由兵饷里头克扣），弄这个假招子冤谁呢！旗人到了这步天地，他们真忍心哪。①

巨大的心理落差，使这些旗人对现实非常不满。但由于长期依靠国家的钱粮为生，没有其他的生活技能，只能接受各种盘剥，承受各种委屈。而一些清醒的旗人意识到了旗人高高在上的思维已经不符合时代了，作者借小说中博二太太之口提出了批评：

> 你有甚么能为？有什么本式？有甚么学问？除去提笼架鸟下茶馆儿，造谣言，抽大烟喝烧酒，会赊猪头肉，玩笑耍骨头，排个八角鼓

---

① 蔡友梅：《小额》，载张菊玲、李红雨编《清末民初旗人京话小说集萃》第二册，作家出版社，2019，第20页。

儿。就说在衙门当差,旗下有甚么高超的公事?来行文、无事片、打到、画稿,验缺、下仓、放钱粮,压个兵缺,吃两包儿空头饷,完了,有甚么警人的玩艺儿?①

然而这种批评改变不了旗人整体走向衰落的命运,也改变不了世风的变化和北京人的堕落。《曹二更》中的曹立泉祖籍山西,其父在北京开木器厂。他到了京城后,跟富二先生学医,并娶了富二先生的外甥女为妻。学成后忘恩负义,不管师娘死活。由于贪欲过甚卖假药。最后身死,家业败落。小说写曹立泉如何学徒、发迹,如何不守规则。所有的故事都发生在世俗的民间社会,中心地点就在炮局胡同。曹立泉是典型的忘恩负义之人,不但不照顾师娘,不教师傅的儿子学医,而且对于病人也不尽心,只图挣钱,最终受到良心的谴责,得到应有的报应。《方圆头》中董绍箕违背父命,走仕途。他混迹于市井之中,娶财主女儿为妻,去日本留学,到处拉人脉。回国进入官场,飞黄腾达后,妻妾成群,完全堕落。最终身死人散,身后凄凉。《非慈论》中牛兰谷的儿子牛少谷去国外留学,受不良思想的影响,提出"非慈论",并与父母断绝关系,不久自己连遭厄运,流落街头,做了乞丐。后来在朋友的帮助下,求得父母原谅,回归生活正轨。《回头岸》中李如芝、李仲芝兄弟二人在父亲去世后分家。弟弟继承了大半家业,但挥霍无度,不仅花光了家产,还向哥哥需索无度,哥哥百般容忍,后来弟弟幡然悔悟,兄弟和好。穆儒丏的《北京》这样总结这一时期的北京社会和北京人:

北京的政治,似乎一天比一天黑暗。北京的社会,一天比一天腐败。北京的民生,一天比一天困难。可是北京上中下三等人民,每天照旧是醉生梦死,一点觉悟没有。梅兰芳的戏价,一天比一天贵。听戏的主儿,照旧那样多。茶楼酒肆,娼寮淫窟,每天晚上,依然拥挤不动。禄米仓的被服厂女工,更加多了,工钱连六枚铜元都挣不到。贫儿教养

---

① 蔡友梅:《曹二更》,载《新鲜滋味》第三册,北京大学出版社,2018,第7页。

所，一天总要有多少贫儿送进来，但是传染病益发厉害了，可是监狱式的办法，依然未改。街上人力车的号数，一天多似一天，可是汽车的号数，也很增加的。教育公所依旧是那样烟不出火不进的，朱科长的权力，一点也没有动摇，他每日仍是坐着他那辆骡车，很高兴地去衙门。他的脑子什么事也不想，他的眼睛什么事也不看，他就知道他是科长，在社会上很尊贵的，凡此等等。①

小说里透露出的是绝望，对北京的生活和北京人的麻木充满了绝望。当然，并不是毫无希望的，很多下层的百姓在他人遇到困难的时候挺身而出，仗义相帮，不怕麻烦，与那些走向堕落的北京人形成鲜明的对比。从他们身上可以看到北京人淳朴善良的本性，他们身上承载着北京的文化精神。《一壶醋》里的保子英保持着读书人的傲骨，不向恶势力妥协，而且乐于助人。张仲文知恩图报，在保子英落难之时施以援手。《搜救孤》中的女仆麻穆子足智多谋，敢于反抗二太太。《曹二更》中的富二先生和富二太太乐于助人，对于徒弟倾囊相授。《忠孝全》中的普三爷、张朗轩对朋友讲义气，为朋友不计个人得失，值得赞赏。虽然这些人是小人物，但是他们身上体现了北京人长期以来传承的豪爽仗义和古道热肠的优良品质。

（三）北京其他城市空间的叙事

1. 新兴城市空间的叙事

随着民国的建立，北京城市出现了新的城市空间，比如女工工厂、贫儿院，这些新兴的城市空间远离富人，是底层百姓生活的空间，那里肮脏、破败，是富人们从不涉足的空间：

> 他们这工厂，是利用旧有仓房因陋就简改造的，光线和空气，皆感不足，两三千女工，一个个都是形同乞丐，褴褛不堪，还有怀里揣着乳

---

① 穆儒丐：《北京》，载张菊玲、李红雨编《清末民初旗人京话小说集萃》第三册，作家出版社，2019，第441页。

儿，在那里做活计的。他们都在当地坐着，现在天气已觉寒了，他们都觉得很瑟缩的。他们每人手里都拿着一件军警的制服，手不停针地在那里做，她们使她们的针线，非常灵活而且敏捷，但是她们那可怜的窘态，实在令人不忍长久地看着她们，所以伯雍看了一周，就同着冯元甫出来了，仍到那间接待室里坐下。①

女工们的工作条件如此恶劣，工资非常低廉，每天工作 12 小时只有铜元 6 枚，即使是这样，依然很多人报名，工厂由原来 500 人增加到了 2000 多人，而且要抽签竞争上岗。底层女性的命运就是如此，没有人给她们一条出路，她们也没有改变命运的机会，正如小说中说的"就得等天收了"。

底层社会的生活艰辛且痛苦，也看不到希望。进入民国后，底层社会民众的命运依然没有改变。虽然民国也出现了一些慈善家，建立了慈善机构，比如孤儿院，但是能提供给贫儿的与监狱几乎没有大的差别：

里面房子很多，他们先到学堂那边去看，讲堂有十几处，但是教员很少，讲堂里有有教员的，有没教员的，可是每个讲堂里，都有八九十个贫儿，另外有一个巡警，在堂里维持他们的秩序。这个巡警班长，非常有权利，他能强制执行，所以那些小孩子都很听他的话。有教员来上堂，他们也是呆呆坐着。教员说是什么，他们差不多都不曾领会。教员下了堂，贫儿依旧不许动转，那个师位，忽然便变了巡警的岗位。巡警一上堂，贫儿的秩序，益发整齐了。他们没一个敢离位的，他们便如一群猴子，被猴师用鞭子打怕了，他们除了眉眼敢动弹，浑身上下，都直塑在那里。他们的不自由，在未发育的身心所受的束缚，多么可怕呀！他们的灰色的裤袄，没有一个身着合体的。他们似乎都有一种共通的病症，一百贫儿里面，足有八九十个害眼的。他们的头顶上，长癣的很多，

---

① 穆儒丐：《北京》，载张菊玲、李红雨编《清末民初旗人京话小说集萃》第三册，作家出版社，2019，第 310 页。

但是这院里是有一名医官的,这个医官,就是全院卫生的代名词。因为教人知道他们这里也知道卫生,所以雇了一名医官,薪金听说每月十五块钱,管两顿饭,所以这位医官,很感激的。贫儿多病,也就不足怪了。[①]

外人简直无法看出贫儿院与监狱的区别。除讲堂之外,全是巡警在维持秩序,贫儿穿着同样的不合体的衣服,没有任何自由。虽有医官,但是几乎人人生病,可见这里的医疗卫生状况堪忧。对于这些贫儿来讲,贫儿院就是一个小的社会,在他们没有生存能力,在父母不能抚养他们的时候,他们进入贫儿院。这里貌似有学堂教育,有医官给他们看病,但是贫儿们似乎并没有得到基本的教育和良好的照顾。在严厉的管束下,他们身体并不健康,心智也不健全。他们整天就是呆呆的,没有了孩子该有的童真和活泼,也没有成熟的思想。他们离开父母,或者没有了父母,来到陌生的环境中,充满了恐惧和无助。贫儿院的院长带给贫儿的是悚惧和不安,还引以为傲,而他所创造的环境对儿童是多么大的伤害呀!

总而言之,伯雍到各处参观,除了由警察的力量,对于千余名小孩子硬造出一种不自然的秩序以外,没一样看着不奇怪的。寝室的不卫生,传染病的流行,运动器具之虚设,没有一样以贫儿为前提的。除了寝室里长条大炕,是与贫儿有直接关系的。操场,他们不能自由进去。运动器具,他们不能自由使用。乐器,他们不能自由吹弹。他们一天二十四小时,除了睡觉,便天天圈在教室里。他们急得害眼,丧失儿童的天机,消磨了他们的聪明,都是监狱式的秩序造成的呀![②]

报刊小说对于社会空间的描绘,其核心目的是劝善惩恶,恢复传统道

---

① 穆儒丐:《北京》,载张菊玲、李红雨编《清末民初旗人京话小说集萃》第三册,作家出版社,2019,第318~319页。
② 穆儒丐:《北京》,载张菊玲、李红雨编《清末民初旗人京话小说集萃》第三册,作家出版社,2019,第320页。

德。蔡友梅在小说《曹二更》的最后说："小说以劝善惩恶为宗旨，官场腐败，社会龌龊，该描写的地方，不能不描写，要全都避忌，怕人挑眼，就不用作小说了。"① 足见小说作者的创作态度。

蔡友梅对当时社会的体察非常精细入微，他在《小额》开头就直接评论当时的社会：

> 庚子以前，北京城的现象，除了黑暗，就是顽固，除了腐败，就是野蛮，千奇百怪，称得起甚么德行都有。老实角儿是甘（干）受其苦，能抓钱的道儿，反正没有光明正大的事情。顶可恶的三样儿，就是仓、库、局。②

除了社会上的黑暗和腐败，百姓还要受到小额这样放高利贷的人的盘剥，然而就是这样一个人，在遭遇了官司和重病之后也幡然悔悟，杨曼青的序中说："此书之大意，以赏善罚恶为宗旨，有皮里阳秋之遗风，傥以旗人家政而目之，恐负良匠之苦心也。"③ 德泃少泉记述蔡友梅说过："比年社会之怪现象于斯极矣。魑魅魍魉，无奇不有。势日蹙而风俗日偷，国愈危而人心愈坏，将何以与列强相颉颃哉？报社以辅助政府为天职，开通民智为宗旨，质诸兄有何旋转之能力，定世道之方针？"④

总而言之，这一时期北京的城市空间中充斥着腐败、堕落、贫困、黑暗的气息，带给北京人的也不是希望和未来，而是麻木和绝望。在这样的生活空间里，无论是有钱人还是穷人都看不到希望，他们只能通过各种方式麻醉自己，而不去关注未来的命运。

---

① 蔡友梅：《曹二更》，载《新鲜滋味》第三册，北京大学出版社，2018，第36页。
② 蔡友梅：《小额》，载张菊玲、李红雨编《清末民初旗人京话小说集萃》第二册，作家出版社，2019，第17页。
③ 蔡友梅：《小额》，载张菊玲、李红雨编《清末民初旗人京话小说集萃》第二册，作家出版社，2019，第11页。
④ 蔡友梅：《小额》，载张菊玲、李红雨编《清末民初旗人京话小说集萃》第二册，作家出版社，2019，第12页。

2. 对新兴城市群体的叙事

小说里出现了一些新的职业，像报馆的主笔、议会的议员等，这些人也是北京城市人文空间的一部分。作为文化工作者，报馆的主笔、编辑等采新闻、写小说、建报馆，为北京人的文化生活提供丰富的材料。但当时对从事这些工作的人并没有严格的要求，因而人员素质良莠不齐，甚至有些就是骗子、混混。徐剑胆《七妻之议员》中就写了这样一位主笔，最后还混成了议员：

> 原来这处报馆，名字是天铎，文言两大张，总经理姓唐，名叫纪元，系旗族人。只因革命后，旗人都冠上汉姓。不知是怎么股子劲儿，领了某人一笔小款，开了这处报馆。主笔姓尚，名锡春，别号怨天，也是方字旁（指旗人），宗旨在谋求议员，专拍政府的马屁。……且说小侯三当了《文话报》主笔之职，出门也挂了花稍儿，打扮成了个时髦，头戴博士帽，足登博士鞋，手拿博士杖，嘴留博士须，金戒指、金表、金丝眼镜，天津卫有话，小侯三抖起来啦！每日自己坐在屋中，摸着胸脯，微微发笑，自言自语的说："吾平生只有三愿，现今才随了一愿，但不知后两愿，何日能够随心。"看官若问，这小侯三，生平三愿都是什么，原他第一，想带个金表，第二想坐个马车，第三想弄个小姨奶奶。目今算是带上金表了，故此他自己叨念着说，生平三愿，只随其一，即此之谓也。①

这类的报社主笔和记者是小说家们非常熟悉的人物，有些就是他们中的一分子。他们对于这些人的所思、所想、行为方式都非常熟悉，因而这类人发迹变态，其言行举止的种种细节，在小说家的笔下刻画得非常真实生动。有很多报纸的经理、主笔、记者可能就是当时的社会名流，民国期间又成为议员。《七妻之议员》中的侯三名叫侯静山，出身农民，后考取

---

① 徐剑胆：《七妻之议员》，载张菊玲、李红雨编《清末民初旗人京话小说集萃》第二册，作家出版社，2019，第469页。

北京速成师范学堂，毕业后混入报社，当了主笔，然后又钻营成了议员。穆儒丐《北京》中的白歆仁也是报社的社长，后来也成了议员。而这些议员整天投机钻营、包养妓女、娶姨太太，国事交到这些人的手里，结果可想而知。

清末民初小说反映了当时北京人文空间的复杂性。在新旧转换的时期，旧的制度被废除了，新的制度建立了。但是长期生活于传统社会的北京人的国民性没有改变。虽然时代发生了变迁，但是人文空间的变化并不大。生活于这样的空间之中的京城百姓，依然受坏人的欺压、凌辱。在这样的时代和环境中，国家和民族依然看不到希望。因而五四时期所提倡新文化运动，以民主、科学作为口号，唤醒民众，这是非常必要的。

四　北京城的历史空间叙事

小说的历史空间与其传达的历史时代息息相关。在北京这样一个极具历史感的城市中，城市的历史记忆塑造了城市空间的整体样态。京城的历史深嵌在北京人的记忆当中，并被无限传递下去，成为集体记忆。

在清末民初以北京为背景的小说中，北京城市空间的历史记忆非常深刻而明晰。这一时期的北京经历了庚子事变、民国建立等历史变迁。作为这些事件的亲历者，蔡友梅、穆儒丐、徐剑胆、李啸天等人，虽不专注于书写此段历史，但在小说中对于北京历史空间的记述非常多。晚清时期，北京是清朝的国都，慈禧太后和光绪皇帝在这里居住，贵族、旗人子弟生活在皇城根下，过着养尊处优的生活。尽管国家屡遭外患，可是对于贵族和旗人来讲，北京城依然是他们的，他们放心地吃着家里的积蓄，享受着祖宗给的钱粮。然而，历史的变化往往在意想不到的瞬间发生，给人以措手不及的打击。庚子事变太后与皇帝向西而逃，京城的百姓则备受蹂躏，文实权的历史小说《西太后》就记述了整个社会对这些历史事件的态度，以及这一时期的动荡状况。

从民间的视角记录这一时期北京城市遭际的小说也不少，八国联军进入北京的状况，小说有所反映：

> 都城被陷的那几天，据说瓦德西为图报复，意在下令屠城。又有说虽没实行屠城，可是京门内外殉节殉难的人不知死多少。并说八国联军就属德法俄三国的军纪最坏，兵士蛮恶，再有各当地的土匪游民一架弄，凡是他们所过所驻的地方，奸淫抢掠，杀人如草，以致城镇乡的绅民男女人等死走逃亡，惨苦不堪言状。英日美三国的将弁军队虽说较为文明，可也不短有扰害情形。据由京里逃下来或围着京门子的难民，辗转传说，这场浩劫实在不轻。①

虽说是听说，但是各国的兵匪进入北京后，一路烧杀劫掠，北京城遭到了巨大的破坏，京城的百姓陷入灾难之中是不容抹杀的事实。这次事件中京城殉难者不少，难民更多，他们流离失所，随时可能失去生命，在巨大的恐惧中辗转漂泊。

民国建立了，北京城依然没有摆脱动荡。袁世凯为了篡夺权力，巩固自己的统治，使出各种手段，纵容手下的士兵在京城作乱，迫使共和派同意他定都北京。袁世凯达到了自己的目的，但是给北京百姓带来了巨大的灾难。从而京城的百姓认清了袁世凯的真实面目，对其放弃了幻想，对国家命运产生了深深的疑惑：

> 不过狡猾的洋鬼子，乘着中国有内乱，把北京打破了两次，未久也就复原了。北京究竟还是北京。如今却不然了，烧北京的打北京的，也不是流贼，也不是外寇，他们却比流贼外寇还厉害！那就是中国的陆军。当过北洋大臣、军机大臣，如今推倒清室，忝为民国元首，项城袁世凯的亲兵。项城先生是北洋派的领袖，国家陆军多半与他有关系。如今他的兵，在他脚底下，居然敢大肆焚掠，流贼一般的饱载而去。此例一开，北京还有个幸免吗？哎呀！目下不过是民国元年，大概二年上就

---

① 李啸天：《京尘影》，载张菊玲、李红雨编《清末民初旗人京话小说集萃》第三册，作家出版社，2019，第349页。

好了，二年不好再等三年，三年不好，再等四年。四年不好，再等五年。五年不好，再等六年。六年不好，再等七年、八年、九年……若仍见不出一个新兴国家样子，那也就算完了。伯雍一边感想着，一边替未来的北京发愁。他总想北京的运命，一天不如一天。他终疑北京是个祸患的症结，未来惨象比眼前的烧迹废址，还要害怕得多。①

这段记述将历史时空中的北京城通过伯雍的记忆联系起来，连遭磨难的北京城正是灾难深重的中国的缩影，屡遭灾祸的京城百姓身处现实的恐惧之中，对过去战乱的记忆变得如此模糊，"早已平复，北京依旧是北京"，而对于未来则充满了忧虑和不确定性，甚至是绝望。历史—现实—未来，在作者的时空观念中具有连续性，这种连续性的体现就是北京的灾难越来越深重，人民的生活越来越糟糕，未来是看不到希望的，作者所热切盼望的国家崛起也迟迟未能到来，那么未来会好吗？

民国建立之后选举活动是中国历史上的一次重大转变，改变了中国几千年以来君权神授的封建专制制度，这无疑是一种新的尝试。然而在中国这样一个封建传统延续了几千年的国家，选举活动到了某些人的手里就变了质，成为他们夺取权力、捞取政治资本的手段。这样的选举从上到下透露着腐败的气息，从而成为这一时期历史记忆的重要组成部分。徐剑胆的《七妻之议员》表面上是讽刺当时议员的腐败堕落，实际上对这一历史事件的记录：

北派人看，心说不得，遂遣心腹，将此事报告于临时大总统之前，谓临时一年将满，且莫轻看了议员，如不下手收买，倘或一开票匦的时候，比他人少上一票，则北洋派全体势力，犹如冰消火灭一般，趁着此时，赶紧下手办理，还不算晚。项城一听，恍然大悟，遂将手下心腹人等，叫至跟前说道："你们赶快立个大党，不怕花钱，所有议员撒开

---

① 穆儒丐：《北京》，载张菊玲、李红雨编《清末民初旗人京话小说集萃》第三册，作家出版社，2019，第142~143页。

卖，韩信用兵，多多益善！"大家一听，乐不可支，遂即日成了一个共和党，专收买两院议员，一票真卖到七千块，并且还许以特别职官。京中各大报的主任，都有了盼望。①

不仅上层如此，下层的参选者更为恶劣，到处游说、运动、拉关系，将选举活动搞得乌烟瘴气，这样选举出来的议员又有何公信力？

> 容到国民投票之时，上下里外，四面八方，给侯老三一运动，居然举为蒙古区的议员。容到举大总统的头一天，侯老三拼出死命，向各人述说、运动，东也拉拉，西也扯扯，也不论是那一党，那一会里的人，就同人家搞盘子，讲价钱。照直说，吸乎一吸乎，项城就不够票数，幸而侯老三，极力说项，到处乱拉，临时给拉了有二十余人之多，都是现说极大极大的代价，收买过来。就听说侯老三只在这一天，获利二三十万，简直说，发了老财啦！②

同样是写民国时期的议员选举活动，蔡友梅的《理学周》也揭露了选举的混乱。周小宋当选为议员，到北京参加选举，刚一下车就见到混乱人群：

> 那天到了西车站，火车将停，有各党所委的人员，手里摇着白旗子，都在那里招待本党的议员。旗子上大书特书，也有国民党，也有共和党，也有统一党，这分儿的乱，就不用提了。有一个议员，他一个人跨了三党，那天将一下车，就被国民党把他揪着了。可巧共和党的招待员跟他认识，过来也揪他。民主党的招待员，偏巧是他妹丈，过来也揪

---

① 徐剑胆：《七妻之议员》，载张菊玲、李红雨编《清末民初旗人京话小说集萃》第二册，作家出版社，2019，第449页。
② 徐剑胆：《七妻之议员》，载张菊玲、李红雨编《清末民初旗人京话小说集萃》第二册，作家出版社，2019，第450~451页。

他。当时你扯我拉,就没把老先生闹了一个五牛分尸。小宋乍一瞧,摸不清怎么回事,后来跟人一打听,才知道是这宗德行,不由暗暗的叹惜。要说那个时代的政党,百分之一,还有点政党的意思,随后就越来越拧。……国会开幕的那一天,一切的仪注,从先报上也登过,真实破天荒的事情,驻京外宾,也都要参观盛典。小宋一瞧这些位议员,真实山精水怪、牛鬼蛇神,甚么德行都有,一切的现象,也不必细提。[①]

小说里记录了特定历史时空中的具有代表性的活动,议员选举代表着民国建立后的新制度,代表着推翻帝制后民主制度的崛起,然而小说中表现出来的则是充满了混乱、滑稽的场面,它所象征的民主也沦为空谈。

清末民初的这些小说在自然空间的基础上派生出社会空间,在自然空间和社会空间的基础上形成了历史空间。自然空间和社会空间反映的是北京城百姓的生活,历史空间则将深厚的历史感融入小说的创作之中。晚清以来,每次重大历史事件对于北京城的影响都是巨大的,它们极大地影响和重塑了北京的城市风格和北京人的精神。北京因而形成集帝京的奢华与平民的随性同时存在,红墙碧瓦的皇家建筑、朴素简洁的四合院与残破蹩窄的贫民窟共存于同一空间的城市格局。京城的百姓,尤其是旗人,也经历了"旧时王谢堂前燕,飞入寻常百姓家"的历史时空变换,历史与现实从而魔幻地融合在一起,在清末民初的北京这一独特时空中展现出独特的精神特质。

[①] 蔡友梅:《理学周》,载《新鲜滋味》第一册,北京大学出版社,2018,第58~59页。

结　语

　　北京，作为一座具有悠久历史的古都，经常被不同人反复描述和回味，正如伊塔洛·斯韦沃所说的：

　　　　过去是常新的。它不断地变化，就像生活不断前行。它的某些部分，就像沉入了以往的深渊，却会再次浮现，其他部分又会沉下去，因为它们不太重要。现在指挥着过去，就像指挥一个乐队的成员。它需要这些声音而不是那些。因此过去一会显得很长，一会显得很短。一会它发出声响，一会它陷于沉默。只有一部分的过去会把影响发挥到现在，因为这一部分是注定要用来照亮或遮掩现在的。①

　　伊塔洛·斯韦沃说的是记忆具有选择性，被记忆下来的东西是因为它对我们很重要，而很多事情被忽略或者忘记。那么为什么我们会记住那些东西，而忽略其他的呢？帕特里克·格里的回答是这样的：

　　　　当我们记忆时，我们把自己展现给自己和周围的人。在这个意义上，我们的"本质"（即我们的本真），可以在"我们记忆什么，我们

---

① 〔意〕伊塔洛·斯韦沃：《芝诺的告白》，载〔德〕阿莱达·阿斯曼《回忆空间：文化记忆的形式和变迁》，潘璐译，北京大学出版社，2016，第9页。

就是什么"这样的表述中揭示出来。如果是这样,那么关于我们的记忆方式的研究——我们在记忆中展现自我的方式、我们通过记忆定义个体和集体身份的方式、我们在记忆中安排我们思想的方式、我们传承记忆的方式,就是对我们自身的研究。[1]

人们通过记忆展现自己的思想方式,并以此传承这些记忆,因而阿莱达·阿斯曼选取了与记忆相关的四个因素——传统、角度、媒介、话语——进行研究。我们在对清末民初北京文化进行研究的时候,也借用这四个因素进行分析,从而探索这一时期北京城市的双重的叙事体系和叙事模式。

传统是"身份的认同话语"[2]。在我们的研究中可以发现,处于不同话语体系的叙事者,具有不同的倾向性。比如《天咫偶闻》的作者震钧是旗人,做过官员,担任过京师大学堂的教师。他的生活场所和社交范畴决定了他记录的基本上是北京城市生活,其中有大量篇幅记录的是自己的生活场景、与自己相熟一些官员的府邸等。《燕京岁时记》的作者富察敦崇也是旗人,做过官员,他的《燕京岁时记》记载北京各种节令活动,与其幼年生活有密切关系。他的另一部作品《庚子都门纪变》也是他的亲身经历,记录了八国联军进入北京后京城遭到破坏的情形,庚子事变给他生活带来的巨变,以及他身边的旗人生活改变,等等。这些亲历和见闻对他的冲击无疑是巨大的,因而这些内容成为他记忆的重要组成部分。与他们记录相似的是日本出版的汉语教科书,这些教科书旗人编写者较多,因而教科书选取的语料记录旗人的生活、京城的日常生活、旗人的风俗等较多。相比于他们,当时的一些白话小说的作者,有些虽然也是旗人,但他们是底层的读书人,他们关注的点则是百姓的日常生活、家长里短,当然也有吸引普通百姓的目的在其中,因而他们的小说很多反映当时的社会生活和底层百姓的悲惨命运。总

---

[1] 〔美〕帕特里克·格里:《历史、记忆与书写》,罗新译,北京大学出版社,2018,第135页。
[2] 〔德〕阿莱达·阿斯曼:《回忆空间:文化记忆的形式和变迁》,潘璐译,北京大学出版社,2016,第8页。

而言之，叙事主体的不同，其所表达的情感内涵是不同的。

所谓"角度"指的是"个体、集体、文化的记忆"①，就是对北京整体的文化记忆。这一时期，书写者在记录北京生活的时候，有的是个体记忆，像很多笔记中记录了个人生活方式、习惯，个人的独特感受，比如对于庚子事变的记录，吴永、岑春煊、陈夔龙所记之内容有相通之处，也有相异之点，很多是个体的记录和个体的感受。而京城白话小说的内容虽各有不同，但是这一时期小说的创作目的有一致之处，那就是"教育民众，重建道德"，从这个意义上讲，小说也是一种集体记忆的表达。而这一时期的民间歌谣也同样具有铭记京城历史，体现北京民众整体审美精神的作用，因而其具有文化记忆的特征。

所谓"媒介"指的是这些记忆的载体。本书中涉及笔记、白话小说、民间歌谣、日本汉语教科书等几种形式，它们的传播方式各有不同。笔记是用文字进行记录而后刊印成书籍出版发行的。它的涵盖面比较广泛，记录的内容也比较随意。有的以笔记小说的形式，有的以日记的形式，有的以随笔的形式进行记录，其形式灵活，内容广泛。白话小说基本上是在报刊上发行，由于要符合报刊和受众的要求，因而要兼顾娱乐性和时效性。民间歌谣基本上是口口流传的，具有多样性和随意性，但由于其体现着集体的文化记忆，流传时间较长，而且相同的歌谣往往有不同的版本，在表现整体的民众文化心理和价值观念上具有重要的参考价值。日本的汉语教科书一般是在日本刊刻和发行，多半是北京风俗文化的记录，对于北京文化的传播具有极为重要的价值，尤其是对于北京话的保留和传承方面，具有非常重要的资料价值。

"话语"指的是"文学、历史、艺术、心理等等之间变换"②，也就是指不同资料的语言表述方式。笔记的话语往往是文学与历史相混杂的。有的

---

① [德]阿莱达·阿斯曼：《回忆空间：文化记忆的形式和变迁》，潘璐译，北京大学出版社，2016，第8页。
② [德]阿莱达·阿斯曼《回忆空间：文化记忆的形式和变迁》，潘璐译，北京大学出版社，2016，第9页。

偏于历史性的话语，比如《京师坊巷志稿》《宸垣识略》等。更多的是文学与历史相杂糅，比如《藤阴杂记》《天咫偶闻》《梦蕉亭杂记》等，这些笔记既有历史事实的记录，也有个人生活记述和自我情感的抒发。还有一些则纯是文学叙事，比如人物笔记，多仿照《世说新语》的创作模式，写人物的言语、行为等，像《新世说》《清代野记》《蜷庐随笔》《春明梦录》都属于这类，其中就多有虚构，因而对同一人物、同一事件的记录有所不同，可以互相参照进行研究。白话小说的话语基本上是文学的话语，它的情节是虚构的，但它传达的观念是可以影响读者的。民歌的话语是口语，具有民间性，它的特点是简洁流畅、朗朗上口，易于流传。

此外，清末民初对北京的叙事基本是双重叙事，也就是叙事者在叙事的过程中从历史和文化两个层面进行的叙事。就其历史叙事而言，是指这一时期的叙事文本或多或少都会对历史进行叙事，比如《天咫偶闻》《宸垣识略》《花随人圣庵摭忆》等。中国文化对历史有着本能的关注与重视，中国的知识分子也喜欢从历史中去寻找教训或者缅怀旧日辉煌。尤其到了清末民初，国家的衰落有目共睹，在找不到出路的时候，这些叙事者不可避免地去历史中寻找国家曾经的繁荣和自己的旧梦。这些记录北京城的笔记，不约而同地提到元代或者明代京城曾经的繁华、旧京的格局、节令期间的热闹等，缅怀旧日时光。而白话小说中，除历史小说专写历史故事之外，很多现实小说也不可避免地进行历史叙事，像《同命鸳鸯》《北京》等都对过去的时光、旧京生活充满了留恋，在今夕对比中表达自己的迷茫与痛苦。就文化叙事来讲，这些叙事文本对于这一时期北京文化的记录、描绘是非常全面的。不仅有京城的景物、风俗、语言、地理等，也有文化的变迁、城市的变化、人事的更迭等，更有一些审美文化的转变。

清末民初，由于处于历史巨变时期，对于国家与文化的走向，很多人处于茫然和恐慌的状态，在这种时候，他们往往要回到历史中去找寻出路和启示。而对于新文化的出现，很多人难以接受，因而出现文化焦虑的现象。他们努力在传统与现代文化的夹缝中找到平衡，因而对于文化更为关注。

清末民初北京叙事所反映出的审美心理也具有北京的地域特征。与海派文学细致幽微、追求感官声色的审美倾向有所不同，北京的叙事文本从审美上偏向于质朴通俗、含蓄凝练。这一时期处于社会巨变期，皇权和贵族地位被削弱了，北京文化审美中典雅凝重的气息在内忧外患中被削弱了。但从这些叙事文本来看，笔记以北京历史文化为旨归，倾向于质朴凝练；小说以反映社会生活，提倡重建道德与民心为目的，倾向于简洁直白；民歌则以市井生活和儿歌为代表，倾向于浅易流畅；即使是汉语教科书的叙事风格也是明白晓畅的。从而可以看出，尽管这一时期的北京城处于重大历史变化的节点上，历经了岁月的沧桑和风雨，然而北京人的审美心理依然保持了传统文化的底蕴，北京文化依然保持着自身的生命力和内在的自持力，没有走上绝望与堕落的道路。作为都城的北京，能够历经风雨沧桑，屹立不倒，依靠的就是这种文化的内在定力与自持力。

北京文化具有多重属性，其中民间性是其重要的属性。因为北京之所以成为北京，不只是因为它有宫殿和皇城，也不只是因为它曾经居住着高官显宦，还因为世世代代生于斯、长于斯的北京人，是他们一代又一代用勤劳的双手和辛勤的汗水建设北京城，也是他们在塑造着北京的文化。当历史走过了一个多世纪之后，我们再次凝眸回望那个时代，我们依然会被北京人的坚韧和执着感动，正是由于他们的存在，北京文化才能生生不息，绵延不断。

图书在版编目(CIP)数据

民间叙事中的北京文化：1840-1928 / 马宝民著.
北京：社会科学文献出版社，2024.12. -- （新时代中外人文交流丛书）. --ISBN 978-7-5228-4332-2

Ⅰ.G127.1

中国国家版本馆CIP数据核字第20241VV586号

新时代中外人文交流丛书
民间叙事中的北京文化（1840-1928）

著　　者 / 马宝民
出 版 人 / 冀祥德
责任编辑 / 史晓琳
责任印制 / 王京美
出　　版 / 社会科学文献出版社
地址：北京市北三环中路甲29号院华龙大厦　邮编：100029
网址：www.ssap.com.cn
发　　行 / 社会科学文献出版社（010）59367028
印　　装 / 三河市龙林印务有限公司
规　　格 / 开　本：787mm×1092mm　1/16
印　张：19.75　字　数：303千字
版　　次 / 2024年12月第1版　2024年12月第1次印刷
书　　号 / ISBN 978-7-5228-4332-2
定　　价 / 128.00元

读者服务电话：4008918866

▲ 版权所有 翻印必究